अविनाश मिश्र

अविनाश मिश्र का जन्म सन् 1986 में ग़ाज़ियाबाद, उत्तर प्रदेश में हुआ। वह कविता, कथा, आलोचना, सम्पादन और पत्रकारिता में सक्रिय हैं। उनकी प्रकाशित पुस्तकों में कविता-संग्रह 'अज्ञातवास की कविताएँ' (2017) और 'चौंसठ सूत्र सोलह अभिमान : कामसूत्र से प्रेरित' (2019); उपन्यास 'नये शेखर की जीवनी' (2018) और 'वर्षावास' (2022) शामिल हैं। 'नवाँ दशक' (2024) आलोचना-विधा में उनकी पहली पुस्तक है।

ई-मेल : darasaldelhi@gmail.com

नवाँ दशक

नवें दशक की हिन्दी कविता पर एकाग्र

अविनाश मिश्र

राजकमल पेपरबैक्स

राजकमल पेपरबैक्स में
पहला संस्करण : 2024

राजकमल पेपरबैक्स : उत्कृष्ट साहित्य के जनसुलभ संस्करण

राजकमल प्रकाशन प्रा. लि.
1-बी, नेताजी सुभाष मार्ग, दरियागंज
नई दिल्ली-110 002
द्वारा प्रकाशित

शाखाएँ : अशोक राजपथ, साइंस कॉलेज के सामने, पटना-800 006
पहली मंजिल, दरबारी बिल्डिंग, महात्मा गांधी मार्ग, प्रयागराज-211 001
1, अनमोल सोराबजी संतुक लेन, धोबी तलाव, मरीन लाइंस, मुम्बई-400 002

वेबसाइट : www.rajkamalprakashan.com
ई-मेल : info@rajkamalprakashan.com

विकास कंप्यूटर एंड प्रिंटर्स
ट्रॉनिका सिटी-201 102
द्वारा मुद्रित

मूल्य : ₹299

NAVAN DASHAK : NAVEN DASHAK KI HINDI KAVITA PAR EKAGRA
Criticism by Avinash Mishra

ISBN : 978-93-6086-245-9

ज्ञानरंजन
और
पंकज चतुर्वेदी
के प्रति सादर,
जिनकी वजह से इस पुस्तक के आलेख
और यह पुस्तक रूप-आकार ले सकी...

युक्तोऽयमात्मसदृशान् प्रति मे प्रयत्नो नास्त्येव तज्जगति सर्वमनोहरं यत्।
केचिज्ज्वलन्ति विकसन्त्यपरे निमीलन्त्यन्ये यदभ्युदयभाजि जगत्प्रदीपे॥

जो मेरे जैसे हैं, वे ही इस ग्रन्थ के अधिकारी हैं। संसार में ऐसी कोई वस्तु नहीं जो सबका मन आकृष्ट करे। जो जगत् का प्रदीप (सूर्य) है, उसके भी उदयोन्मुख होने पर कुछ (सूर्यकान्तमणि आदि) जलते हैं, कुछ (कमल आदि) खिलते हैं और कुछ (उल्लू, कुमुद आदि) ओझल हो जाते हैं।

व्यक्तिविवेक: । राजानक महिमाचार्य [1000–1050]

कविता कहाँ दशक की दासी,
अस्सी-नब्बे क्या देखै जनगण की देख उदासी
वोट हमारा राज किसी का ठगे देश के वासी
परिवारों के हित की ख़ातिर क़ौम चढ़ गई फाँसी
क़ाबिज़ हुए दबंग व्याख्या स्वयं हुई मीरासी
संविधान मातहत न्याय को बना दिया चपरासी
तालाबों में पानी सूखा बोतल मिलें पचासी
गिरवी हुए किसान लोकसंघर्ष हुए संन्यासी
संसाधन की लूट व्यवस्था निश्चित करै निकासी
मालगुज़ारी मार मसीहा दूर देश मधुमासी
पिछलग्गू विचारधारा की कढ़ी हो गई बासी
सदी बदलती क्या देखै जब बदली नहीं उदासी।

—संजय चतुर्वेदी

क्रम

नवाँ दशक

नवें दशक की हिन्दी कविता पर एकाग्र

कविता का कर्त्तव्य

पूर्व-कथ्य

इस आलोचना-पुस्तक में समादृत कथाकार ज्ञानरंजन द्वारा सम्पादित पत्रिका 'पहल' के अंक 101 से लेकर अंक 110 (अक्टूबर 2015-जनवरी 2018) तक में प्रकाशित नौ आलेख संकलित हैं। ये आलेख नवें दशक के प्रमुख हिन्दी कवियों—देवी प्रसाद मिश्र, कुमार अम्बुज, अष्टभुजा शुक्ल, संजय चतुर्वेदी, सविता सिंह, अनीता वर्मा, निर्मला गर्ग, हरीश चन्द्र पांडे, कृष्ण कल्पित—की तब तक प्रकाशित कविता-सृष्टि पर एकाग्र हैं।

कविता-प्रवाह को किसी दशक में विभाजित या सीमित करना कोई उचित कार्य-कलाप नहीं है। काव्यानुरागियों के लिए यह एक नामुनासिब कार्यवाही है। लेकिन एक भाषा में आलोचना के लिए एक समय जब बिल्कुल अजनबी हो जाए, वह अपने दायित्व और सीमाएँ तय कर ले; तब कुछ नवीनतम और विशेष करने के लिए यह एक सुविधापूर्ण रास्ता है कि अब तक स्पर्श नहीं किए गए को स्पर्श किया जाए—एक नए कालखंड की कविता के अन्वेषण और विश्लेषण के ज़रिये। इस प्रकार एक अद्वितीय कवि(ता)-समय प्रकट होता है।

हिन्दी में कविता-आलोचना का विवेक—चन्देक अपवादों को छोड़ दीजिए तो—आसन्न अतीत से बहुत कम प्रभावित रहा आया है। असमय दिवंगत महत्त्वपूर्ण आलोचक देवीशंकर अवस्थी (1930-1966) 'विवेक के रंग'[1] की सम्पादकीय भूमिका में कहते हैं : "आलोचना का प्रमुख दायित्व समसामयिक साहित्य के प्रति है।" [पृ. 9] इस विवेक में जब साल 2015-18 के महीनों में 'पहल' में कुछ नियमपूर्वक और विस्तृत लिखने का सुयोग सम्भव हुआ, तब इस स्थिति की तरफ़ ध्यान गया कि हिन्दी में समकालीन कविता-आलोचना आठवें दशक के चार-पाँच कवियों की आलोचना पर ही रुकी हुई है। इधर की लगभग साढ़े तीन-चार दशक

1. भारतीय ज्ञानपीठ, संस्करण : 1965

की आई और आती हुई कविता पर कोई प्रबन्धमय आलोचनात्मक विचार नहीं हुआ है। इस दृश्य में 'पहल'-सम्पादक को यह प्रस्ताव पसन्द आया कि नवें दशक या बीसवीं सदी के अन्तिम दशक में सामने आए कवियों और उनकी कविता पर 'पहल' में आलोचना-विचार सम्भव हो। यह सिलसिला श्रृंखलाबद्ध ढंग से नौ कवियों, नौ अंकों और लगभग तीन वर्ष तक जारी रहा। इस श्रृंखला को हिन्दी साहित्य की नामलेवा राजनीति, कटुता, मुँहदेखी और चैरकुट्यग्रस्त चेमेगोइयों से भी दो-चार होना पड़ा। यह श्रृंखला और आगे भी बढ़ सकती थी, 'पहल' को इस पर कोई आपत्ति नहीं थी; लेकिन इसे नौ कड़ियों पर ही रोककर—आगे और अगले—दृश्य की प्रतीक्षा करना मेरे लिए एक रणनीतिक क़दम था।

इस कड़ी-लड़ी के टूटते ही इस अन्तराल में नवें दशक या बीसवीं सदी के अन्तिम दशक की कविता पर अन्य आलोचकों द्वारा प्रस्तुत कुछ और आलोचनात्मक लिखाइयाँ 'पहल' में और अन्यत्र भी नज़र आईं। इनमें एक भरपाई का शिल्प था—प्रयोजनहीन प्रायोजकता।

हिन्दी साहित्य में 'आलोचना की आलोचना' एक नियमित कार्यभार है। 'आलोचना का दायित्व', 'आलोचना का संकट', 'आलोचना की उपस्थिति' पर मस्तिष्कमुक्त संवाद-वक्तव्य-प्रवचन यहाँ के दैनिक आयोजनों का प्रमुख अंग है। हिन्दी आलोचना पर यह भी एक सहज आक्षेप है कि वह प्राय: प्रतिष्ठित को प्रतिष्ठित और उपस्थित को उपेक्षित करती/रखती है। इस अर्थ में यह आलोचना-पुस्तक पूर्णत: उपस्थित को सम्बोधित है। यह इसकी प्रासंगिकता का अकेला आधार भी बने, तब भी इन पंक्तियों के लेखक के लिए पर्याप्त है।

बहरहाल, 'पहल' में श्रृंखलात्मक ढंग से जिन नौ कवियों पर आलेख सम्भव हुए; इन पंक्तियों के लेखक को यक़ीन है कि उनके ज़रिये नवें दशक की हिन्दी कविता के बुनियादी दृश्य और प्रमुख प्रवृत्तियों को पहचाना जा सकता है, शेष समग्र दृश्य के लिए एक विस्तृत 'पूर्व-कथ्य' प्रस्तावित था जिसे इन आलेखों के पुस्तकाकार के प्रकाशन के समय प्रस्तुत किए जाने की योजना ज़ेहन में थी। इन पंक्तियों का लेखक इस बीच इस पर ही काम और संवाद और पुन: काम करता रहा।

नवाँ दशक नए तक पहुँचने की आँधीनुमा चाल का काल है। इस काल में बहुत कुछ अतीत का अंग होकर अप्रासंगिक होने के लिए अभिशप्त है। यहाँ एक स्थिति दूसरी स्थिति को बहुत तीव्रता से अपदस्थ कर रही है। यह सांस्कृतिक स्पन्दनों, मानवीय सम्बन्धों और पृथ्वी के नए सिरे से परिभाषित होने की घड़ी है। यह 'विचारधारा पर विचार' का समय है। यह वैश्वीकरण के तीव्र प्रवाह में अपनी जड़ें और प्राचीन रुचियाँ गँवाकर बाज़ार में गड्डमड्ड हो जाने का वर्तमान है। इस दौर का साहित्य मूलत: बाज़ार में रहकर बाज़ार-विरोध या अधिक तर्कयुक्त ढंग से कहें तों बाज़ारवाद-विरोध का साहित्य है। यह 'वैश्वीकरण के विरुद्ध लोक की

रणनीति क्या हो' के प्रश्न उठने का दौर है—गाँव और नगर की बहस और संघर्ष के धुँधले होकर सिमट जाने का दौर...

इस महादृश्य में हिन्दी कविता ने अपने काम को बहुत फैला लिया। उसने अपने दायरे से बाहर देखना शुरू किया। उसने अपनी और अपने से गुज़र रहे जन की आँखें पीछे की ओर भी उत्पन्न कीं और इस प्रकार वास्तविक शत्रुओं की शिनाख़्त की। उसका काम कम से चलना बन्द हो गया। वह हाशियों तक फैलती चली गई। वह गति के साथ रही और यथार्थ के भी। वह सही अर्थों में समकालीन रही और उसने अपने ठीक पहले की कविता से बहुत अलग नज़र आने के कार्य-भार को भी तरजीह दी।

नवें दशक को कहाँ से कहाँ से तक माना जाए, इसमें किसे शामिल माना जाए, इसमें किसे शामिल नहीं माना जाए, क्या यह दौर अपनी पूर्व-रचनात्मकता से सचमुच इतना भिन्न है कि इसे अलग से किसी काल-विशेष में बाँधा जाए, क्या इसकी सचमुच कोई ज़रूरत है—इस प्रकार के विचार तब-तब उठते रहे हैं और उठते हैं, जब-जब इस दौर में उत्पन्न हुए कवियों और उनकी कविता पर बात करने की कोई विशेष तैयारी की जाती है।

वर्ष 2012-13 में एकान्त श्रीवास्तव (नवें दशक के एक कवि) के सम्पादन में 'वागर्थ' में और 2013-14 में 'पहल' में इन प्रश्नों पर तीन-चार अंकों तक बहुत दूर तक न जा पाई एक निष्कर्षमुक्त बहस चली थी। 'वागर्थ' में **हिन्दी कविता : '80 के बाद—लॉन्ग नाइन्टीज़** शीर्षक से चली इस बहस में नवें दशक के अधिकांश प्रमुख कवि और 'पहल' वाली बहस में मृत्युंजय, विवेक निराला और अच्युतानंद मिश्र सरीखे नई पीढ़ी के कवि-आलोचक शामिल रहे। 'लॉन्ग नाइन्टीज़' की जगह '90-विपर्यय' को अधिक सटीक शब्द मानते हुए सुपरिचित आलोचक शम्भुनाथ इस बहस में कहते हैं : "नब्बे के दशक से हमारा समाज विपर्यय के एक ख़ास दौर से गुज़र रहा है, हालाँकि इसकी पृष्ठभूमि आपातकाल के समय से ही तैयार होने लगी थी।"[1] वहीं मदन कश्यप (नवें दशक के एक कवि) ने इस बहस में एक संक्षिप्त किन्तु बिन्दुवार चार्ट के ज़रिये आठवें दशक के कवियों और उनकी कविताओं को नवें दशक के कवियों और उनकी कविताओं से अलगाया था। यहाँ वह चार्ट ग़ौरतलब है :

आठवाँ दशक	*नवाँ दशक*
1. एकता का आधार नक्सलवाद विरोध (नकारात्मक)।	1. एकता का आधार साम्राज्यवाद, साम्प्रदायिकता और बाज़ारवाद का विरोध (सकारात्मक)।

1. वागर्थ (अंक 211), फ़रवरी-2013, पृ. 45-46, सम्पादक : एकान्त श्रीवास्तव

2. विरासत के रूप में अज्ञेय, मुक्तिबोध, शमशेर और रघुवीर सहाय को महत्त्व।	2. मुक्तिबोध, नागार्जुन, शमशेर, केदारनाथ अग्रवाल, त्रिलोचन, केदारनाथ सिंह और विजेन्द्र को महत्त्व।
3. संवेदना : मध्यवर्ग तक सीमित।	3. संवेदना का फैलाव मज़दूर, दलित आदिवासी और किसान तक।
4. बस चमक के लिए लोकभाषा के कुछ शब्दों का प्रयोग।	4. लोक संवेदना का विस्तार।
5. शिल्प चमत्कार और शैली लाघव।	5. केवल कुछ कवियों में यह प्रवृत्ति जिनकी चर्चा भी ख़ूब हुई। अधिकांश में व्यापक जन से संवेदनात्मक जुड़ाव।
6. स्त्रियों और दलितों को कोई जगह नहीं।	6. बराबर की हिस्सेदारी।
7. सामाजिक सरोकार व्यापक।	7. राजनीतिक सजगता बहुत अधिक।
8. आठवें दशक के कवि : सवर्ण पुरुष और उनके समकक्षी कुलीन अल्पसंख्यक। अधिकतर ब्राह्मण।	8. नवें दशक के कवि : बड़ी संख्या में स्त्री, अधिकतर दलित, आदिवासी, पिछड़े और पसमान्दा।

इस चार्ट[1] में और भी बिन्दु जोड़े जा सकते हैं, लेकिन यहाँ इन्हें ही पर्याप्त मानते हुए 'वागर्थ' के इस अंक में ही प्रकाशित लीलाधर मंडलोई की टिप्पणी की ओर चलते हैं। वह 1990 में रूस में जो कुछ हुआ उसे प्रशासनिक व्यवस्था का विघटन मानते हैं, विचारधारा का नहीं।[2] वह नवें दशक की कविता में जो गहरी परिवर्तनकारिता है, उसे असमय दिवंगत कवि शरद बिलौरे (1955-1980) से जोड़कर देखने की बात करते हैं : "आठवें दशक के ठीक बाद शरद (बिलौरे) में लोक का खुरदुरा जीवन, जनजातीय मिथकों के साथ विश्वसनीय व्यवहार, लोक और आधुनिकता के द्वन्द्व के साथ विस्थापन की पीड़ा का अलग चेहरा था। याद करना प्रासंगिक होगा कि लोक तो त्रिलोचन, केदारनाथ अग्रवाल, श्रीकान्त वर्मा, विजेन्द्र, केदारनाथ सिंह और उसके पूर्व निराला की छायावादी पीढ़ी में भी था; लेकिन शरद का लोक भिन्न था। यह लोक जब आगे नवल (शुक्ल), देवी (प्रसाद मिश्र), बद्री (नारायण), एकान्त (श्रीवास्तव), निलय (उपाध्याय), नीलेश (रघुवंशी) में आता है; तो वह अपने धूसर यथार्थ के साथ आता है, जिसमें पुराने जनजातीय मिथक नया अर्थ ग्रहण करते हैं।"[3]

'लोकालेख' नवें दशक की कविता का एक विशिष्ट पक्ष है। उसमें एक नवाचार और अपूर्वता है। इस समय में अपनी काव्य-अस्मिता अर्जित करने वाले

1. 'वागर्थ' (अंक 208), दिसम्बर-2012, पृ. 21, सम्पादक : एकान्त श्रीवास्तव
2. पूर्वोद्धृत, पृ. 16
3. पूर्वोद्धृत

लगभग प्रत्येक कवि ने लोकांकन पर विशेष ध्यान दिया है। इस ध्यान के प्राथमिक स्रोत इस पीढ़ी में निश्चय ही शरद बिलौरे के यहाँ नज़र आते हैं। शरद 1974-75 के आस-पास कविता-रचना में सक्रिय हुए। उन्हें अधिक आयु नहीं मिली, अगर मिलती तब सम्भवत: उनका लोकालेख और अधिक पुष्ट होता। इस सबके बावजूद शरद बिलौरे की कविता-सृष्टि में व्यक्त सामाजिक विसंगतियाँ अपनी कारुणिकता और नव्यता की वजह से बेहद उल्लेख-योग्य हैं :

मैं अभी गाँव गया था
केवल यह देखने
कि घरवाले बदल गए हैं
या
अभी तक यह सोचते हैं
कि मैं बड़ा आदमी बनकर लौटूँगा।

रास्ते में सागौन पीले पड़ गए थे
शायद अपनी पढ़ाई के अन्तिम वर्ष में रहे होंगे
उन्हें भविष्य की चिन्ता रही होगी
मेरा भविष्य
मेरे सीने में है और मेरे गाँव में
बेशरम की झाड़ियाँ और ज़्यादा हरी हो गई हैं
मैं खेतों में जाकर देखना चाहता था
कि कहीं बीस गुना पैदा करने की कोशिश में
मुझे गेहूँ के साथ तो
बो नहीं दिया गया है
और मैं सचमुच
गेहूँ के बीच उगा हुआ था
अब मेरे लिए
ज़्यादा ठहरना ठीक नहीं था।

लौट आया हूँ
पानवाला मामा
'कहो कविराज' कहकर
मुस्कुरा रहा है।

[मैं गाँव गया था]

यहाँ तक आकर अब यह स्पष्ट कर देना आवश्यक है कि यहाँ पेश इस पूर्व-कथ्य में बीसवीं सदी के नवें और अन्तिम दशक में सामने आए उन हिन्दी कवियों की कविता पर विचार या उनका नामोल्लेख भर किया गया है, जिनका जन्म 1950 से 1970 के मध्य हुआ और जिन पर 'पहल' में इन पंक्तियों के लेखक द्वारा स्वतंत्र आलेख नहीं लिखे जा सके। इस स्थिति में अकारादिक्रम में इस प्रकार की एक कवि-सूची बनती है :

अक्षय उपाध्याय, अग्निशेखर, अजन्ता देव, अजेय, अनामिका, अनिरुद्ध उमट, अनिल कुमार सिंह, अनिल गंगल, अनिल जनविजय, अनूप सेठी, अरविन्द चतुर्वेदी, अरुण आदित्य, असंगघोष, आत्मा रंजन, आर. चेतनक्रान्ति, आलोक वर्मा, आलोक श्रीवास्तव, आशुतोष दुबे, इला कुमार, उत्पल बैनर्जी, उदयन वाजपेयी, ऋतु कुमार ऋतु, एकान्त श्रीवास्तव, ओमप्रकाश वाल्मीकि, कँवल भारती, कल्लोल चक्रवर्ती, कात्यायनी, कुमार मुकुल, कृष्ण मोहन झा, केशव तिवारी, कैलाश मनहर, गगन गिल, गणेश पांडेय, गोबिन्द प्रसाद, चन्दन सिंह, चन्द्रभूषण, चन्द्रेश्वर, जगदीश पंकज, जयप्रकाश कर्दम, जयप्रकाश मानस, तेजी ग्रोवर, त्रिभुवन, दफ़ैरून, दिनेश कुमार शुक्ल, दिनेश कुशवाह, धीरेन्द्र नाथ तिवारी, ध्रुव शुक्ल, नरेन्द्र पुंडरीक, नरेश चन्द्रकर, नवल शुक्ल, नासिर अहमद सिकंदर, निदा नवाज़, निरंजन श्रोत्रिय, निर्मल आनन्द, निलय उपाध्याय, नील कमल, नीलेश रघुवंशी, पद्‌मजा घोरपड़े, पथिक तारक, पवन करण, प्रकाश चन्द्रायन, प्रगति सक्सेना, प्रज्ञा रावत, प्रताप राव कदम, प्रमोद कौंसवाल, प्रेम रंजन अनिमेष, प्रेमशंकर शुक्ल, बद्री नारायण, बल्ली सिंह चीमा, बलराम गुमास्ता, बहादुर पटेल, बुद्धिलाल पाल, बोधिसत्व, भरत प्रसाद, भारत यायावर, भूपिन्दर बराड़, मणि मोहन, मदन कश्यप, मनोज मेहता, मनोज शर्मा, मनोहर बाथम, महाराज कृष्ण सन्तोषी, महेश आलोक, माँझी अनन्त, मिथिलेश श्रीवास्तव, मुसाफ़िर बैठा, मोहन कुमार डहेरिया, मोहन राणा, यश मालवीय, रजत कृष्ण, रजनी तिलक, रति सक्सेना, रमण कुमार सिंह, रमाशंकर यादव 'विद्रोही', रमेश ऋतम्भर, रश्मि रेखा, राकेश रेणु, राजकुमार केसवानी, राजकिशोर राजन, राजा खुगशाल, राजीव सभरवाल, राजेन्द्र धोड़पकर, राज्यवर्द्धन, राधेश्याम तिवारी, रामकुमार तिवारी, रुस्तम, लाल्टू, लीलाधर मंडलोई, विजय शंकर, विजय सिंह, विनय विश्वास, विनय श्रीकर, विनोद दास, विनोद पदरज, विनोद श्रीवास्तव, विमल कुमार, वीरा, वीरेन्द्र दुबे, शम्भु यादव, शरद कोकास, शरद बिलौरे, शरद रंजन शरद, शशिप्रकाश, शहंशाह आलम, शाकिर अली, शिरीष ढोबले, शुभा, शैलेन्द्र दुबे, शैलेय, श्यौराज सिंह बेचैन, श्रीप्रकाश शुक्ल, संजय कुन्दन, संजीव क्षितिज, संजीव मिश्र, सतीश नूतन, सत्यपाल सहगल, सत्येन्द्र कुमार, सदानन्द शाही, सविता भार्गव, सर्वेन्द्र विक्रम, सिद्धेश्वर सिंह, सुन्दर चन्द ठाकुर, सुधीर मोता, सुधीर रंजन सिंह, सुधीर सक्सेना, सुमन केशरी,

सुरेश सेन निशान्त, सुल्तान अहमद, सुशीला टाकभौरे, स्वप्निल श्रीवास्तव, हरजीत सिंह, हरि मृदुल, हरिओम राजोरिया, हरिराम मीणा, हेमन्त कुकरेती, हेमन्त शेष।

इस सूची में इस दौर के ही दो अत्यन्त महत्त्वपूर्ण कवियों अमिताभ और पंकज चतुर्वेदी का नाम न रखने की वजह अमिताभ का—देवी प्रसाद मिश्र के शब्दों में कहें तो—'लेट ब्लूमर' होना है। उनकी कविताएँ प्रमुखता से हिन्दी कविता के 'फ़ेसबुक'-काल [2010-2020] में 'फ़ेसबुक' पर प्रकाशित और प्रशंसित होना शुरू हुईं। उनके विषय में असद ज़ैदी के शब्द यहाँ प्रसंगानुकूल होंगे : "यह अमिताभ का सौभाग्य है कि वह हिन्दी के नए, उदीयमान या युवा कवि कहलाए जाने के आकर्षण से बच गए, हालाँकि अब सीधे वरिष्ठ कवियों की संदिग्ध श्रेणी में आ शामिल हो गए हैं। जो कवि 58 साल की उम्र में कविता लिखना शुरू करे, और अब 64 साल का हो गया हो, उसके पास और कोई विकल्प भी नहीं। पर वह ऐसे कविता लिख रहे हैं, जैसे हमेशा से यही कर रहे थे। उन्होंने एक ज़माना देखा है और लिखने से पहले लिखने से बचने की कला को उन्होंने कई दशक तक साधा है। इस साधना के नतीजे उनकी कविता में बरामद हैं। संक्षेप में, उनकी कविता का 58 साला पूर्वकाल बेकार नहीं गया।"[1]

पंकज चतुर्वेदी अपने जन्म-वर्ष (1971) की वजह से इस पूर्व-कथ्य के अनुशासन में अँट नहीं रहे, जबकि वह बीसवीं सदी के अन्तिम दशक में बहुत कम आयु में ही अपनी एक विशिष्ट काव्य-अस्मिता अर्जित करने में सफल और सम्मानित हुए।

विभाजन में अनुशासन हो या न हो, वह हिंसा को जन्म देता ही है। इसलिए यहाँ यह यत्न है कि अनुशासन में रहा जाए। इसके बावजूद इस पूर्व-कथ्य के दोनों अनुशासनों—हिन्दी कविता नवें और बीसवीं सदी के अन्तिम दशक में प्रकाशन और जन्म-वर्ष 1950-1970 के मध्य होना—में अँटने वाले कई कवि-नाम यहाँ छूटे हुए भी प्रतीत हो सकते हैं। इस प्रसंग में अमीर ख़ुसरो का उल्लेख आवश्यक है, जिन्होंने कवियों का विभाजन चार वर्गों में किया है—सुकवि, कवि, कुकवि और अकवि। उनके अनुसार अकवि निरर्थक तुकबन्द होते हैं और दूसरों की रचना-पद्धति का अनुसरण मात्र करने वाले कुकवि की कोटि में आते हैं। कवि कहलाने के अधिकारी वे हैं जो पूर्वकालीन कवियों की भाषा-शैली और भावों को अभ्यास द्वारा चमत्कारपूर्ण तथा प्रभावोत्पादक ढंग से प्रस्तुत करने में सक्षम हैं। ख़ुसरो की दृष्टि में सुकवि उसी रचनाकार को कहा जा सकता है जो नवीन भाव-भूमि की खोज करता है, उसके अनुकूल नवीन रचनात्मक भाषा और विद्या का निर्माण करता है।[2] इस

---

1. 'समस्तीपुर और अन्य कविताएँ' (पृ. 11), अमिताभ, निबन्ध (एन इम्प्रिंट ऑफ़ थ्री एस्सेज़ कलेक्टिव), प्रथम संस्करण : 2023
2. 'सब लिखनी कै लिखु संसारा : पद्मावत और जायसी की दुनिया', मुजीब रिज़वी, राजकमल प्रकाशन, संस्करण : 2019

कथ्य के प्रकाश में यहाँ दर्ज कवि-सूची पर विचार करें तो इनमें—सुकवि, कवि, कुकवि और अकवि—चारों तरह के कवि शामिल हैं। इस पर भी अगर कुछ नाम छूट गए हैं, तब वे किस कोटि के कवि हैं; इसका निर्णय इन पंक्तियों का लेखक सुधीजनों पर छोड़ता है।

एक काव्य-समय या काव्य-दृश्य बहुत बड़ी कवि-संख्या से निर्मित होता है। इस निर्मिति में कवियों में परस्पर अपना-अपना कवि-व्यक्तित्व[1] पाने के संघर्ष चला करते हैं। समकालीन आलोचना का एक कार्यभार इस संघर्ष की जाँच करना और इसे इसके सही अर्थों में पहचानना भी है। एक विशेष कालखंड की कविता का आलोचनात्मक मूल्यांकन करते हुए एक संकट उसमें एक साथ सृजनरत/सक्रिय कई पीढ़ियाँ होती हैं। इस दबाव में प्रतिष्ठा खींचती-खिंचती चली जाती है और नए महत्त्वमय व्यवस्थित मूल्यांकन स्थगित रहते हैं। हिन्दी कविता के नवें दशक के साथ भी यह दुर्योग है, जिसका वास्तविक जलवा बीसवीं सदी के अन्तिम दशक में दीखता है।

आज की दुनिया पर सबसे ज़्यादा असर अगर किसी दशक का है, तब वह बीसवीं सदी के अन्तिम दशक का ही है। इसमें हिन्दी में एक साथ पाँच पीढ़ियाँ कविता लिख रही थीं और उनमें नए इलाक़े में जाने और उसे व्यक्त करने की व्याकुलता दीख रही थी। लेकिन नवें दशक के जिन कवियों ने अपने से ठीक पहले की कविता से एक 'डिस्कनेक्ट' दिखलाया या इस प्रकार के यत्न किए, उन पर इस पुस्तक में स्वतंत्र आलेख संकलित हैं और यह कैसे सम्भव हुआ इसकी पड़ताल भी। लेकिन इस दौर में बहुत कुछ नहीं भी हुआ, जैसे दलित कविता पर्याप्त रूप से सामने आने के बावजूद उसका कोई सौन्दर्यशास्त्र निर्मित-विकसित नहीं हुआ। महत्त्वपूर्ण और बेहतर दलित कवियों ने अपने को हिन्दी कविता में दलित कवि की तरह वैसे असर्ट (assert) नहीं किया; जैसे आज के कुछ बिल्कुल नए कवि कर रहे हैं। इसकी तुलना में हिन्दी की आदिवासी कविता के साथ इस प्रकार की समस्या नहीं रही। वह जन्म से ही अपना स्वर और सौन्दर्य साथ लाई। इस वजह से ही आज हिन्दी की आदिवासी कविता से नई-नई राहें फूट रही हैं। मुस्लिमों सहित अन्य अल्पसंख्यकों की हिन्दी कविता भी इस मायने में हिन्दी की नवें दशक की दलित कविता की तरह ही समस्याग्रस्त है; जबकि इसका संसार कितना विस्तृत और वैविध्ययुक्त है, इसका अनुमान नवें दशक की ही एक कवि निर्मला गर्ग द्वारा सम्पादित पुस्तक 'दूसरी हिन्दी'[2] पढ़कर लगाया जा सकता है। हिन्दी साहित्य में और-और नई-नई अस्मिताओं का प्रवेश बिल्कुल द्वार पर है।

---

1. कवि-व्यक्तित्व की थोड़ी व्याख्या के लिए इस पुस्तक के अन्तिम आलेख 'परम्परा का आवारापन' तक जाया जा सकता है।
2. अनन्य प्रकाशन, संस्करण : 2017

यक़ीनन यह द्वार भी आसानी से नहीं खुलेगा, वैसे ही जैसे सातवें-आठवें दशक में दलित और स्त्री-अस्मिताओं के लिए नहीं खुला। लेकिन ये नई-नई अस्मिताएँ हिन्दी की समकालीन कविता में भविष्य का स्वर बनने की ओर उन्मुख हैं। इस प्रकार दलित रचनाकारों में से भी दलित रचनाकार निकलते हुए दिखाई दे रहे हैं और देंगे। इस प्रकार एक अभूतपूर्व श्रेणी-क्रम नज़र आएगा। इस स्थिति में एकदम हाशिये का और अब तक वर्जित और अव्यक्त जीवन स्वयं व्यक्त होने की सुविधा पाते ही अपना स्पेस माँगेगा नहीं, बल्कि स्वयमेव अर्जित कर लेगा। उसमें इतनी ज़्यादा नवीनता और ताप होगा कि दृश्य के पास उसे स्वीकार करने के अतिरिक्त अन्य कोई विकल्प नहीं ही होगा। घुमन्तू और क्वियर समुदाय की अभिव्यक्ति इस सन्दर्भ में प्रमुख होगी और उन सर्वाधिक संकटग्रस्त समुदायों की भी जो नई आर्थिकी और तकनीक में बिल्कुल ख़त्म होने के कगार पर पहुँच गए हैं। जब अत्यन्त बलपूर्वक और हिंसा के साथ विस्थापित-निर्वासित किए गए और किए जा रहे समुदाय अपना प्राथमिक अनुभव दर्ज करेंगे, तब सचमुच की नई बहसें उत्पन्न होंगी और दृश्य उस उदासी और ऊब से मुक्त होगा जो पुराने कैसेटों को देखकर होती है, अर्थात् बज चुके विमर्श अप्रासंगिक होते प्रतीत होंगे। यह भी बहुत सम्भव है कि इस प्रकार की रचनाएँ सामने आ जाएँ जो अब तक की रचना-परम्परा की महज़ अनुकृति हों और जिन्हें किसी व्यक्ति ने नहीं; बल्कि AI या उस-सी ही या उससे आगे की किसी तकनीक ने सम्भव किया हो।

नवें दशक में हिन्दी की दलित कविता जो न कर सकी, उसे उस दौर की स्त्री-कविता ने बख़ूबी करके दिखाया। स्त्री-कविता ने न सिर्फ़ नवें दशक में अपना सौन्दर्यशास्त्र खोजा, बल्कि अपनी कविता को ढर्राबद्ध होने से भी बचाए रखा। हिन्दी-काव्यालोचना में व्यवस्थित रूप से दर्ज नहीं हुई इस घटना के बाद स्त्री कविता के लिए एक नई आलोचना की माँग की जाने लगी। यह माँग अब तक जारी है। इस अभाव में हिन्दी की स्त्री-कविता ने हिन्दी कविता के खाँचों-साँचों के साथ एक भयानक तोड़-फोड़ और बग़ावत की। इसका ही निष्कर्ष है कि इस दौर की एक स्त्री-कवि की कविता अपनी ही समकालीन दूसरी स्त्री-कवि की कविता से बहुत अलग नज़र आती है। यह वैविध्य आज अत्यन्त विकसित होकर अपने विशेष विस्तार पर है। देवी प्रसाद मिश्र एक बातचीत में इस तरफ़ ध्यान दिलाते हैं कि नवें दशक की कविता में वाम और वामा दोनों हैं, जबकि आठवें दशक की कविता मर्द के दर्द की ही कविता है। इस सन्दर्भ में शुभा की कविताएँ अत्यन्त उल्लेखनीय हैं, जिनका कोई कविता-संग्रह इन पंक्तियों के लिखे जाने तक प्रकाशित नहीं हुआ है।

औरतें मिट्टी के खिलौने बनाती हैं
मिट्टी के चूल्हे

और झाँपी बनाती हैं

औरतें मिट्टी से घर लीपती हैं
मिट्टी के रंग के कपड़े पहनती हैं
और मिट्टी की तरह गहन होती हैं
औरतें इच्छाएँ पैदा करती हैं और
ज़मीन में गाड़ देती हैं

औरतों की इच्छाएँ
बहुत दिनों में फलती हैं [औरतें]

शुभा ने हिन्दी में स्त्री-कविता की कुछ इस प्रकार की एक सृष्टि सम्भव की जिसमें स्त्री वेध्य तो है, लेकिन वध्य नहीं है। स्त्री को वेध्य बना देने वाली परम्परा, सत्ता और सामाजिकता की पड़ताल शुभा की कविता का केन्द्रीय पहलू है। उनकी कविता ने दुख के अतिमानवीय रूप को एक ऐसी अभिव्यक्ति दी है जो उनसे पूर्व की कविता में पाना दुर्लभ है। यह अभिव्यक्ति एक ऐसे दुःख को प्रकट करती है, जिसे आँसुओं से नहीं उठाया जा सकता :

वे हार गए कब के
चीख़ इसे और वीभत्स बनाती है
गुस्सा तो सिर्फ़ राख पैदा करता है

कुछ देर इसे ख़ामोशी ने उठाया
कभी उठाया कविता ने
विचार ने उठाया इसे
इसे उठाया दोस्तों ने
मिलकर गीत गाते हुए

कम्युनिस्ट पार्टियाँ बिखरीं
कितनी बार इसे उठाते हुए

इसे उठाने के लिए
कुछ और चाहिए
इन सबके साथ

उठाने का कोई नया ढब

इतिहास ने इसे उठाया कभी-कभी

अब इसकी चिन्दियाँ बिखरी हैं
इन्हें बच्चे उठा रहे हैं
यह पहुँच रहा है प्रकृति तक
तूफ़ान और कन्दराएँ
उठाएँगी इसका बोझ

अगर धरती इसे न उठा सकी
अन्तरिक्ष में नाचेंगी इसकी चिन्दियाँ। [अतिमानवीय दु:ख]

सविता सिंह के शब्दों में कहें तो शुभा की कविताएँ "हमारी आदमख़ोर सभ्यता की सम्यक् आलोचना के साथ हमें झिंझोड़ती रही हैं।"[1] इस उद्धरण की रोशनी में देखें तो पितृसत्ता की हिंसा और विवशता की जाँच-पड़ताल के लिए शुभा एक अपूर्व काव्य-व्यवहार का अन्वेषण करती हैं। वह जैसे तमाम पिताओं के सारे प्रकार जानकर उनके बारे में लिखती हैं। पिताओं की दुनिया का हाहाकार, तनाव और रेशे; वह बग़ैर चीख़-ओ-पुकार और आरोप की भाषा में जाए बग़ैर सामने लाती हैं। वह उन पिताओं को भी जानती हैं 'जिनका ज़िक्र पिता की तरह नहीं किया जा सकता'। शुभा बहुत आसानी से अपनी कविता को बहुत ग़ुस्से से भर सकती थीं/हैं, लेकिन यह उनकी अद्वितीय काव्य-कुशलता ही है कि वह क्रोध को देखते-समझते हुए, एक ठंडे दिमाग़ से बहुत संवेदनयुक्त, नैतिक और प्रभावी कविता सम्भव करती हैं :

पिता तो ख़ैर
एक जैसे नहीं होते
मगर सभी पिता
अन्तत: पिता तो होते ही हैं

पिताओं को छोड़ देना चाहिए
लड़कियों को बेटी की तरह देखना
उन्हें लड़कियों के पक्ष में

---

1. 'प्रतिरोध का स्त्री-स्वर : समकालीन हिन्दी कविता', सविता सिंह, राजकमल प्रकाशन, संस्करण : 2023

कुछ करना चाहिए

ख़ुद पिता भी पहचानें अपने को
जनतंत्र के बाशिन्दे की तरह
लड़कियों के बरअक्स। [पिताओं के बारे में]

शुभा सरीखी समझदारी से अलग एक समझदारी अनामिका में दीखती है। उनके यहाँ एक नई, सजग और बौद्धिक स्त्री का एकान्त नए स्वरूप में उद्घाटित होता है। वह स्त्री-मुक्ति की तलाश आधुनिकता के साथ-साथ हज़ारों वर्ष पुरानी परम्परा में जाकर भी करती हैं। उनके यहाँ परिवार और पितृसत्ता का विरोध इस अर्थ में नहीं है कि उसे नष्ट हो जाना चाहिए। उनकी कविता उसके स्वभाव को बदलने की उदारता और सहानुभूति की माँग में घटित होती है :

एक दिन हमने कहा
हम भी इनसान हैं—
हमें क़ायदे से पढ़ो एक-एक अक्षर
जैसे पढ़ा होगा बी.ए. के बाद
नौकरी का पहला विज्ञापन!
देखो तो ऐसे
जैसे कि ठिठुरते हुए देखी जाती है
बहुत दूर जलती हुई आग!

सुनो हमें अनहद की तरह
और समझो जैसे समझी जाती है
नई-नई सीखी हुई भाषा! [स्त्रियाँ]

यह काव्य-व्यवहार अनामिका की कविता को जिस द्वन्द्व की तरफ़ ले जाता है, वह प्राय: करुणा से प्रकाश और गति प्राप्त करता है। सुपरिचित आलोचक रेखा सेठी के शब्दों में : "अनामिका जिस स्त्रीवाद को प्रस्तावित कर रही हैं, वह केवल पाश्चात्य अवधारणाओं की स्त्री-मुक्ति के प्रसंगों पर आधारित नहीं है; उसकी आधार-भूमि भारतीय है।"[1] 'भारतीय स्त्री जीवन' के कई अछूते मार्मिक प्रसंग उनके अधिकांश अन्तर्विरोधों के साथ अनामिका की कविता-सृष्टि में उपस्थित हैं। उनमें लोक और शास्त्र की गहरी समझ है। वह अकेले पड़ जाने का सन्ताप जानती

1. https://samalochan.blogspot.com/2021/03/blog-post_14.html [14 मार्च, 2021]

हैं। इसलिए उनकी कविता सबके साथ मुक्त होना चाहती है—एक ऐसी भाषा में जिसमें अनस्थानिक तत्त्व एक घुलनशील भावनात्मक क्षमता के साथ व्यक्त होते हैं।

इस भावनात्मक क्षमता के अन्य क्षितिज गगन गिल और नीलेश रघुवंशी के यहाँ नज़र आते हैं। नीलेश में भारतीय निम्न-मध्यवर्ग अपने क़स्बाईबोध के साथ प्रकट होता है। उसमें स्त्री की इच्छाएँ अपनी पुकार के साथ इधर-उधर होती रहती हैं। उनके तयशुदा ठिकाने संदिग्ध हैं, लेकिन नाउम्मीद नहीं हैं। इस स्थिति में नीलेश की कविता बहुत ध्यान से ऐसा कोई भी सिरा खुला नहीं छोड़ती, जिससे स्त्री-मुक्ति के स्वप्न का पाठ प्रभावित हो। लेकिन उनकी कविताओं में भी स्त्री-अस्मिता का उग्र स्वर नहीं है, इसलिए उनकी तरफ़ उत्पीड़न की जाँच बहुत सीधे तौर पर नज़र नहीं आती।

नीलेश रघुवंशी ने अपनी स्त्री के संसार को और उसके देखने तथा व्यक्त करने को सीमित नहीं होने दिया है। इस वजह से उनकी कविता अपने विषयों की विविधता के लिए भी ध्यान देने योग्य है। वह अपने समय के वंचितों को इस बोध के साथ व्यक्त करती हैं :

ये हमारे समय का किसान है,
न कि किसान का समय है ये [किसान]

नीलेश रघुवंशी की कविता आज जहाँ है, वह उदासी से टकराने और उससे बाहर आने की कविता है; न कि उसके सामने मीठे समर्पण की या उसमें ही ऊभ-चूभ होते रहने की।

मत आया करो तुम सम्मान समारोहों में
तश्तरी, शाल और श्रीफल लेकर
दीप-प्रज्वलन के समय
मत खड़ी रहा करो माचिस और दीया-बाती के संग
मंच पर खड़े होकर मत बाँचा करो अभिनन्दन-पत्र
उपस्थिति को अपनी सिर्फ़ मोहक और दर्शनीय मत बनने दिया करो

सुन्दरियो,
तुम ऐसा करके तो देखो
बदल जाएगी ये दुनिया सारी। [सुन्दरियो]

नीलेश रघुवंशी ने अपने दूसरे कविता-संग्रह 'पानी का स्वाद'[1] में 'पहली रुलाई तक की डायरी' शीर्षक से जो 21 कविताएँ सम्भव कीं, उन्होंने हिन्दी में क्या जोड़ा

1. किताबघर प्रकाशन, संस्करण : 2004

है; यह उनसे गुज़रकर-पढ़कर ही जाना जा सकता है। गर्भावस्था के अनुभवों से युक्त इन कविताओं में केदारनाथ सिंह के शब्दों में कहें तो कह सकते हैं कि एक ऐसे "जैविक स्त्री-बोध का क्रमिक दस्तावेज़ है, जो शायद हिन्दी में पहली बार इतनी प्रामाणिकता के साथ दर्ज हुआ है।"[1] कवितात्मक डायरी की शैली में व्यक्त इन कविताओं में रचने की यातना और रचने के सुख दोनों को ही इस तरह सँभाला गया है कि दोनों अभिन्नतम हो उठे हैं :

इन दिनों एक ऐसे अनुभव से गुज़र रही हूँ
जिसे सिर्फ़ जिया जा सकता है, कहा नहीं जा सकता
बहुत विराट है यह अनुभव, सुखद और कष्टप्रद दोनों

इन दिनों जिस यात्रा में हूँ
उस यात्रा से बड़ी यात्रा, कोई और नहीं हो सकती
एक ऐसी गाड़ी में सवार हूँ, जिसमें पहले कभी नहीं बैठी
संसार की तमाम स्त्रियाँ कर चुकी हैं, ये यात्रा
कुछ मेरी तरह यात्रा में होंगी, तैयारी में कुछ यात्रा की
फिर भी, सबके अनुभव एक जैसे नहीं हैं

रहस्यों से भरी यात्रा है यह
कहीं सुख की रसीली बूँदें, कहीं अनन्त कष्ट
चारों ओर अँधेरा...भयावह जंगल
ज़ोर से सीटी बजाती, तेज़ गति से दौड़ती ट्रेन
सारी चीख़ें दब जाती हैं जिसमें

जानते हो क्या लगता है इस समय,
कि अब टूटा पुल कि तब टूटा
ट्रेन की ज़ंजीर खींचने का मन करता है,
अब तो नहीं करनी ऐसी यात्रा। [ज़ंजीर खींचने का मन]

नीलेश रघुवंशी की कविता-सृष्टि से अलग उदासी और सृजन का एक बिल्कुल भिन्न पाठ गगन गिल की कविता-सृष्टि में मौजूद है :

अच्छा हुआ, उसने पुत्र नहीं जन्मा
अच्छा हुआ, उसने किसी कमज़ोर क्षण में

---

1. 'पानी का स्वाद' के ब्लर्ब से

सिर्फ़ इस इच्छा को पनपने दिया
और आदमी को इसका पता नहीं चला

[उदासियाँ तब कितनी अलग होतीं]

"महज़ जन्म देना ही स्त्री होना नहीं है"—सातवें-आठवें दशक के कवि आलोकधन्वा ने नवें दशक में अपनी 'संसारप्रसिद्ध' कविता 'भागी हुई लड़कियाँ' में यह पंक्ति दर्ज की थी। गगन गिल इस बयान को 'उदासियाँ तब कितनी अलग होतीं' में उसकी सारी सम्भावनाओं, आशंकाओं और अवसाद तक ले जाती हैं :

अच्छा हुआ, पुत्र जो उसने सोचा था
आदमी की अक़्लमन्दी और मूल्यों का बना हुआ
अक्स उसका भुरभुराया नहीं
वह जीता-जागता उसके सपने में आया
और छाया-सा चला गया
अच्छा हुआ, वह
पुत्र धारण करने से पहले
किसी बिस्तर तक नहीं गई
और शाम की यह लालसा
कुर्सियों में अलग बैठे-बैठे शाम में ढल गई

इस कविता की भाषा स्त्री-निर्णय की भाषा है। उसमें उसका चयन और रूढ़ियों का प्रतिकार एक ठोस आकार लिए हुए है। आगे की कविता एक स्वतंत्र स्त्री के एकान्त और उसके दैनिक संघर्ष को व्यक्त करते हुए कहती है :

अगर कहीं सचमुच
वह माँ हुई होती,
अगर कहीं सचमुच
उसका बच्चा चौबीसों घंटे
उसके सपने में से निकलकर
उसकी शामत बना होता—
सपने लेने वाली यह लड़की
कितनी बेचारी होती!
अकेली, उदास, हारी हुई
अकेली सारी थकावटें,
उदासियाँ और हारें
तब इस थकान से कितनी अलग होतीं

जो कुर्सी पर अलग-अलग बैठने की
इस हार में
उसके साथ-साथ चलती हैं!" [उदासियाँ तब कितनी अलग होतीं]

गगन गिल की कविता-काया अवसाद, शोक और मौन से बनी हुई है। कोई भी सजीव काया कभी वेदना से मुक्त नहीं हो सकती है, लेकिन वह वेदना को समझकर उसे व्यक्त करते हुए अपना अध्यात्म पा सकती है और इस प्रकार काया में ही काया से दूर जा सकती है। गगन गिल की कविता-सृष्टि में इस प्रक्रिया का प्रस्फुटन और परिणाम पाया जा सकता है :

मैं जब तक आई बाहर
एकान्त से अपने
बदल चुका था मर्म
भाषा का [मैं जब तक आई बाहर]

गगन गिल की कविता-सृष्टि में मुक्ति के प्रश्न और प्रसंग स्त्रीवाद और आध्यात्मिक दोनों ही स्तरों को स्पर्श करते हैं। यों भी कह सकते हैं कि स्त्री-प्रतिरोध और स्त्री-विवेक के स्वर यहाँ अन्ततः आकांक्षा और करुणा के प्रतीक में विन्यस्त हैं।

गगन गिल स्त्रीवादी कविता के साँचे से स्वयं को स्वतंत्र रखती आई हैं। उन्होंने इसमें होते हुए भी इसका अतिक्रमण इस विशेषता से सम्भव किया है कि वह इसके भीतर और बाहर दोनों तरफ़ नज़र आती हैं। बक़ौल सुदीप्ति : "स्त्रीवादी या स्त्री के नज़रिये से नहीं देखने के आग्रह के बाद भी उनकी कविताएँ मुखरता से घोषित करती हैं कि उन्हें एक सचेतन स्त्री ने लिखा है।"[1]

आज हिन्दी में उपस्थित स्त्री-कविता अपने स्वर्णकाल में प्रतीत होती है, लेकिन इस सम्भव-साक्ष्य को पाने के लिए हमारी भाषा बेहद संघर्ष करती रही है। स्त्री-कवियों की संख्या का विस्तार अब इस क़दर है कि उन्होंने पूरे काव्य-दृश्य को ही अपनी ध्वनियों और आभा से आच्छादित किया हुआ है। वह दौर जब स्त्री-कवियों के नाम शुरू होते ही समाप्त हो जाते थे, अब विचार का अकादमिक विषय हो चुका है। अब हमारा सामना हिन्दी कविता की एक बिल्कुल नई सृष्टि से है, जहाँ एक नई स्त्री है—अपनी बहुसंख्य अभिव्यक्तियों के साथ। इनमें से एक बड़ा प्रतिशत उन स्त्री-कवियों का है, जिन्होंने अपनी कविताओं के प्रकाशन के लिए प्रिंट प्रकाशन माध्यमों को नहीं चुना है। इनमें से भी एक बड़ा प्रतिशत उन स्त्री-कवियों का है, जिन्होंने अपनी कविताओं और अपने पाठक के बीच से सम्पादक-आलोचक नाम

1. https://samalochan.com/gagan-gill-4/ [11 मई, 2023]

की सत्ता-संस्था-मध्यस्थता को बिल्कुल हटा दिया है और जिनसे परिचय हिन्दी के केन्द्रीय कविता संसार के लिए बिल्कुल नवीन है।

इन स्त्री-कवियों की कविता के केन्द्रीय की-वर्ड **स्त्री, देह, हिंसा, प्रेम, सम्बन्ध, वियोग, इच्छा, निन्दा, दुख** और **लोक** हैं। इन की-वड्र्स में इन स्त्री-कवियों ने **घर, गाँव, परिवार, शहर, महामारी, न्याय, उम्मीद, संघर्ष, जीवन, मृत्यु, चीज़ें, कविता, नींद, स्वप्न, सृजन, करुणा, ऊब, आज़ादी, स्मृति**—सरीखे कई की-वर्ड और जोड़े हैं।

यहाँ नई सृष्टि से आशय इक्कीसवीं सदी की स्त्री-कविता से है। इस कविता में उस नए स्त्रीवादी सौन्दर्यशास्त्र का दर्शन किया जा सकता है, जिसका निर्माण बीसवीं सदी के आख़िरी दशक में उभरी स्त्री-कवियों ने तब किया, जब इस बाबत सोचना भी कुफ्र था। आधुनिक हिन्दी कविता के सबसे ज़्यादा कामयाब—सातवें और आठवें—दशक में किसी प्रमुख और सशक्त स्त्री-हस्ताक्षर का न होना इस बात की तस्दीक़ है। दरअसल, यह सब कुछ स्त्री-अनुभवों और स्त्री-आकांक्षाओं को एक पुरुष-भाषा में व्यक्त करने की पितृ-सत्तात्मक साज़िश का ही निष्कर्ष है। लेकिन यह सब दर्ज करते हुए एक नाम अक्सर बिला जाता है। वह नाम है—मोना गुलाटी (जन्म : 1946)।

मोना गुलाटी 'अकविता' आन्दोलन की एक स्त्री-कवि हैं। उनका उल्लेख हिन्दी में आधुनिक स्त्री-कविता की उत्पत्ति, उपस्थिति और उपलब्धि को समझने के लिए ज़रूरी है। मोना एक खोई हुई कवि हैं। यह सब समयों का सच है कि कुछ नाम खो जाते हैं, कुछ छूट जाते हैं, कुछ टूट जाते हैं। नवें दशक के श्रेष्ठ और सम्मानित कवियों में शुमार होकर अपनी 'अन्तिम कविता' रचकर कविता से विरत होने वाले सुकवि राजेन्द्र धोड़पकर की कविता-पंक्तियाँ हैं :

मुझे लगा कुछ भी असम्भव नहीं
दुनिया की हालत ऐसी है कि
किसी भी वक़्त
कोई भी कवि तारे-सा टूटता
दिखाई दे सकता है। [अन्तिम कविता]

बहरहाल, यहाँ मोना गुलाटी पर लौटते हैं; जिन्हें समझने के लिए 'अकविता' के अभिप्राय को समझना होगा। 'हिन्दी कविता-परम्परा' में 'अकविता' एक बदनाम विषय-वस्तु है। उसके दिन हिन्दी कविता के लिए बहुत मुश्किलतरीन दिन थे। आक्रामकता, उग्रता, अतिरंजित काव्य-मुद्राएँ, असंयमित उद्रेक, शब्दापव्यय, सामान्यीकरण, भाषा-केलि, बड़बोलापन, दायित्वहीनता, अनैतिक और असत्य अवसाद, स्त्री-विरोधी स्त्री-दृष्टि, यौन-विकृति, हिंसात्मक सक्रियता, परम्परा-अज्ञान,

स्वरूप-भंगता...ये सब 'अकविता' के लक्षण थे और दृश्यालेख को उसने इन लक्षणों के साथ आक्रान्त किया हुआ था। इस दृश्य में मोना गुलाटी की कविताएँ भी घटित हुईं। उनमें भी 'अकविता' का तत्कालीन चालू सृजनात्मक मुहावरा न्यस्त था :

शहर : अब
मुझे अपने समकालीनों में होना अच्छा नहीं लगता :

शहर के दूसरी तरफ़ गाँव हों या गाँवों में खलिहान और पगडंडियाँ हों
मुझे शहर की ख़लक़त और गाँवों के मोरों में कोई रुचि नहीं है। मेरे
हाथों में हँसिया पकड़ा दिया गया है और मुझे केवल इतना ज्ञात है
कि एक दिन उस हँसिए के नीचे तुम्हारी गर्दन होगी और उसे
रेतने वाले हाथ मेरे होंगे।

जिस देश के झंडे में हँसिए का निशान होगा वहाँ क़त्ल होंगे
सरे-आम सड़कों पर :
मुझे अपनी मिट्टी के अतिरिक्त
किसी दूसरी मिट्टी में जमने की इच्छा नहीं!
मेरा प्रेमी एक गीदड़ है
जो अराजकता के कारण हुँआ-हुँआ करता है।
कभी-कभी
वह चमेली की लतर की तरह मेरी ओर
झुक आता है तब
नासापुटों में भरती महक मुझे अपने होने के
अहसास से आप्लावित कर देती है।

पिछले कई वर्षों में मैंने एक नई चीज़ सीखी है : चीज़ों को
अधूरा छोड़ देने की :
निष्कर्ष यदि बुद्ध ने लिए :
या नीत्शे ने या जाँ जेने या सार्त्र ने : या जगदीश चतुर्वेदी ने या
मैंने : वह हमेशा गोल होकर शून्य में बवंडर मचाएँगे और कुछ लोग
हवा को सूँघने लगेंगे!

स्थितियों में व्यतिक्रम करने के लिए चुप हो जाना ही काफ़ी नहीं रहा।
अपने को अपने पास बुलाने के लिए आवाज़ देना ही काफ़ी नहीं रहा।

समकालीनों में मुझे केवल
भुनगे और कीड़े दिखाई देते हैं :

मैं अपना समकालीन पाने के लिए तरस गई हूँ :
मैंने अपने अधूरे
निष्कर्षों को मोहरबंद कर दिया है :
सील लगाकर;
कि कोई मेरा समकालीन हो ही नहीं सकता : किसी के हाथों में
आग की तपिश नहीं है और न ही किसी के दिमाग़ में सामाजिक
षड्यंत्रों; मानसिक कुटैवों से ऊपर उठने की तिलिस्मी सामर्थ्य :
मैंने चुप होने के बावजूद
मुस्कराने का निश्चय किया है :
मैंने अपनी मुट्ठियाँ खोलकर
कीर्केगार्द का आह्वान किया है। मुझे
किसी भैंदेसी व्यक्ति के पास नहीं लौटना बार-बार!

मुझे अब
अपने समकालीनों में होना अच्छा नहीं लगता!

[नहीं है कोई समकालीन]

अनुत्तरदायी कविता एक ख़राब कविता है—इस तथ्य को स्थापित करने और हिन्दी कवि तथा उसकी कविता को 'अकविता' के ग़ैरज़िम्मेदार कार्यभार और उसकी ग़ैरज़रूरी कार्यसूचियों से बाहर लाने के लिए उस दौर की सजग आलोचना और कवियों ने पर्याप्त संघर्ष किए। 'अकविता' में पहचाने गए कुछ श्रेष्ठ कवियों ने भी आगे चलकर ख़ुद को 'अकविता' से मुक्त करने के लिए उल्लेखनीय संवादात्मक-रचनात्मक उद्यम किए।

इस दरमियान समय-गति में हिन्दी कविता में 'नई कविता' या 'अकविता' सरीखा कोई आन्दोलन नहीं रह गया, ऐसे आन्दोलन हो सकें; इसकी सम्भावनाएँ-आशंकाएँ भी क्षीण-समाप्त हो गईं। यों 'नई कविता' के बाद की सारी मूल्यमय कविता को आज नई कविता के ही आधुनिक, अद्यतन और समकालीन विस्तार के रूप में पहचाना जाता है। इस सन्दर्भ में 'इसक' (राजेश जोशी द्वारा 'इक्कीसवीं सदी की कविता' के लिए सुझाया गया संक्षिप्त शब्द-रूप) का इस्तेमाल भी कभी-कभी सुविधा के लिए किया जाता है। 'अकविता' के बहुत सारे (अ)कवियों की तरह मोना गुलाटी की कविता भी इस प्रवाह में बह गई। उसे कोई द्वीप या किनारा या हाशिया

नहीं मिला। उनके बहुत देर में प्रकाशित हुए दो कविता-संग्रहों ['महाभिनिष्क्रमण' (1992) और 'सोच को दृष्टि दो' (1995)] को आए भी अब बहुत देर हो चुकी है। उनकी प्रतियों और उनके प्रकाशनों का पता नहीं है। मोना गुलाटी का भी कुछ पता नहीं है। उनकी एक तस्वीर के सिवा इंटरनेट पर भी उनका कुछ नहीं है/था। इस अभाव को जब इन पंक्तियों के लेखक ने एक रोज़ नई पीढ़ी के आलोचक आशीष मिश्र से साझा किया, तब उन्होंने मोना गुलाटी के कविता-संग्रहों की कुछ अस्त-व्यस्त छाया-प्रतियाँ उपलब्ध करवाईं; जिन्हें व्यवस्थित करके मोना गुलाटी की 113 कविताएँ हिन्दी कविता की सुव्यवस्थित और प्रामाणिक आर्काइवल वेबसाइट 'हिन्दवी'[1] पर प्रकाशित की गईं। इस प्रक्रिया में ही इन पंक्तियों के लेखक का मोना गुलाटी की कविता-काया और 'अकविता' के अभिप्राय से गुज़रना हुआ। इस गुज़रने के वृत्तान्त को व्यक्त करने से पूर्व 'अकविता' आन्दोलन का एक संक्षिप्त छात्रोपयोगी परिचय यहाँ दे देना विषयांतर नहीं ही होगा।

'अकविता' या साठोत्तरी कविता मोटे अर्थों में वर्ष 1960 के बाद की हिन्दी कविता को कहा जाता है। 'अकविता' को एक आन्दोलन के रूप में प्रचारित और प्रतिष्ठित करने का प्रथम प्रयत्न 1963 में जगदीश चतुर्वेदी के कविता-संग्रह 'प्रारम्भ' में नज़र आता है। 'अकविता' का सबसे चर्चित और विवादित संकलन 'विजप' है। इसमें गंगा प्रसाद विमल (वि), जगदीश चतुर्वेदी (ज) और श्याम परमार (प) की रचनाएँ संकलित हैं। 'अकविता' से सम्बद्ध अन्य कवियों में धूमिल, राजकमल चौधरी, मुद्राराक्षस, सौमित्र मोहन, विनय और मोना गुलाटी के नाम प्रमुख हैं। मणिका मोहिनी, स्नेहमयी चौधरी और ममता कालिया की कुछ कविताएँ भी इस घेरे के इर्द-गिर्द हैं। इनके अतिरिक्त आग्नेय, लीलाधर जगूड़ी, चन्द्रकान्त देवताले, कैलाश वाजपेयी, सर्वेश्वरदयाल सक्सेना, श्रीकान्त वर्मा, इब्बार रब्बी और मंगलेश डबराल की कुछ या प्रारम्भिक कविताएँ 'अकविता' आन्दोलन की उपज मानी जाती हैं। 'अकविता' को भारतीय समाज की स्थितियों से उत्पन्न हुआ स्वाभाविक आन्दोलन नहीं माना जाता है। हिन्दी के अधिकांश काव्यान्दोलनों की तरह ही यह 'अकविता'-आन्दोलन भी पश्चिम के बौद्धिक-वृत्त के प्रभाव से निर्मित और नष्ट हुआ। 'अकविता' ने न सिर्फ़ पश्चिमी काव्यान्दोलन 'एंटी पोएट्री' का वैचारिक असर ग्रहण किया, बल्कि इसका नामकरण भी 'एंटी पोएट्री' का अनुवाद ही है। हालाँकि 'अकविता' के नामकरण पर कुछ विवाद भी हैं। 'अकविता' के विरोधियों का मानना है कि 'अ' उपसर्ग का अर्थ 'निषेध' या 'विरोध' से है। इनके अनुसार : 'अकविता' वस्तुत: 'कविता के विरुद्ध कविता' है। अब तक के सभी काव्यान्दोलनों में कुछ मुद्दों पर मूल सहमति रही है, लेकिन 'अकविता' इस सहमति को तोड़ती है। 'अकविता' कविता की किसी भी सामाजिक भूमिका और उत्तरदायित्व से इनकार करती है। इस

1. https://www.hindwi.org/poets/mona-gulati/ [1 अक्टूबर, 2023]

पर (अ)कवियों का कहना है कि 'अकविता' में 'अ' से आशय औपचारिकताओं से मुक्ति से है, न कि 'निषेध' या 'विरोध' या 'नकार' से। 'अकविता' कविता के नियमन का अस्वीकार है। वह खुलेपन का स्वागत है।

लेकिन यहाँ विरोधाभास यह है कि 'अकविता' आन्दोलन से सम्बद्ध कवियों की कविताओं का एक चयन ही 'निषेध' नाम से जगदीश चतुर्वेदी के सम्पादन में प्रकाशित हुआ। इस चयन की भूमिका में जगदीश चतुर्वेदी कहते हैं : "एक ओर देश का संकट है, दूसरी ओर राष्ट्रीय एवं अन्तरराष्ट्रीय घटना-चक्रों के बीच पिसती मानव-नियति है। ऐसे में कवि की सजगता उसे इन घटना-चक्रों से जोड़ती है और एक प्रतिक्रियाजन्य विद्रोह उसकी धमनियों में कौंध उठता है। किन्तु समाज नामक तंत्र में उसकी सत्ता अत्यन्त नगण्य है। अत: वह विद्रोह के लिए प्रतिश्रुत हो उठता है। यह विद्रोह की भूमिका उसकी कृतियों में निषेधात्मक प्रवृत्तियों को रचना-मूल्य के रूप में प्रतिष्ठापित करती है। वह इस नकार को सृजन की अनिवार्यता मानकर अपने लेखन में संलग्न दिखाई देता है और जड़ परम्परा से अनायास ही पृथक हो जाता है। यह निषेध ही आज के काव्य की आधुनिकता का पर्याय है। यों भी आधुनिकता का अर्थ मात्र फ़ैशनपरस्ती या वितंडावाद पैदा करना नहीं, बल्कि निष्पन्न स्थिति और मानव-नियति को एक स्वस्थ तथा समाज-सापेक्ष जीवन की ओर ले जाना है।"[1]

दरअसल, दूसरी आलमी जंग के बाद पश्चिमी समाज असन्तुलन और असुरक्षा की गिरफ़्त में आ गया। वहाँ सब कुछ का अनुपात गड़बड़ाने लगा। नश्वरता का तीव्र अहसास सुखवाद की तरफ़ ले गया। एक उग्र 'भूखी पीढ़ी' सामने आ गई। इस पीढ़ी के नैतिकतामुक्त-उन्मुक्त व्यवहार ने सारे संसार का ध्यान खींचा। अमेरिका की 'बीट जनरेशन', इंग्लैंड के 'टैडी बॉयज़', जापान के 'सन ट्राइबर्स' जैसे साहित्यिक आन्दोलन भी इसके असर में रहे। भारत में बंगाल के कुछ कवि भी इस सबसे प्रभावित हुए और स्वयं को 'विक्षुब्ध पीढ़ी' या 'भूखी पीढ़ी' (Hungry generation) कहकर पुकारने लगे। इस पीढ़ी के प्रमुख कवि-लेखक मलय रॉय चौधुरी, देबी रॉय, समीर रॉय चौधुरी और सुबिमल बसाक हुए।

'अकविता' को 'अवाँगार्द' भी माना गया। कला की दुनिया में 'अवाँगार्द' भी पश्चिम से आया हुआ शब्द-पद है। अशोक वाजपेयी ने अपने एक आलेख में 'अवाँगार्द' को बहुत खोलते हुए 'अकविता' के 'अवाँगार्द' होने को प्रश्नांकित किया है। उनके शब्दों में : "आक्रामक लेखन की कुछ अपनी रूढ़ियाँ बनी हैं। उनमें से दो प्रमुख हैं : साहसिकता और नग्नता। जैसा कि पहले कहा जा चुका है, ये लेखक की क्षमता को तो कुछ बढ़ाती हैं; पर अनिवार्य रूप से साहित्य की सार्थकता को नहीं। एक संश्लिष्ट दृष्टि या संश्लेषण पाने के लिए विकल दृष्टि के अभाव में साहसिकता स्त्री-पुरुष के सम्बन्धों में सीमित रह जाती है और धीरे-धीरे एक नए

1. निषेध (पृ. 9), ज्ञान भारती प्रकाशन, संस्करण : 1972

अतिवाद तक पहुँच रही है। स्त्री-पुरुष के रिश्ते को पुराना लेखक उसके वास्तविक ठोसपन में न देखकर उसके स्थान पर इच्छित आदर्श स्थिति आरोपित करता था। नए लेखक ने उस सम्बन्ध को उसकी वास्तविकता में निर्निमेष और ग़ैररूमानी ढंग से देखने की कोशिश की। आक्रामक लेखकों में से अधिकांश की रचनाओं में इस सम्बन्ध पर तनाव, अकेलेपन, त्रास, निरर्थकता, यौनातिवाद, यांत्रिकता आदि का इतना बोझ डाल दिया गया है कि यह जीवित सम्बन्ध वास्तविकता नहीं रह गया है। उनके स्थान पर फिर एक दुराग्रहजन्य 'एब्स्ट्रेक्शन' आ गया है। अ-कवि और अ-कथाकार की स्त्री-पुरुष सम्बन्ध की कल्पना उतनी ही अवास्तविक और अधूरी है जितनी छायावादी कवि की या जितनी जैनेन्द्र और यशपाल की थी। उसके एंटी-रोमांटिक घोषित होने से उसकी अवास्तविकता और सतही नक़लीपन का प्रतिकार नहीं हो जाता।

...आक्रामक लेखन के बारे में यह दावा भी किया गया है कि वह अवाँगार्द लेखन है। इस धारणा की पड़ताल भी लगे हाथ कर लेना उचित होगा। चूँकि 'अवाँगार्द' की धारणा मूलत: पश्चिमी है, वहाँ उसकी स्थिति स्पष्ट करना ज़रूरी है। बीसवीं सदी की दुनिया की भयानकता कला-व्यवहार में प्रखर हो जाती है, क्योंकि पश्चिमी कलाओं की भाषा बार-बार नष्ट हो जाती है और बार-बार उसके पुनर्संस्कार की ज़रूरत होती है। पश्चिम में इस सचाई का साक्षात्कार बदलते हुए सभी प्रसंगों में ईमानदारी के साथ जिस ढंग के कलाकार करते रहे हैं, उनमें प्रमुख वे रहे हैं जिन्हें 'अवाँगार्द' का नाम दिया जाता है। पिछले क़रीब सौ बरसों से 'अवाँगार्द' पश्चिमी संस्कृति का एक अनिवार्य मिथ रहा है।

अवाँगार्द का सीधा मतलब है—सेना की अगली टुकड़ी। साहित्य और कला के क्षेत्र में उससे मुराद लेखकों और कलाकारों के उस वर्ग से है, जिसमें अपने नए अनुभवों का सामना करने का साहस होता है; जो ऐसा करने लिए अभिव्यक्ति के नए से नए उपकरण विकसित करता है, और जिसके कृतित्व में बुनियादी उग्रता और विध्वंसात्मकता होती है। ...अवाँगार्द उस वर्ग के विरुद्ध होता था जिसे 'एस्टेब्लिशमेंट' कहा जाता है। दूसरे महायुद्ध के बाद से यह स्थिति नहीं रही। नाज़ीवाद के भीषण अनुभव और रूस में बढ़ती सांस्कृतिक नियंत्रण की नीतियों ने पश्चिमी सरकारों और संरक्षकों को 'अवाँगार्द' के प्रति अपना रुख़ बदलने पर मजबूर किया। ...यों 'अवाँगार्द' बहुत सारे बेमेल तत्त्वों का मिश्रण है, कोई एक स्पष्ट प्रवृत्ति नहीं जिसे ठीक से परिभाषित किया जा सके। फिर भी उसमें दो छोर स्पष्ट देखे जा सकते हैं। एक तो वे कलाकार हैं जो 40-50 बरस पुराने प्रयोगों को दुहराकर अब भी 'बुर्जुआ' को 'शॉक' देने में दिलचस्पी रखते हैं। इनके कृतित्व में दया, प्रेम, आशा, विनम्रता और सार्थकता जैसे बुनियादी मानव-भावों के प्रति एक हिंस्र दृष्टि व्यक्त होती है और रूढ़ नैतिकता का घोर उल्लंघन होता है। दूसरी ओर

वे लोग हैं, और दरअसल वे अधिक महत्त्वपूर्ण हैं; क्योंकि उनके प्रयत्न रचनात्मक खोज की एक नई सम्भावना का दिशा-संकेत करते हैं।

...क्या हमारे यहाँ वैसा 'अवाँगार्द' है, जैसा पश्चिम में? आक्रामक लेखन में बावजूद परम्परा के अस्वीकार, लक्ष्यहीन विद्रोह, हिंसा और आक्रामकता के; इस प्रश्न का उत्तर है—'नहीं'। हमारे यहाँ का तथाकथित 'अवाँगार्द' ज़्यादा से ज़्यादा पारम्परिक ढंग का है, जिस ढंग की सम्भावनाएँ पश्चिम में लगभग ख़त्म हो चुकी हैं। एक तो ग़रीबी, भुखमरी और अशिक्षा के देश में यंत्र-संस्कृति का ऐसा गहरा दबाव नहीं है कि कलाओं के नए संयोजन होने के अवसर बढ़ें। दूसरे, आमतौर पर नए लेखक की चित्रकला को छोड़कर दूसरी कलाओं में न तो दिलचस्पी है और न उनकी कोई जानकारी ही। सच्चा 'अवाँगार्द' ऐसी स्थिति में असम्भव है। तीसरे, हमारे यहाँ रंगमंच अभी विकसित ही हो रहा है, उसकी ऐसी कोई सुदृढ़ परम्परा नहीं है जिससे समकालीन कलाकार प्रतिबद्ध हो सके। पश्चिम में रंगमंच के बिना या उसकी अविकसित परम्परा में 'अवाँगार्द' के जन्म की बात सोचना लगभग असम्भव है। चौथे, बावजूद सारे हो-हल्ले और वक्तव्यों के; हमारे यहाँ साहस, अदम्य साहस का घोर अभाव है। अधिकांश आक्रामक लेखन के मूल में अपने अनुभवों का और अपने समय की वास्तविकता का सामना करने के साहस की बुनियादी कमी है। जहाँ साहस न हो, वहाँ और सब कुछ हो सकता है; 'अवाँगार्द' नहीं।"[1]

इस काव्य-कुहराम में 'स्त्री-पुरुष-सम्बन्ध-विचार-विमर्श' बहुत है, लेकिन इस विचार-विमर्श में स्त्री-कवि लगभग अनुपस्थित हैं। इस दौर का स्त्री-पाठ अगर आज देखें तो सिर्फ़ मोना गुलाटी की कविताओं में नज़र आता है। प्रवृत्तियों का व्यक्तिकरण और व्यक्तियों का प्रवृत्तिकरण करतीं मोना गुलाटी की कविता-सृष्टि तब शायद उतनी प्रसंगमय नहीं रही होंगी जितनी कि वह आज प्रतीत होती हैं। 'अकविता' की व्यक्तिवादी प्रवृत्तियों से गतिशील होते हुए भी मोना गुलाटी के यहाँ हिन्दी की उस 'नई स्त्री-कविता' के बीज हैं, जिन्हें आज के व्यापक 'स्त्री-कविता-विस्तार' के बावजूद अभी और विकसित होना है।

लौटने पर
तुम नहीं
पाओगे
कोई पदचिह्न, कोई
ढूह
या

1. 'फ़िलहाल' (पृ. 48), अशोक वाजपेयी, राजकमल प्रकाशन, संस्करण : 1970

बालू का घर!

मेरा परिचय
पीछे नहीं छूटता
साथ चलता है! [परिचय]

'अकविता' में व्याप्त स्त्री-द्वेष का प्रतिकार मोना गुलाटी 'अकविता' के भीतर रहकर करती हैं। वह 'अकविता' के सारे अस्त्र लेकर कविता में अपनी लड़ाई लड़ती हैं। उनकी रचनानुभूति अनुकूलन के विरुद्ध है। यह रचनानुभूति जानती है :

ग़लत वर्तमान से सही भविष्य कैसे बनेगा! कैसे
बनेगा सही वर्तमान : ग़लत भविष्य के लिए! [वात्याचक्र]

इस प्रकार की सोच परम्परा को नहीं पाती है और इसकी परम्परा भी जब बनती है, तब उसे इसका श्रेय नहीं मिलता। एक नई स्त्री-कवि अपने द्वारा सृजित एक नई उपमा पर झूमती है, यह भूलकर कि उससे कई दशक पहले इस उपमा को बहुत सारे (अ)कवि-पुरुषों से घिरी एक अकेली स्त्री-कवि ने अपने प्रयोग से जर्जर किया था :

तुम्हें तकलीफ़ हो तो
तुम
अपने को परम्परा में बदल दो।
आने वाली
पीढ़ियों को यदि फ़ुरसत हुई तो वह तुम्हारी मूर्ति
चौक के बीचो-बीच खड़ी
कर देंगी और
तुम उसमें बन्द होकर
फड़फड़ाना और
देखना कि हवा बहती है या नहीं और तुम्हारे पाँव
कहाँ टिके हुए हैं
धरती पर या
जूते में :
हँसने की बात नहीं है कविता में
इसी तरह से शब्दों को छुआ जाता है
नहीं तो

कविता
मुझे किताब या पत्रिका या गुट या आलोचक या पीढ़ी तक नहीं
पहुँचाएगी—देखो तुम्हारा
हँसना मुझे सख़्त नापसन्द है : मुझे मरते दम तक कविता
लिखनी है :
मुझे शक है कि
तुमने परम्परा को पीटने वालों में से अपना नाम
कटवा दिया है और तुम
उस जन्तु की
शिनाख़्त भूल गए हो जो किताब में लकीर खींचने
से पैदा होता है। [शिनाख़्त-1]

मोना गुलाटी की कविता-काया में हमें वह साहस मिलता है—जिसका ज़िक्र अशोक वाजपेयी के यहाँ उद्धृत प्रदीर्घ कथ्य में आया और—जिसके बग़ैर 'अवाँगार्द' होना सम्भव नहीं। इस अर्थ में मोना गुलाटी निश्चय ही हिन्दी की स्त्री-कविता की पहली 'अवाँगार्द' स्त्री-कवि हैं। उनकी कविता-काया अपने संघर्ष को अभिव्यक्त करते हुए कभी दयनीय नहीं हुई :

मुझे नहीं होना है लड़की
या पागल
या कुछ और

मुझे भीड़ में से परिचित चेहरों के खो जाने की
कल्पना करने से अब
दहशत नहीं होती।
नहीं होती
घुटनों से नीचे तक सरकती हुई
आग
होंठों पर अचुम्बित प्रश्नों के चिह्न!

सभी ओर के कुहासे से ढक गई है
मेरी देह
मैं लेने-देने की छोटी-छोटी आकांक्षाओं
के बीच नहीं टूटना चाहती
और लगाती हूँ बेमतलब ठहाके

केवल अपना मज़ाक़ करने के लिए!

मैंने अपने को परिभाषाएँ दिए
बिना जी लिया है
केवल जानने के लिए
तुम्हारा अर्थ
पहचानने के लिए
तुम्हारे गले से निकली
थरथराती आवाज़
और तुम्हारा नाम!"

[अपरिभाषित मैं]

साहस न खोना, आक्रमकता के प्रयोग के प्रसंग में आवश्यकता और व्यर्थता का विवेक, शक्तिवाद की समग्र संरचना की समझ और पुरुष दम्भ को ठोकर—मोना गुलाटी की कविता-काया इसे अपने व्यवहार का बुनियादी बिन्दु बनाती है। आज जिसे 'स्त्री की कविता का संसार' कहकर सीमित या संक्षिप्त किया जाता है और जिसे एक व्यापक स्पेस में एक कोना तक नहीं कह सकते, लेकिन जिसका काफ़ी स्पेस घोषित है; मोना गुलाटी की कविता-काया इस संसार में बारूद पहनकर घुसती है :

घुमावदार अँधेरी सड़कों को छोड़ते हुए मैंने अपनी हत्या के लिए की गई
सभी साज़िशों को नए सिरे से हाशिये देने आरम्भ कर दिए हैं और
दोनों हथेलियों को कसकर बाँध तुम्हारे सम्बन्ध में सोचना
प्रारम्भ कर दिया है
नीले, पीले, सफ़ेद, काले रंगों में : घूमना शुरू कर दिया है
टूटे खंडित मक़बरों में और क़ुतुबमीनार के आस-पास उगे झंखाड़ों में।

अकेले होने पर भी यात्राओं का अर्थ रहता है और मुझे लगा है यह अकस्मात्
ही झाड़ी के पीछे दुबके ख़रगोश को पा जाने जैसी उपलब्धि है।

तुम्हारी आवाज़ की ख़रख़राहट कितनी भौंडी थी। इसका अहसास मुझे
अक्सर तुमको ढूँढ़ते समय हुआ है।
मैंने
रात को सोते समय ब्रेज़ियर को ढीला करते हुए सोचा है
कि मुझे हमेशा से अलग रहने की आदत है
और तुम्हारे या किसी के होने या

न होने से
कोई फ़र्क़ नहीं पड़ता। [निष्कृत]

मोना गुलाटी की कविता-काया इस पूरे स्पेस का अतिक्रमण करती है और एक नई जगह की सम्भावना तलाश करती है। वह दायराबद्ध और आरक्षित मूल्यांकन नहीं चाहती है। समकालीनता उसके लिए सनद नहीं है। वह समकालीनता से दूरी, समकालीनता से प्रस्थान, समकालीनता से मुक्ति चाहती है। वह अपने कामराग, वसवसों और ख़दशों के साथ पहले बहुत नज़र आना; फिर बहुत लुप्त हो जाना और फिर बहुत नज़र आना चाहती है :

आप और मैं कभी 'समकक्ष' नहीं हो सकते,
आप चाहें तो
समकालीन होने का दावा करते रहें। आप
पहाड़ की चोटी पर खड़े होकर चीख़ें या चिल्लाएँ,
आप अब मेरे समकक्ष नहीं हो सकते;
मैं अलाव में पकता हुआ ज्योति-पिंड हूँ। [अहम् ब्रह्मास्मि!]

इस आँच में मोना गुलाटी की कविता-काया इस बात की ख़बर है कि प्रत्येक समकालीन काया—अपने भरपूर निषेध और भ्रम में भी—अपनी पूर्वकालीन काया का श्रम है। उसका मूल्य-अंकन होना या न होना समय के मूड पर निर्भर है। लेकिन जब भी कोई इन पंक्तियों के लेखक की तरह एक समकालीन काया की जाँच के लिए एक पूर्वकालीन काया के उत्स में गिरेगा, वह यह अनुभव करेगा कि परिधि पर सिर्फ़ झलकें मिलती हैं।

इस परिधि पर आकर तय हुए नई स्त्री-कविता के सौन्दर्यशास्त्र और चेतना से आज जब स्त्री-कवियों का एक समूह विचलित होता है, तब नवें दशक की एक स्त्री-कवि कात्यायनी कविता के ज़रिये हस्तक्षेप करती हैं :

कौन हैं ये स्त्रियाँ
जो इस लहूलुहान वसन्त में भी
छुअन के ताप से दहक रही हैं,
मिलन की यादों से गमक रही हैं,
इन्तज़ार की बेकली में सिसक रही हैं,
विरह की आग में झुलस रही हैं,
गतयौवना होने के भय से सिहर रही हैं!
राख हो चुकी बस्तियों से
धुआँ अभी भी उठ रहा है,

हवा में चिरायँध गन्ध भरी हुई है,
ख़ून के प्यासे धर्मप्राण हत्यारों की भीड़
फिर किसी निरीह अकेले का
पीछा कर रही है,
थके हुए बलात्कारी अभी सुस्ता रहे हैं
और ये मुक्तिकामी स्त्रियाँ
आधुनिकतावादी विचारों से ढका
अपना रीतिकालीन वैभव ढोती हुईं
तमाम सांसारिक झंझटों से मुक्त,
तमाम राजनीतिक किचपिच से अप्रभावित,
निर्दोष-निष्कलुष उद्दाम प्रेम की तलाश में
आम और महुआ के महमह बाग़ों
और नदियों और सागरों के किनारों
और सुदूर वादियों से लेकर
आभासी संसार के अथाह-अछोर
तक भटक रही हैं।
युगों-युगों से छाती पर लदे
अपने अकथ दुःखों का बोझ
थोड़ी देर को हल्का कर लेने के लिए
ये दुखिया स्त्रियाँ नए रंगरसिया कवियों से
थोड़ी ठिठोली करना चाहती हैं।
इन्हें अशोक वाजपेयी की कविता में
घुस जाने की आतुरता है।
अपनी कविताओं से
ये वहाँ तक पहुँचने का रास्ता
बना रही हैं।
हत्यारे मानचित्र पर झुके हुए
हमले के नए टारगेट तक
पहुँचने का रास्ता पहचान रहे हैं।
उन्हें अपनी भूख मिटाने और फिर
चीर-फाड़ देने के लिए
सबसे पहले स्त्रियाँ चाहिए,
बहुत सारी हर उम्र की स्त्रियाँ!

[हत्याओं के समय में प्रणय विकल कविताएँ]

वर्ष 1994 में जब कात्यायनी का पहला कविता-संग्रह 'सात भाइयों के बीच चंपा'[1] सामने आया, तब वह नवें दशक की हिन्दी कविता में एक नए आयाम की तरह जुड़ गया। उसमें एक विशिष्ट गति लक्ष्य की गई :

लड़कियाँ
पेनल्टी कॉर्नर मार रही हैं
लड़कियाँ पास दे रही हैं
लड़कियाँ 'गोऽल-गोऽल' चिल्लाती हुईं
बीच मैदान की ओर भाग रही हैं
लड़कियाँ एक-दूसरे पर ढह रही हैं
एक-दूसरे को चूम रही हैं
और हँस रही हैं
लड़कियाँ फ़ाउल खेल रही हैं... [हॉकी खेलती लड़कियाँ]

गति का साथ कात्यायनी की कविता ने कभी नहीं छोड़ा। उन्हें पढ़ते हुए एक प्रवहमान उत्साहातिरेक घेर लेता है :

एक साज़िश रची जाए।
बारूदी सुरंगें बिछाकर
उड़ा दी जाए
चुप्पी की दुनिया। [ऐसा किया जाए कि...]

कात्यायनी की कविताओं में शुभा की कविताओं जैसी करुणा, पराजयबोध और नाउम्मीदी नहीं है; वैसा ही राजनीतिक विवेक होने के बावजूद। उनमें गगन गिल जैसी उदासी, वेदना और अध्यात्म भी नहीं है; वैसी ही स्त्री-दृष्टि होने के बावजूद। उनमें नीलेश रघुवंशी जैसी मध्यवित्तीय चिन्ताएँ, क़स्बाईबोध और संघर्ष नहीं है; वैसी ही उन्मुक्तता होने बावजूद। उनमें अनामिका जैसी परम्परात्मकता, लोक-वैभव और शब्द-चातुर्य नहीं है; वैसा ही व्यंग्य होने के बावजूद। उनमें निर्मला गर्ग का बीहड़पन, अनगढ़ता और मार्मिकता नहीं है; वैसा ही आवेग होने के बावजूद। उनमें सविता सिंह जैसा कला-पक्ष, स्त्री-सैद्धान्तिकी और विशिष्टताबोध नहीं है; वैसा ही प्रतिरोध होने के बावजूद। उनमें अनीता वर्मा जैसी निजता, रहस्यमयता और ऐन्द्रिकता नहीं है; वैसी ही रोशनी के बावजूद... आलोचनात्मक गम्भीरता के लिहाज़ से देखें तो यह तुलनात्मकता थोड़ी चंचल प्रतीत हो सकती है, लेकिन यहाँ इसे दर्ज करने का उद्देश्य बस नवें दशक की स्त्री-कविता के वैविध्य को व्यक्त भर करना है।

1. आधार प्रकाशन

कात्यायनी की कविता—कविता को रहस्य और कर्मकांड बनाने के पक्ष में नहीं है। उनका स्पष्ट मानना है कि "कविता को रहस्य बनाना उसे राज्यसत्ता के पक्ष में खड़ा करना है। कविता को कर्मकांड बनाना उसे कर्मकांड के पक्ष में खड़ा करना है, जैसे कि कविता को विद्रोही बनाना उसे विद्रोह के पक्ष में खड़ा करना है।"[1]

इस केन्द्रीय तेवर (विद्रोह) की वजह से कात्यायनी की कविता-सृष्टि में उपस्थित अन्य विस्तार पीछे छूट जाते हैं। इसमें उसकी देह, उसका एकान्त, उसकी इच्छाएँ, उसका प्रेम, उसकी वासनाएँ, उसका अवसाद, उसकी स्मृतियाँ, उसका दर्द, उसकी प्रार्थनाएँ, उसका रोना, उसकी सीमाएँ, उसका विचलन... पीछे रह जाते हैं :

पुराना पड़ने पर
पीछे छूट जाएगा अपने आप
दृष्टि से ओझल हो जाएगा।
याद आएगा
कभी-कभी वैसे ही
जैसे याद आता है अचानक
कि राष्ट्रपति थे वराह गिरि व्यंकट गिरि
कभी हमारे देश के। [पुराना पड़ा प्यार : एक]

आज पूर्णत: शिथिल पड़कर समाप्त हो चुकीं 'कलावाद बनाम जनवाद' की बहसें नवें दशक के हिन्दी साहित्य संसार में बहुत तेज़ हुआ करती थीं। अब—अब तक हुए प्रतिमान प्रत्यावर्तनों से गुज़रने के बाद—यों लगता है कि इस तीव्रता के पास कोई भविष्य-दृष्टि नहीं थी। अगर थी—तब वह निश्चित ही चौंधियाई हुई, भर्राई हुई और अनुमानरहित थी। इस अपरिचय में हुई द्वन्द्वपूर्ण बहसों के शोर में देखते-देखते ही दुनिया 'टीना' (TINA—There is No Alternative) से 'टीटा' (TITA—There is Thousands Alternative) में बदल गई।

बहरहाल, नवें दशक के हिन्दी साहित्य में उपस्थित कथित कलावाद में स्त्री-कवियों का वह अभाव दुखद विस्तार पाता है; जो सातवें-आठवें दशक की हिन्दी कविता में था। इस दौर में तेजी ग्रोवर के अतिरिक्त एक भी हिन्दी कवि ऐसी नहीं हुई जो स्वयं को कथित कलावाद या 'भोपाल स्कूल' के साथ 'एसोसिएट' करती हो। आज इस प्रकार की कुछ स्त्री-कवि ज़रूर हैं, लेकिन संयोग से कलावाद बनाम जनवाद की बहसें और द्वन्द्व अब अतीत का अंग हो चुके हैं और हज़ार बार की जा चुकी बहसें बार-बार करने वाले—निन्दनीय और दंडित।

तेजी ग्रोवर की कविता-सृष्टि समय में सम्भव होते हुए भी कोई समय सम्भव

1. 'कवि ने कहा' (चुनी हुई कविताएँ), कात्यायनी, पृ. 5, किताबघर प्रकाशन, संस्करण : 2012

नहीं करती है—न हुआ, न हो रहा, न होने वाला। इनमें समकालीन हाहाकार की एक साधारण और मद्धम-सी ध्वनि पा पाना भी असम्भव है।

तेजी की कविताओं से पूरी तरह गुज़रने पर भी नवें दशक की स्त्री-कविता की विविधता, व्यापकता और व्याकुलता के कोई संकेत इन कविताओं में नज़र नहीं आते। इस सारे संघर्ष ने इन्हें स्पर्श ही नहीं किया, क्योंकि ये समय में—समय के लिए सम्भव होते हुए भी—अ-समय या प्रतिसमय की ओर खुलती हैं। क्योंकि ये बाहर में—बाहर के लिए सम्भव होते हुए भी—बाहर की ओर नहीं कथित रूप से भीतर की ओर खुलती हैं। यह यों ही नहीं है कि ये कविताएँ अन्तर्ध्वनियों के दावे के साथ पेश होती या की जाती हैं : "...हो सकता है कि ऐसी कविता की आवाज़ को ज़्यादातर लोग अनसुनी कर दें या कि पहचान न पाएँ, क्योंकि उसे सुनने के लिए जो धीरज चाहिए वह इन दिनों विरल ही है। जब ध्वनियों का इतना तुमुल चारों ओर हो तो अन्तर्ध्वनियों को सुनने का, जब प्रत्याशित कथाओं का घटाटोप छाया हो तो अन्तर्कथाओं को ग्रहण करने का अवकाश स्वाभाविक रूप से कम होता जाता है।"[1] (अशोक वाजपेयी)

तेजी के साथ एक ठीक-ठाक या कहें दुर्भाग्यपूर्ण बात यह है कि उन्हें उनकी हमवक़्त किसी स्त्री-कवि के साथ 'क्लब' नहीं किया जा सकता। उन्हें क्लब—काव्याभिरुचियों में—उनके ही सरीखे पुरुष-कवियों के साथ किया जा सकता है और किया जाता भी है, जिनकी चर्चा यहाँ आगे की जाएगी।

कविता से सम्प्रेषण और अर्थ की माँग करना है, वास्तव में एक रूढ़ि है; लेकिन कविता को पढ़कर अगर कुछ महसूस ही न हो, तब भला उसे पढ़ा ही क्यों जाए! तेजी की कविताएँ पढ़कर कुछ महसूस नहीं होता है। उन्हें पढ़कर कुछ फूटता नहीं है। वे अपनी शिल्प-साधना में एक 'सुन्दर पका हुआ फल'[2] लगती हैं, जिसमें अन्तत: कीड़े लगेंगे; क्योंकि यह फल किसी के भीतर प्रवेश नहीं कर पाएगा। भीतर प्रवेश करना—अन्तर्वस्तु को आहार या वेध्य समझना नहीं है, बल्कि वह उस आस्वाद को महसूस या व्यक्त करना है जो सृजन से उपलब्ध और प्राप्त होता है। इस सिलसिले में यहाँ तेजी का यह आत्म-स्वीकार उद्धृत करने योग्य है : "कवि को जितनी आश्वस्ति आश्वस्ति से मिलती है, उतनी ही आश्वस्ति अनाश्वस्ति से; क्योंकि वह विनम्र है, वध्य है, क्योंकि उसे इतना भर मालूम है कि वह अपनी कविता के उकेरे मार्ग पर चलने को बाध्य है; लिहाज़ा उसकी कविता उसे हरमन

1. 'कठपुतली की आँख' (चुनी हुई कविताएँ : 1981-2019), तेजी ग्रोवर, पृ. 19, सूर्य प्रकाशन मन्दिर, संस्करण : 2021
2. सन्दर्भ : अज्ञेय के उपन्यास 'नदी के द्वीप' की भगवतशरण उपाध्याय कृत समीक्षा का शीर्षक—'सुन्दर पके फल में कीड़े' ('विवेक के रंग', सम्पादक : देवीशंकर अवस्थी, भारतीय ज्ञानपीठ, संस्करण : 1965)

प्यारा या लोकप्रिय कवि होने से साफ़ बचा ले जाती है। उसे सबसे अधिक एक कवि की वही उक्ति याद आती रहेगी जिस पर वह स्वयं खरा न भी उतरे, वह उससे अपने मार्ग को उद्दीप्त रखने की कोशिश करता रहेगा : **यूँ भी आपके लिखे को कोई समझ नहीं पाएगा, इसलिए आप वही क्यों न लिखें जिसे आप ख़ुद भी बामुश्किल समझ पाते हों!**"[1]

यहाँ यह कहना ही होगा कि 'न समझे जाने की उक्तियाँ' उस समय और संसार में—उस समय और संसार के लिए कैसे उद्धृत की जा सकती हैं, जिस समय और संसार में रहते हुए भी आप उसमें रहते ही नहीं? जब आप एक अ-समय या प्रतिसमय और एक प्रतिसंसार गढ़ते हैं, तब आपको समझने वाले भी उसी अ-समय या प्रतिसमय और प्रतिसंसार से प्रकट होते हैं या हो सकते हैं। तेजी की कविता-सृष्टि अपने आस्वादक से—अगर वह उनके क्लब से इतर कहीं है तो—एक अ-समय या प्रतिसमय और एक प्रतिसंसार अर्जित करने की माँग करती है। यही वह कविता-विवेक है, जिसने हिन्दी कविता को उसके पाठकों से दूर कर दिया है। उदयन वाजपेयी (समग्रता में नहीं), अनिरुद्ध उमट (लगभग समग्रता में), शिरीष ढोबले (समग्रता में), रुस्तम (लगभग समग्रता में), शैलेन्द्र दुबे (समग्रता में), ध्रुव शुक्ल (समग्रता में नहीं), तेजी ग्रोवर (समग्रता में) सरीखे कवियों के क्लब ने हिन्दी कविता के नवें दशक में जिस प्रकार की निष्प्राण और एक हद तक निरर्थक कविताएँ सम्भव कीं; उसने हिन्दी साहित्य संसार में कला-पक्ष जैसी महत्त्वपूर्ण शै को भी हिक़ारत से देखने के लिए विवश कर दिया। हिन्दी में ये कवि-लेखक और इनके आलोचक कलावादी पुकारे गए हैं, जबकि वैचारिक और सैद्धान्तिक पक्ष तो छोड़ ही दीजिए, इनका कला-पक्ष ही सबसे अशक्त है; क्योंकि ये रचनाकार अपनी प्रतिसृष्टि में किसी स्वप्न और किसी सृष्टि का निर्माण कर सकने में अक्षम हैं। इस प्रकार के कथित कलावादी लेखकों के क्लब के प्रधान सेनापति अशोक वाजपेयी रहे और हैं, लेकिन यह विचित्र और दिलचस्प है कि इन कवियों-लेखकों-आलोचकों के व्यक्तित्व स्वयं अशोक वाजपेयी के संघर्ष, उनकी समझदारी, उनकी लोकतांत्रिकता, उनकी कविता-भाषा और आलोचना से सबसे कम सीखते हुए व्यक्तित्व हैं। हालाँकि वे यों करने के लिए पूर्णत: स्वायत्त हैं, लेकिन क्या यह ध्यान देने और दर्ज करने योग्य तथ्य नहीं है कि अशोक वाजपेयी के संवादधर्मी सम्प्रेषण की वजह से उनके चाहने वालों और पाठकों की उनके समूह से बाहर भी कोई कमी नहीं, लेकिन उनके समूह में शामिल कवियों-लेखकों-आलोचकों का इस समूह से बाहर कोई पाठक-वर्ग अब तक नहीं बन पाया है। आख़िर वे क्यों इतने अपाठ्य हैं? यहाँ यह भी स्पष्ट कर देना आवश्यक है कि अशोक वाजपेयी की सत्ता, शक्ति और साधनों की, साहित्य और कलाओं के प्रति उनके अटूट और

1. 'कठपुतली की आँख' (चुनी हुई कविताएँ : 1981-2019), तेजी ग्रोवर, पृ. 9-10

अथक लगाव की वजह से ही इन नामों की वामपंथी विचारों की केन्द्रीयता वाले हिन्दी साहित्य संसार में थोड़ी-बहुत जगह बन पाई। यहाँ यह भी कहना ही होगा कि अनेकानेक संकटों, विचलनों और भयानक दक्षिणपंथी दौर और झटकों के बावजूद हिन्दी साहित्य में वामपंथी विचारों की केन्द्रीयता प्रगतिशील लेखक संघ की स्थापना (1936) के बाद से अब तक जारी है। आधुनिक और समकालीन भारतीय-हिन्दी साहित्य में अधिकांश महत्त्वपूर्ण, प्रतिबद्ध और रचनात्मक काम उन्होंने ही किए हैं; जो वाम-विचार से प्रतिश्रुत रहे हैं। लेकिन आज यह भी बहुत साफ़ है कि हिन्दी में महत्त्वपूर्ण, प्रतिबद्ध और रचनात्मक काम करने के लिए आपका वामपंथी होना ज़रूरी नहीं है। अज्ञेय से लेकर विनोद कुमार शुक्ल, श्रीकान्त वर्मा से लेकर अशोक वाजपेयी और रघुवीर सहाय से लेकर संजय चतुर्वेदी तक कई नाम और उनके काम इस सन्दर्भ में द्रष्टव्य हैं; लेकिन दुर्भाग्य से इनमें अशोक वाजपेयी के वास्तविक समूह का एक भी नाम दर्ज होने योग्य नहीं हो सका है।

यहाँ एक बार फिर से तेजी ग्रोवर की कविताओं पर लौटते हैं। कथित कलावादी समूह के प्रवक्ता—प्रगतिशीलों से अपनी घृणा की वजह से—हिन्दी की बहुत सारी प्रगतिशील कविता को एक ही हाथ से लिखा हुआ बताते हैं, जबकि यह दुर्गुण या 'विशेषता' मूलत: हिन्दी के कथित कलावादियों से सम्बद्ध है; जिन्हें स्वयं अशोक वाजपेयी ने इन पंक्तियों के लेखक से हुई एक बातचीत में पूरा-पूरा कलावादी नहीं माना है : "...हिन्दी में कलावाद कभी ठीक से आया नहीं : हमारे सभी लेखक, फिर उनका विचारधारात्मक रुझान या मुखौटा कुछ भी हो, साहित्यवादी हैं जिसे कलावाद का ही प्रच्छन्न रूप कहा जा सकता है। वे जो जनजीवन और जनसंघर्ष का नामजाप करते रहते हैं, उनका उनके ठोस रूपों और आन्दोलनों से कोई ठोस सम्बन्ध, शिरकत या संवाद का, हिस्सेदारी और सहकारिता का कभी विशेष रहा नहीं। नक्सलवाद के शुरुआती दौर में ज़रूर उसका लेखकों से कुछ सम्बन्ध बना था। लेकिन उसके बाद हिन्दी अंचल में ही जो जनान्दोलन हुए, उनमें जेपी आन्दोलन को छोड़कर, किसी में हिन्दी लेखक की कोई भूमिका नहीं रही है : नर्मदा आन्दोलन इसका उदाहरण है।

हमें कलावादी शायद इसलिए कहा गया कि हम हिन्दी में पहले ऐसे लोग थे जिन्होंने शास्त्रीय संगीत, शास्त्रीय नृत्य, आदिवासी कला, आधुनिक ललित कला, रंगमंच आदि को गम्भीरता से लेना शुरू किया। मुझे याद नहीं आता कि जिन्हें निराधार कलावादी कहकर लांछित किया जाता है, उनमें से किसी ने कभी अपने को कलावादी बताया हो या कि कला की ऐसी स्वायत्तता की हिमायत की हो जो समाज-निरपेक्ष हो, हालाँकि ऐसी समाज-निरपेक्ष कला में यक़ीन करने का हक़ बनता है और संसार में कई मूर्धन्यों का ऐसा विश्वास रहा है। यह अपने आपमें समाज-विरोधी वृत्ति नहीं कही-सिद्ध की जा सकती।"[1]

1. 'पहल'-109, सम्पादक : ज्ञानरंजन

इस उद्धरण में व्याप्त पर्याप्त असत्य को समकालीन हिन्दी साहित्य संसार के मर्मज्ञ स्वयं चीन्ह लेंगे, इसलिए यहाँ (मानो) एक हाथ से लिखीं कुछ कविताओं को एक साथ उद्धृत करके आगे बढ़ना श्रेयस्कर होगा :

—सुपात्र—
कोई कहता है

मन में
एक भाव की उत्पत्ति होती है

मैं
वह नहीं हूँ
जो उच्चारित किया गया है

इन सियाह पत्थरों पर
पहली बार
दुख की बारिश होने लगती है

—तेजी ग्रोवर

यही
प्रमाद है
यही
दुख है
यही
इच्छा
यही
प्रसाद है
सृष्टि का सारा बाँधना
खुल गया है शायद
जहाँ कोई है वह जलमग्न है स्थान
वहाँ कोई और हो तब रेगिस्तान
प्रदक्षिणा है यह

—शिरीष ढोबले

जो है और जैसा है
वह वही है और वैसा ही है।

सिर सिर है,
बाल बाल हैं,
आँखें आँखें हैं,
नाक नाक है,
साँस साँस है।

गर्दन गर्दन है,
वक्ष वक्ष हैं,
पेट पेट है,

नितम्ब

नितम्ब हैं,

जाँघें जाँघें हैं।

फूल फूल है,
पेड़ पेड़ है,
जंगल जंगल है,
नदी नदी है।

पर्वत पर्वत है,
मरु मरु है,
पत्थर पत्थर हैं,
कंकड़ कंकड़ हैं।

मैं मैं हूँ,
तुम तुम हो,
वो वो हैं,
यह यह है।

जो है और जैसा है
वह वही है और वैसा ही है।

—रुस्तम

अपने ही अथाह में
खोजता है अकेला पानी
छिपने की जगह रेत में

रेत नहीं छिपाती उसे
ठेलती रहती है गहराई की ओर

रेत से पानी
पानी से रेत
मिल रहे हैं ऐसे ही
न जाने कब से इसी तरह
बचाए हुए अपना प्रेम

—ध्रुव शुक्ल

जब डूबा वह
दूसरा आकाश झील में था
कुछ सफ़ेद मरकरी
एकदम सितारों-सी
मैं तराज़ू के काँटों में
बलिया डाल
दोनों जहान तौलता-सा
सुबह तक जागा

आकाश एक ही था

—शैलेन्द्र दुबे

अँगूठे से
आसमान पर
लकीर खींच

कोई

उस तरफ़
फाँद गया

—अनिरुद्ध उमट

वापस जाने लगा है

प्रकाश

शान्त आकाश
हाँ, शान्त आकाश में
भर रहा है चुपचाप
अवसाद!

—उदयन वाजपेयी

इस प्रकार की एक हाथ से सम्भव हुई कविताओं की संख्या बीसवीं सदी की हिन्दी कविता के नवें और अन्तिम दशक में बहुत भारी है। इन्हें पढ़ते हुए दो घटनाएँ याद आती हैं।

पहली घटना : वह एक दैनिक अख़बार के सम्पादकीय-फ़ीचर विभाग में इन पंक्तियों के लेखक का पहला सप्ताह था। संयोग से उस सप्ताह के रविवार को 'मातृ दिवस' (Mother's Day) पड़ रहा था। विभागाध्यक्ष ने इस विभाग में इन पंक्तियों के लेखक के एक वरिष्ठ से कहा कि आपने मदर्स डे के लिए कोई कविता चुनी है? उन्होंने कहा कि हाँ... और कविता आगे बढ़ा दी। उस कविता में इस प्रकार के विवरणों की भरमार थी कि माँ हमारे लिए क्या-क्या करती है! इस पर विभागाध्यक्ष ने वरिष्ठ से कहा कि इस कवि को इसके लिए इतने वाक्य लिखने की क्या ज़रूरत थी! कवि को बस एक वाक्य लिखना था—'माँ सब है!' फिर उन्होंने इन पंक्तियों के लेखक से पूछा कि आपको हिन्दी में माँ पर कौन-सी कविता याद आती है? इन पंक्तियों के लेखक ने कहा, 'माँ पर नहीं लिख सकता कविता' (चन्द्रकान्त देवताले)। इसके बाद उन्होंने इन पंक्तियों के लेखक की तरफ़ इशारा करते हुए, वरिष्ठ से कहा : "सीखिए इनसे..."

यहाँ इस प्रसंग के हवाले से कहना बस इतना है कि ऊपर जिन सात कवियों की आकाशीयतायुक्त कविताएँ उद्धृत की गई हैं, उनके यहाँ आकाश सब है; लेकिन धरती कुछ भी नहीं है और आकाश में भी बस आकाश ही आकाश है और कुछ भी नहीं है।

दूसरी घटना : एक कविता-पाठ में हिन्दी कविता के आठवें-नवें दशक के कथित कलावाद से प्रतिश्रुत एक कवि अपनी कविताएँ पढ़ने के लिए आमंत्रित थे। सौ-सवा सौ की संख्या-क्षमता वाले लगभग रिक्त सभागार में श्रोता में बदल चुके आठ-दस मित्रों-सम्बन्धियों-परिचितों के बीच उन्होंने माइक पर आते ही कहा—

नदी

निर्मल
सुनहरा
उचार

दग्ध

नदी-2

अन—छुआ
शान्त

अ-समय

नदी-3

कठिन
दी-वा-र
धरती पार
आ-
का-
श—

काश!

...इस प्रकार उन्होंने अपनी 'नदी सीरीज़' की दस कविताएँ सुनाईं। इस पाठ के दौरान उन्होंने केवल वही शब्द उच्चरित किए जो उनकी इस प्रकार की कविताओं में थे। उन्होंने शुरू में 'नमस्कार' और अन्त में 'धन्यवाद' तक नहीं कहा, मानो यह उनकी कविता के 'अन्यून और अनतिरिक्त' प्रभाव को क्षीण कर देता!

एक होती है कला और एक होती है कला-चेष्टा : कालानुभूति के लिए दोनों से संघर्ष ज़रूरी है। बहरहाल, इन दो घटनाओं से हिन्दी कविता के नवें दशक में कथित कलावाद का वह स्वरूप और उसकी वे प्राथमिकताएँ और लक्ष्य काफ़ी कुछ स्पष्ट हो जाते हैं, जिनके असरात अब तक जारी हैं। लेकिन कविता के इस छद्म वैभव में

यह भी कहना ज़रूरी है कि इस प्रकार के कविता-पाठ के बाद जेनुइन कवियों के लिए कविता-पाठ करना बहुत मुश्किल होता है, क्यों मुश्किल होता है; इसे समझने के लिए यहाँ बुन्देलखंड के प्राचीन कवि काली को उद्धृत करना उपयुक्त होगा :

जो मारे कु कवीन के ते म्हारे बस नाहिं।
हुचकारे कारे हिरन क्यों पुचकारे जाहिं॥

अर्थात् : वे श्रोता जो कुकवियों की कविताओं की मार खा चुके हैं, वे मेरे वश के वैसे ही नहीं है; जैसे जंगल में काले हिरणों को हुचकार दो तो वे फिर पुचकारने पर भी नहीं लौटते।

ख़ैर, यहाँ आगे के कार्यभार पर लौटते हुए बुन्देलखंड और अवध की भूमि से वास्ता रखने वाले और 'कविता का कर्त्तव्य' भलीभाँति समझने वाले नवें दशक में सामने आए एक जेनुइन कवि केशव तिवारी की कविता-सृष्टि पर विस्तार से बात करना समीचीन होगा।

केशव तिवारी के कविता-लोक पर आलोचनात्मक होने की प्रक्रिया में यह सत्य सहज ही प्रकट होता है कि वह लोक-द्वन्द्वात्मकता के कवि हैं। हिन्दी साहित्य संसार में लोक का स्थापत्य[1] और उसकी उपस्थिति[2] आधुनिकता के प्रवेश के बाद से ही विमर्श का अंग रही है। केशव तिवारी की कविताओं को इस लोक-विमर्श के साथ ही पढ़ा गया है; जबकि वह अपने कविता-लोक में जिस लोक को अभिव्यक्त

1. लोक-संस्कृति का अर्थ है : मानवीय सर्जनात्मकता की स्थानीय परिवेश से प्रतिविशिष्ट अभिव्यक्ति। इसलिए लोक को कभी-कभी शास्त्र से फ़र्क़ बात समझ लिया जाता है—जबकि शास्त्र लोक के रचनात्मक अनुभवों का तत्त्वान्वेषण और संहिताकरण ही तो है। —नन्दकिशोर आचार्य, 'लोक' (प्रथम संस्करण : 2002) सम्पादक : पीयूष दईया
2. स्वाधीनता-प्राप्ति के बाद हिन्दी में एक ऐसा कवि-समूह 'प्रसिद्धि' पा गया था, जो अपनी दृष्टि और संवेदना में आकाशविहारी था। इस समूह ने कविता से धरती का सम्बन्ध-विच्छेद किया। कविता में आकाश और धरती का यह संघर्ष सतत चलता रहा है। मुक्तिबोध, नागार्जुन, केदारनाथ अग्रवाल, त्रिलोचन ने इस संघर्ष में आगे आकर तथा अन्तर्वस्तु के साथ कविता के रूप-पक्ष को तरजीह देकर हिन्दी में धरती की लोक-कविता लिखने में सफलता अर्जित की है तथा कविता को आकाशविहारी होने से बचाया है। कविता की अगली पीढ़ियों में भी यह संघर्ष साफ़ तौर पर दिखाई दे रहा है। इस संघर्ष का एक निष्कर्ष बहुत स्पष्ट है कि केवल मध्यवर्गीय अनुभव, ज्ञान, संवेदना, बोध और दृष्टि के आधार पर आज की वह कविता नहीं लिखी जा सकती; जिसमें प्रत्येक मानव-स्थिति को सृजित किया जा सके। यह सम्भव है कि मनुष्य की कुरूपता के अनेक प्रसंग उसे इन अनुभवों में मिलें, कुछ सुन्दर प्रसंग भी मिल सकते हैं; लेकिन श्रम की नींव पर टिके सहज सौन्दर्य की तलाश के लिए आज के कवि को उन खेतों-खलिहानों, मैदानों-पटपरों, गाँवों-ढ़ाणियों, नगरों-महानगरों में बसी मज़दूर-बस्तियों, जंगल में रहने वाले आदिवासियों, छोटे-छोटे शिल्पियों, कारीगरों की ऊबड़खाबड़ और असुविधाजनक दुनिया में जाना ही पड़ेगा; जिसे किसी अन्य सटीक शब्द के अभाव में हम आज भी 'लोक' का नाम देते हैं। —जीवन सिंह, 'कविता और कवि-कर्म' (पृ. 20), बोधि प्रकाशन, प्रथम संस्करण : 1999

करते हैं, वह बहुधा लोक के उन स्थापित आशयों के पार चला जाता है जिनकी तरफ़ यहाँ गई पाद टिप्पणियों में नन्दकिशोर आचार्य और जीवन सिंह के कथ्य संकेत करते हैं।

केशव तिवारी के लोक-नागरिक में कभी सहाफ़ी, कभी तबीब, कभी मुसव्विर, कभी मुजाहिद, कभी शहीद होने की सदिच्छा और तड़प नज़र आती है। इस भूमिका में वह उन आधुनिक मोड़ों पर मुड़े नहीं हैं जो उन्हें उनके पर्यावरण, इतिहास, राग, उजाड़ और वैफल्य से दूर ले जा सकते थे। कवि ने इस सब कुछ की स्मृतियों के साथ नहीं, इस सब कुछ के साथ रहना चुना है—कविता और जीवन दोनों में ही। कविता यहाँ जीवन से पहले इसलिए है कि उसे जीवन में सब कुछ से पहले रखा गया है। इस प्रकार एक कवि-व्यक्तित्व निर्मित होता है और जीवन में आता हुआ सब कुछ, कविता के लिए ही आता हुआ नज़र आता है :

ख़ाली जेब उससे मिलते और
भरे मन वापस लौट आते।

[बेरोज़गारी में इश्क़]

केशव तिवारी हिन्दी के उन चन्द कवियों में से एक हैं जो अपने काव्य-विषयों के सर्वाधिक निकट हैं। उनके यहाँ पास को दूर से देखकर निकल जाने की 'विशेषता' का अभाव है। यहाँ कवि अपनी कविता से बाहर अपनी कविता के साक्ष्य की तरह उपस्थित है और कविता के भीतर के काव्य-नायक से बहुत मिलता-जुलता है। यह साम्य जीवन में लोक की केंचुल उतारकर, कविता में लोक की खाल ओढ़कर घुसने वाले कवियों की कविताओं में नज़र नहीं आएगा। इस वजह से ही 'तो काहे का मैं'[1] कहने वाले कवि को अपनी कविताओं के भीतर-

1. *किसी बेईमान की आँखों में*
न खटकूँ तो काहे का मैं

मित्रों को गाढ़े में याद न आऊँ
तो काहे का मैं

कोई मोहब्बत से देखे और मैं उसके
सीने में सीधे न उतर जाऊँ
तो काहे का मैं

अगर यह सब कविता में तुम्हें
सिर्फ़ सुनाने के लिए सुनाऊँ
तो फिर काहे का मैं।

—केशव तिवारी, 'तो काहे का मैं' (पृ. 48), साहित्य भंडार, प्रथम संस्करण : 2014

बाहर पकड़े जाने का भय और पकड़े जाने पर खी-खी करने की सुविधा—दोनों ही—प्राप्त नहीं है।

केशव तिवारी की काव्य-यात्रा की शुरुआत जिस कविता-संग्रह के साथ हुई, उसका शीर्षक उनके अब तक के प्रतिनिधि काव्य-व्यवहार को व्यक्त करने के लिए पर्याप्त है—'इस मिट्टी से बना'। इस शब्द में 'इस' शब्द की आभा हिन्दी में बहुत कम कवियों को ही नसीब है, क्योंकि रोज़ बनती दुनिया में अपनी मिट्टी से दूर होकर नए-नए इलाक़ों में बस जाने की सचाई इतनी व्याप्त है कि 'इस' की जगह 'उस' का प्रयोग प्रचलन का रूप ले चुका है। इस स्थिति के कारणों और परिणामों पर विचार लगभग तीस-पैंतीस बरस से हिन्दी आलोचना-समीक्षा साहित्य का पसन्दीदा कार्यभार है। वह इसे कभी अपने एजेंडे के साथ, तो कभी एजेंडाविहीन ढंग से बरतती रही है; और यही वजह है कि ठीक इस वक़्त केशव के कविता-लोक पर आलोचनात्मक होते हुए वे सारे आलोचक स्मृत हो उठते हैं जिन्होंने गए तीन दशकों में समय-समय पर उनकी कविता पर अपनी आलोचना-समीक्षा में विचार किया है। इस विचार में यह बात बुनियादी है कि केशव आभिजात्य के विरुद्ध लोक के कवि हैं। आशीष मिश्र के शब्दों में, "केशव तिवारी लोक-सैलानी कवि न होकर लोकभूमि के रहवासी कवि हैं।"[1] इस रहवास तक कवि और कवि तक यह रहवास कैसे गया है, इसे आशीष स्पष्ट करते हैं : "उनकी (केशव तिवारी) लोक-संवेदना का भूगोल अवध से लेकर बुन्देलखंड तक फैला हुआ है। केशव की कविताओं से इस पूरे क्षेत्र की नदियों, पठारों, बोलियों व लोक-व्यवहारों का मानवशास्त्रीय संसार रचा जा सकता है। उन्होंने जायसी, तुलसी, पढ़ीस, त्रिलोचन, मानबहादुर सिंह, ईसुरी, केदारनाथ अग्रवाल की काव्य-संवेदना को न सिर्फ़ हृदयस्थ किया है; बल्कि इसे अपनी कविताओं में ससंज्ञ लौटाते हैं। केशव तिवारी अवधी-बुन्देली के शब्दों, मुहावरों और कहन-भंगिमा का खड़ी बोली से सहज संलयन करते हैं। साथ ही समकालीन टंकित काव्य-भाषा से अलग इसे वाचिक भाषा की तरफ़ खींचते हुए उसकी लय और तान को इतनी ख़ूबसूरती से साधते हैं कि कविताएँ एक बार पढ़ी जाकर मन में घुल जाती हैं। इधर लिखी जा रही कविताओं में किसी हिन्दी क्षेत्र का ऐसा ठोस भूगोल विरल हुआ है। ऐसे देखने पर केशव कविता के सपाट भू-दृश्य में छविमय पठार लगते हैं।"[2]

इस स्पष्टता के बावजूद यह कहते हुए दु:ख होता है कि केशव तिवारी की कविता हिन्दी साहित्य में उस तरह केन्द्र में नहीं रही है, जिस तरह उनकी धारा के ही उनके कुछेक हमवक़्तों की रही है। केशव की कविता पर जिन आलोचकों ने गम्भीरतापूर्वक विचार किया है, वे भी हिन्दी साहित्य के कथित केन्द्र से दूर

1. 'सीमान्त का सौन्दर्य और विषाद', आशीष मिश्र, 'वागर्थ', दिसम्बर-2021
2. पूर्वोद्धृत

बहुत चुपचाप अपना काम करने में विश्वास रखने वाले व्यक्तित्व रहे हैं। केन्द्र के विरुद्ध हाशिये की कविता लगभग छायावाद के बाद से ही आधुनिक हिन्दी साहित्य के केन्द्र में रही है। इस स्थिति में यहाँ यह विडम्बना ध्यान देने योग्य है कि कैसे हाशिये भी अपना एक केन्द्र गढ़ते हैं और उसमें एक नए हाशिये का निर्माण करते हैं। केशव की कविता हिन्दी साहित्य और समाज में इसी हाशिये की कविता है :

कम्पनी के काम से छूटते ही
पहाड़गंज के एक होटल से
दिल्ली के मित्रों को मिलाया फ़ोन

यह जानते हुए कि दिल्ली से बोल रहा हूँ
बदल गई आवाज़ें

कुछ ने कहला दिया दिल्ली से बाहर हैं
कुछ ने गिनाई दूरी
कुछ ने कल शाम को
बुलाया चाय पर

यह जानते हुए भी कि
शाम को ही ट्रेन से जाना है वापस

एक फ़ोन डरते-डरते मिला ही दिया
विष्णुचन्द्र शर्मा को
तुरन्त पूछा कहाँ से रहे हो बोल

दिल्ली सुनते ही फट पड़े तुरन्त
बोले होटल में नहीं
हमारे घर पर होना चाहिए तुम्हें
पूछते-पूछते पहुँच ही गया सादतपुर
छह रोटी और सब्ज़ी रखे
ग्यारह बजे रात एक बूढ़ा
बिल्कुल देवदूतों से चेहरेवाला
मिला इन्तज़ार में

चार रोटी मेरे लिए दो अपने लिए
अभी-अभी पत्नी के बिछुड़ने के
दुःख से जो उबर भी न पाया था

मैं ताकता ही रह गया उसका मुँह
और वह भी पढ़ रहा था मुझे

मित्रो, मैं दिल्ली में एक अनुभवी बूढ़े कवि से
मिल रहा था!

वह दिल्ली में एक और ही दिल्ली को जी रहा था।

[दिल्ली में एक दिल्ली यह भी]

केशव तिवारी की कविताएँ हिन्दी-अभिजन के लिए बहुत जानी-पहचानी नहीं हैं। स्वयं उनके काम का दायरा भी बहुत उपलब्ध, उपस्थित और आसानी से अपने में ले लेने वाला नहीं है। वह आगमन, अन्वेषण और संवाद माँगता है। इस अनिवार्यता में अपने परिवेश से बाहर की सारी आवाजाहियाँ कवि को अवसादयुक्त कर देती हैं, क्योंकि वह अपने उस भूगोल में ही बराबर बने रहने से फ़ुर्सत नहीं चाहता है; जहाँ से वह अपनी कविताओं के विषय, स्थान और चरित्र चुनता है। यह चुनाव नए जीवन की तीव्रता से बदलती प्राथमिकताओं के साथ सतत द्वन्द्व में रहता है। इस परिवर्तन की गति ऐतिहासिक रूप से इस क़दर तेज़ है और होती जा रही है कि कविता में कवि-निर्णय फिसलते हुए नज़र आते हैं। इस फिसलन से बचने के लिए कवि परिवर्तन को बहुत पास से देखना चाहता है, जबकि नए परिवर्तन व्यक्ति को सबसे पहले उसके पास से वंचित कर रहे हैं। श्रम का स्वरूप और उसे देखने की दृष्टि बदल गई है। वरिष्ठ आलोचक राजेश्वर सक्सेना के शब्दों में : "आज के नए परिदृश्य में जब इस श्रम का भौतिक अर्थ बदल गया है। श्रम के साथ मनुष्य का होना या बने रहना उतना ज़रूरी नहीं रह गया है। श्रम, एक मूल्य सृजन भी है, यह सच, अब एकदम ही यांत्रिक-सा हो गया है। उत्पादन श्रम का अर्थशास्त्र कल जैसा नहीं रह गया है और उत्तर-संरचनावाद तथा उत्तर-आधुनिकतावाद से यह संकेत मिल रहे (चुके) हैं कि ज्ञान-मीमांसा टूट चुकी है।"[1]

इस दृश्य में केशव तिवारी की संवेदना जिस धरातल पर है; वह बहुत अपरिचय और बनावट बर्दाश्त नहीं कर सकती है। उनके यहाँ अतियत्नपूर्वक तानी गई भाषा नहीं मिलेगी। उनकी ढूँढ़-तलाश के सिरे अलग हैं। उनके काव्य-विधान में कोई

1. 'उत्तर आधुनिक सौन्दर्यशास्त्र और द्वन्द्ववाद' (पृ. 27), राजेश्वर सक्सेना; श्री प्रकाशन, संस्करण : 2019

बिम्ब जबरन लाया हुआ नहीं नज़र आएगा। इस प्रकार उनके कविता-लोक से सम्बन्ध रचते हुए रचयिता का सामना कुछ इस प्रकार के एक कवि से होता है जो क्षरण के समस्त लक्षण जानता है :

ज़िन्दगी हाथ में हरा चारा
और पीछे रस्सी छुपाए
बुलाती ही रह गई

तमाम उम्र इन पठारों में
अन्ना फिरा मैं

मेरे सपने की अपनी आँखें थीं
और मेरी दूरियों के अपने पैर। [अन्ना फिरा मैं]

यह जो अपने लोक-संवेदन से बाहर किसी अज्ञात की खोज में नहीं लगना है, यह केशव तिवारी को एक मनुष्य और कवि दोनों ही रूपों में निरन्तर द्वन्द्वात्मक बनाए रखता है। इस द्वन्द्व में कवि अपने ज्ञात का विस्तार और परिष्कार कुछ इस प्रकार करता है कि उसकी लोक-संवेदना उसके काव्यालोक में एक प्रामाणिक आधार पा सके :

यह पहली बार मेरी ज़बान पर
आई थी माई के दूध की तरह
इसके ही इर्द-गिर्द मँडराती है मेरी संवेदना
यह वह बोली है जिसमें
सबसे पहले मैंने किसी से कहा
कि मैं तुझे प्यार करता हूँ
इसके प्राण बसते हैं
बिरहा, कजरी और नकटा में
आल्हा और चैती में तो
सुनते ही बनता है इसका
ओज और ठसक
जायसी, तुलसी, तिरलोचन की
बानी है यह
यह उनकी है जिनका
सुख-दुःख सना है इसमें

धधक रही है जिनकी छाती
कुम्हार के आवाँ की तरह
जिसमें पक रहे हैं
यहाँ की माटी के कच्चे बर्तन
कल के लिए। [अवधी]

केशव तिवारी अपने बिल्कुल हमवक़्त 'लोकसिद्ध' कवियों को—जिनका ज़िक्र इस पूर्व-कथ्य और इस पुस्तक में आगे आएगा—बहुत ध्यान से देखने-पढ़ने वाले व्यक्ति-कवि हैं। वह उनकी चूकों से अपरिचित नहीं हैं, इसलिए उनकी कविताओं की लोक-विसंगतियों के पार जाना चाहते हैं। वह अपने लोक-संवेदन को द्वन्द्वात्मक रखते हुए आगे की एक राह निकालते हैं तथा लोक के मूल्यों और भयावहता दोनों से जूझते हुए अपना कविता-लोक संयोजित करते हैं :

एक हत्यारे ने पूछा अवधी में—
का हाल चाल बा

एक ठग ने पूछा भैया—
बहुत दिन मां देख्याना

एक हारे प्रधान ने की शिकायत—
तोहरे घरे कै वोट नाही मिला

लगा तिरलोचन और मान ही नहीं
अवधी में इनका भी कारोबार चलता है। [अवधी में]

केशव तिवारी के कविता-लोक में कुछ बचाने या बचा ले जाने का वह फ़र्ज़ी हाहाकार नहीं है, जिसे महानगरों में रहकर मध्यवित्तीय ज़िन्दगी गुज़ारने वाले कथित लोकनिष्ठ कवियों ने हिन्दी कविता में सम्भव किया है। यह यों ही नहीं है कि उनके कविता-लोक में ऐसी लोक-तरकीबें नहीं मिलेंगी जो अन्ततः लोक-करतब में परिणत या कहें पर्यवसित हो जाती हैं। इस कविता-लोक में सम्मोहन और वशीकरण सरीखे काव्य-दोष नहीं हैं। केशव लोक-आसक्ति में नगर-घृणा के कवि नहीं हैं। वह मानव-जीवन में नगर की भूमिका को रेखांकित करते हैं :

धीरे-धीरे निकल रहे हैं लोग
अमृतसर, जालन्धर

अपने उजाड़ खेतों को
देखते-बिसूरते

कितने बड़ोखर बुज़ुर्ग
कितने महोखर
एक जालन्धर के पेटे में समा जाते हैं

बचे हैं ये कि
बचा है अमृतसर
ये शहर कितने लोगों के
ज़िन्दा रहने का आश्वासन हैं

और वह चईता का लरजता सुर भी
जो उन्हें यहाँ से बाँधकर रखता है [कितने बड़ोखर बुज़ुर्ग]

केशव लोक-विसंगति को लोक-संगीत की तरह बरतने के बाहर खड़े होकर दर्ज करते हैं :

जीवन में कितना कुछ छूट गया
और हम विचार की बहँगी उठाए
आश्वस्त फिरते रहे
नदी पर कविता लिखी
और ज़िन्दगी के कितने
जल से लबालब जौहड़े सूख गए [विचार की बहँगी]

एक द्वन्द्वयुक्त कवि अपने लोक के सारे रंगों से परिचित होता है। लाल कितनी तरह से लाल हो सकता है और हरा और पीला और सफ़ेद कितनी तरह के रंग बदल सकते हैं, इसकी समझ उसमें बहुत साफ़ होती है। इस अर्थ में केशव तिवारी अपने लोक की सारी रंगतें और ध्वनियाँ जानते हैं। विलाप कब संगीत में बदल जाता है और संगीत कैसे विलाप में बदलता है, वह इस प्रक्रिया से उसकी सारी बारीकियों के साथ परिचित हैं :

जैसे कोई तेज़ी से सरकती गीली रस्सी को
भीगे हाथों से पकड़ने की कोशिश कर रहा है।

[गवनहार आजी]

जाने कहाँ-कहाँ से भटकते-भटकते
आ जाते हैं ये भरथरी गायक
काँधे पर अघारी
हाथ में चिकारा थामे
हमारे अच्छे दिनों की तरह ही ये
देर तक टिकते नहीं
पर जितनी देर भी रुकते हैं
झाँक जाते हैं
आत्मा की गहराइयों तक
घुमन्तू-फिरन्तू ये
जब टेरते हैं चिकारे पर
रानी पिंगला का दुख
सब काम छोड़
दीवारों की ओट से
चिपक जाती हैं स्त्रियाँ

यह वही समय होता है
जब आप सुन सकते हैं
समूची सृष्टि का विलाप। [भरथरी गायक]

इस प्रकार की कविताएँ और कविता-पंक्तियाँ जिनमें रंगों और स्वरों का विरल विश्लेषण हुआ हो, केशव तिवारी के कविता-लोक में भरपूर हैं। उन्हें उद्धृत करने के मोह का—यहाँ उद्धरणातिरेक के भय से—बहुत प्रयत्नपूर्वक निषेध करना पड़ रहा है। बहरहाल, इस सिलसिले में कवि की 'जोगी', 'ईसुरी', 'तीजनबाई', 'तानसेन', 'छुन्नू ख़ाँ', 'नोहर होई जाई रे दे', 'तुम्हारी आवाज़', 'पुकार', 'लावनी', 'ये वहीं पर गा रही हैं', 'पूरी रात', 'आवाज़ दो', 'एक वृद्ध लोक-गायक को सुनकर' और नदी केन्द्रित कविताएँ ['बकुलाही', 'चन्द्रावल', 'पहुज', 'क्वारी', 'सिन्ध', 'धसान', 'उर्मिल', 'चेलना', 'जेमनार'] उल्लेख्य हैं।

यहाँ यह भी ग़ौरतलब है कि केशव तिवारी कविता को बहुत माँज देने वाले कवि नहीं हैं, लेकिन उनकी कविता में लोकालेख बहुत मँजा हुआ है। लोकालेख अपने मँजे हुए रूप में कविता में तब प्रकट होता है, जब धूल और धुँध को देखते हुए कवि-दृष्टि धूसरित और धुँधली न हो। केशव इस दुर्लभ दृष्टि से युक्त कवि हैं और इस वजह से ही उनकी कविताओं में यथार्थाग्रह इतना गम्भीर है कि वस्तुओं और व्यवहारों पर कोई धूल या धुँध नहीं है :

अगर मुझे बाज़ की उड़ान पसन्द है,
तब मुझे अपने
पठारी मैदानों में होना चाहिए।
मैं इस तंग कॉफ़ी हाउस में क्या कर रहा हूँ?

[मैं इन ठंडी किताबों में क्या कर रहा हूँ?]

इस आलोचनात्मक गद्य में अगर किंचित संस्मरणात्मक छूट लें तब कह सकते हैं कि केशव तिवारी अपनी कविता ही नहीं, अपने रोज़मर्रा में भी ऐसे ही हैं और यह उनसे/उनके सुपरिचित जानते हैं :

अगर मैंने पिछली सर्दी में आलू बोना सीखा है
तब मुझे इस ठंडी में
अपने खेत और क्यारियों को तैयार करना था।

मैं इन ठंडी किताबों में क्या कर रहा हूँ?

अगर मैंने अभी हाल में कविता लिखना सीखा है
तब मुझे सबसे पहले अपने गाँव के
उस अलमस्त गड़रिए को सुनना चाहिए था।

मैं इन वातानुकूलित सभागारों में क्या कर रहा हूँ?

मुझे वहाँ होना चाहिए
जहाँ नए मकान बनाने के
बुनियादी प्रयत्न किए जा रहे हैं।

इन हवाई क़िलों में मेरा दम घुटता है।

[मैं इन ठंडी किताबों में क्या कर रहा हूँ?]

केशव तिवारी कविता के लिए दृश्य से गुज़रते नहीं, उसमें प्रवेश करते हैं। वह विकल करने वाले दृश्य को पहले कविता से बाहर अपनी सामर्थ्य भर बदलने का यत्न करते हैं, फिर कविता में लाने का। वह देखे हुए से देर तक विकल रहने वाले व्यक्ति-कवि हैं। यह विकलता इतनी प्रभावी है कि वह कविता में उसे व्यक्त करके भी उससे विमुख या विमुक्त नहीं हो पाते हैं। उनके यहाँ चीज़ें अविराम उलटी-पलटी-उधेड़ी-खोली-समझी जा रही हैं और इस क्रमिकता में विकलता और-और गाढ़ी होती जा रही है। वह व्यक्ति-कवि-स्थिति से अभिन्न हो जाती है। कविता में उसे कह देना,

किसी व्यक्ति-मित्र से उसे कह देने जैसा ही है; लेकिन समस्या यह है कि कविता में उसे बार-बार नहीं कहा जा सकता, इसलिए व्यक्तियों-मित्रों से उसे बार-बार कहा जाता है जिसके अपने मनोवैज्ञानिक और सामाजिक संकट हैं। आख़िरश: इस प्रक्रिया के प्रभाव कवि की कविता और उसके स्वास्थ्य दोनों पर नज़र आते हैं :

कुछ मित्र बहुत संघर्ष में थे
साथ-साथ संघर्ष की
कविता लिखते
धीरे-धीरे संवाद में नहीं रह गए [न चाहते हुए भी]

यहाँ संस्मरण से मुक्त होकर पुन: आलोचनात्मक होते हुए यह कहना ही होगा कि केशव तिवारी की कविता हिन्दी की सर्वाधिक नैतिक कविता है और उनका कवि सर्वाधिक उसूलबद्ध। वह किसी होड़ा-होड़ी में नहीं है और अपने युग के अंधकार से भली-भाँति परिचित है—उस अंधकार से भी जिसे अपने-अपने दृष्टि-अहंकार में अक्सर रोशनी समझ लेने का चलन है। युग-अंधकार भाषा में अँधेरे जितना न सही, लेकिन भाषा जितना प्राचीन तो है ही। इसलिए इसकी समझ अपना वह भू-दृश्य पहचानने से सम्भव होती है, जिस पर खड़े होकर आप सबके आसमान में सबका सूर्योदय देखते हैं और ख़ुद को यह यक़ीन देते हैं कि अपना देखा हुआ सबके हिस्से से बना हुआ है।[1]

केशव तिवारी का उल्लेख यहाँ जन्म-वर्ष के अनुसार उनसे पूर्व-प्रस्तुत—दिनेश कुमार शुक्ल, जगदीश पंकज, लीलाधर मंडलोई, मदन कश्यप, स्वप्निल श्रीवास्तव, अग्निशेखर, नवल शुक्ल, शरद कोकास, सुरेश सेन निशान्त, विनोद पदरज, दिनेश कुशवाह, शैलेय, नासिर अहमद सिकंदर; और उनके लगभग साथ प्रस्तुत निलय उपाध्याय, एकान्त श्रीवास्तव, हरिओम राजोरिया, मोहन राणा; और उनके बाद प्रस्तुत बद्री नारायण, शम्भु यादव, प्रमोद कौंसवाल, बोधिसत्व, प्रेम रंजन अनिमेष, संजय कुंदन सरीखे लोकनिष्ठ कवियों से अलग और पूर्व और विस्तार से इसलिए किया गया है; क्योंकि केशव तिवारी बीसवीं सदी की हिन्दी कविता के नवें और अन्तिम दशक में लोक-द्वन्द्वात्मकता के इकलौते कवि हैं। यह द्वन्द्व इस दौर में अन्यत्र दुर्लभ है।

लोकनिष्ठ कविता अपने द्वन्द्व, इतिहास-परम्पराबोध और भविष्य-दृष्टि से ही बड़ी कविता बनती है। बाज़ार और उसके अर्थशास्त्र से अनभिज्ञ होकर सतही क़िस्म की बाज़ारविरोधी (बाज़ारवादविरोधी भी) कविता सम्भव करना, गाँव के

1. केशव तिवारी की कविताओं पर इस पूर्व-कथ्य में विस्तार से विचार करने के लिए उनके अब तक प्रकाशित तीन कविता-संग्रहों—रामकृष्ण प्रकाशन, विदिशा से प्रकाशित 'इस मिट्टी से बना' (2005); रॉयल पब्लिकेशन, जोधपुर से प्रकाशित 'आसान नहीं विदा कहना' (2010) और साहित्य भंडार, इलाहाबाद से प्रकाशित 'तो काहे का मैं' (2014)—तथा चौथे कविता-संग्रह की पांडुलिपि 'नदी का मर्सिया तो पानी ही गाएगा' को आधार बनाया गया है।

बदलते यथार्थ को नगर में बस जाने के कारण न पकड़ पाना और एक रूढ़ि या रोमान में ठहरे रहना, अपने लोक को आयातित वैचारिकी या शास्त्र से दीक्षित करने लगना; अनगढ़ होने के यत्न में अपाठ्य, असम्प्रेषणीय और व्यर्थ हो जाना, लोक की आड़ में अमूर्तन को बरतना, आभिजात्य के अन्तरण में लोक-शरण खोजते हुए अतिकवि होने की आकांक्षा रखना... ये स्वघोषित रूप से लोकनिष्ठ या यों पुकारे जाने वाले कवियों के केन्द्रीय दुर्गुण हैं। इनसे बचकर सम्भव हुई कविता ही लोकनिष्ठ कविता है, जो तमाम दुर्गुणों को विचलनों के बावजूद नवें दशक के कुछ कवियों ने समय-समय सम्भव की है।

इस सिलसिले में दिनेश कुमार शुक्ल वरिष्ठतम कवि हैं। उनकी भाषा एक उत्सव रचती चलती है, जिसमें तैयारी और उदासी दोनों ही आने हैं—अपने-अपने छन्द लिए हुए। वह लोक में उपस्थित जनजीवन के दुःख और उल्लास—दोनों—को पूँजी की क्रूरता समझते हुए व्यक्त करते हैं :

झुकी थकी-सी ये नीम जैसे कोई हताशा विलाप करती
ये मौन पतझर की रागिनी है जो डूबकर फिर अलाप भरती
अभी जो तुमको लगा कि कोई पहन के साड़ी उधर गया है
वो था भटकता ध्रुपद का टुकड़ा हवा में उड़ता जो घर गया है

कहाँ पे टूटी वो साँस जिसने कि चन्द्रमा तक इसे उठाया
निचाट ऊसर की रेह में भी हँसी का झरना कभी बहाया
हवा को अब तक है याद उसकी उसी से जीवन में है रवानी
वही तो निर्जन की बाँसुरी है वही तो सबकी नज़र का पानी

वो साँस चलती है धौंकनी-सी उसी में दुनिया दहक रही है
कभी वो चिड़िया की प्यास बनकर निदाघ में भी चहक रही है
उसी की रंगत है रेत में जो मरीचिका-सी लहक रही है
कभी पिया था नदी का पानी उसी नशे में बहक रही है

मघा के बादल गरज रहे हैं गगन-गुफा में जो साँस घुसती
हलक़ में काँटा अभी फँसा है ग़ज़ब की चुप्पी में साँस घुटती

[ध्रुपद का टुकड़ा]

लीलाधर मंडलोई, मदन कश्यप और स्वप्निल श्रीवास्तव में वैसी लोकभूमि और लोकसम्पृक्ति नहीं है; जैसी दिनेश कुशवाह, निलय उपाध्याय, एकान्त श्रीवास्तव और आगे बढ़ें तो बद्री नारायण, बोधिसत्व और प्रेम रंजन अनिमेष में दृश्य होती है।

हिन्दी-भूमि के व्यापक विस्तार में हिन्दी कविता की लोकभूमि के विस्तार को समझने के लिए सिर्फ़ उत्तर प्रदेश और बिहार के गाँवों-क़स्बों के या वहाँ से विस्थापित होकर भारतीय महानगरों-राजधानियों में बस गए कवियों की कविताओं को ही केन्द्र में रखना उचित नहीं है। इस भूमि का विस्तार तब ही समझ सकते हैं; जब झारखंड, मध्य प्रदेश, छत्तीसगढ़, राजस्थान, पंजाब, पश्चिम बंगाल, मेघालय, उत्तराखंड, हिमाचल प्रदेश, लद्दाख और जम्मू-कश्मीर में लिखी गई हिन्दी कविता को ध्यान से देखा-जाना-पढ़ा जाए। इन भूमियों से आए बीसवीं सदी की हिन्दी कविता के नवें और अन्तिम दशक के कवियों की लोकाभिव्यक्ति इसलिए भी अधिक प्रामाणिक और ध्यान देने योग्य है, क्योंकि यह सीधी मुठभेड़ से सम्भव हुई है। इसमें कल्पना और कल्पनालोक दोनों का उल्लेखनीय अभाव है। इसके विषय दूर से देखकर नहीं चुने गए हैं। इनसे हिन्दी कविता का व्योम का व्यापक होता है और आठवें दशक का वह संकट कुछ कम जिसकी तरफ़ विष्णु खरे ने एक लेख के ज़रिये संकेत किया था : "बीसवीं सदी की हिन्दी कविता के आठवें दशक पर छाया हुआ संकट अभी और गहराएगा या छितराएगा—क्या यह नवें दशक पर भी मँडराता रहेगा या उससे संघर्ष कर कुछ सही प्रतिभाएँ उभरेंगी—यह कहना कठिन है। यह अवश्य कहा जा सकता है कि आठवें दशक की अधिकांश कविता तथा उसके मूल्यांकन को यह पर्याप्त भ्रष्ट कर चुका है। भाषा की अर्थवत्ता को नष्ट कर देने की पूरी कोशिश हुई है। सौभाग्यवश जब ऐसी कोशिशें पराकाष्ठा पर पहुँच जाती हैं, तब द्वन्द्वात्मक प्रक्रिया के फलस्वरूप एक सही, सशक्त तथा अनियोजित अभिव्यक्तिगत विरोध का प्रारम्भ भी होता है। किसी भी देश की प्रतिभा को पूर्णरूपेण नष्ट कर देना तो अमानुषिकतम तानाशाहियों तक के बस की बात नहीं है। छद्म प्रतिबद्धता उसके प्रादुर्भाव के आगे हमेशा पलायन कर जाएगी। भाषा और साहित्य का प्रदूषण हुआ है और देश की प्रतिभा भ्रष्ट हुई है, किन्तु एक ताक़तवर 'नहीं' दूषित वातावरण को स्वस्थ बनाने में दूर तक कारगर होती है। हिन्दी में अब भी ऐसे ईमानदार, जोखिमपसन्द लोग मौजूद हैं जो सशक्त (अर्थगर्भ नहीं) मौन में किए गए अपने सृजन में लगातार इस प्रदूषण को नकार रहे हैं। वे अपनी प्रतिबद्धता, मानव-प्रेम, और अन्याय के प्रति अपनी घृणा के वास्ते न तो स्वयं को बधाई देते हैं और न आदमी को अभय-दान। वे साहित्य में उसका मुआवज़ा नहीं वसूलते।"[1]

बीसवीं सदी की हिन्दी कविता के नवें और अन्तिम दशक के सन्दर्भ में यह भी एक ध्यान देने योग्य तथ्य है कि इसमें एक भी 'अन्तरराष्ट्रीय कवि' नहीं है। इसकी वजह यह है कि इस दौर की कविता—सातवें-आठवें दशक की कविता की तरह—अनुवादनीय यानी अनुवाद के लिए सरल और सहज प्रस्तुत नहीं है।

1. आलोचना की पहली किताब (पृ. 199-200), विष्णु खरे, वाणी प्रकाशन, संस्करण : 2004

गत सौ वर्षों की हिन्दी कविता पर अगर एक सरसरी तब्सरा किया जाए और यह जाँचने-जानने का यत्न किया जाए कि हमारी हिन्दी दूसरी भाषाओं में उपस्थित सृजन के प्रति कितनी खुली हुई है, तब यह तथ्य एक राह की तरह प्रकट होता है कि हिन्दी का संसार अपनी सीमाओं और संसाधनों के स्थायी विलाप के बावजूद एक खुला हुआ संसार है; जिसमें अपनी शक्ति भर अपने समय में कहीं पर भी किसी भी भाषा में हो रहे उल्लेखनीय सृजन को अपनी सीमाओं और संसाधनों में ले आने की सदिच्छा है। सांस्कृतिक धाराओं की परस्पर समझ के लिए अनुवाद-कर्म एक महत्त्वपूर्ण कर्म है। आधुनिक हिन्दी कविता के सन्दर्भ में यह समझ बहुत प्रारम्भ, लगभग छायावाद के दौर, से ही व्यवहार में व्यक्त होना शुरू हो गई थी। हिन्दी के अधिकांश श्रेष्ठ कवियों के परिचय में उनके अनुवाद-कर्म का उल्लेख पाया जा सकता है। यह उल्लेखनीयता अदेखे संसार को देखने, उससे गुज़रने, उसे समझने और समझकर अपने संसार का अंश बना लेने के विवेक से सम्भव हुई है। इसने हमारे सांस्कृतिक-साहित्यिक क्षितिज को व्यापक किया है और हमारे परिसर तथा दृष्टि को अब तक संकीर्ण होने से बचाए रखा है। समकालीन हिन्दी कविता जैसा कि यहाँ पहले भी कहा गया—अपने मूल और कुल असर में 'नई कविता' के दौर का विस्तार है; उसका केन्द्रीय, प्रचलित और सम्माननीय हिस्सा प्राय: अनूदित होने की या विश्व कविता जैसा या उसके समकक्ष नज़र आने की महत्त्वाकांक्षा में सम्भव हुआ है। यह यों ही नहीं है कि बीते कुछ दशकों में कुछ प्रतिष्ठित कवियों, आलोचकों और अनुवादकों के द्वारा किए गए इस प्रकार के दावे कानों, आँखों और दिमाग़ों में पड़ते रहे हैं कि समकालीन हिन्दी कविता विश्व की किसी भी भाषा की समकालीन कविता से श्रेष्ठ या उसके जोड़ की है। ये ऐसे दावे हैं जिनसे हिन्दी की बिल्कुल आती हुई कविता में भी गर्वांकुर फूटने लगते हैं। इस स्थिति में हिन्दी कविता स्वयं भी इस सबसे फलभारावनत होते हुए अब बहुधा कहीं भी कैसे भी किसी भी भाषा में अनूदित होने के लिए ही लिखी जाती है! इस सिलसिले में नवें दशक की हिन्दी कविता एक अपवाद है, क्योंकि वह मूलत: देशज है—स्थानिकता से भरपूर और 'रूटेड'। वह अपना प्राथमिक और आन्तरिक कर्त्तव्य जानती है। इस प्रसंग में नवें दशक के एक प्रमुख कवि कृष्ण कल्पित का यह बयान पढ़ने-सुनने लायक़ है : "विश्व-कवि तो कई हुए हैं, हो सकते हैं—हमारे रवीन्द्रनाथ को भी विश्व-कवि कहा जाता है; लेकिन विश्व-कविता जैसी कोई चीज़ हो सकती है, इस बारे में मुझे सन्देह है। विश्व/वैश्विक-कविता की बात वही ख़ेमा कर रहा है जो आसानी से दूसरी भाषाओं में अनुवाद हो जाने वाली कविताओं को (Translatable Poetry) किसी ख़ूबी की तरह रेखांकित कर रहा है, जबकि हमारा मानना है कि आसानी से दूसरी भाषाओं में अनुवाद हो जाने वाली कविता कमतर होती है और अनुवाद के लालच में लिखी गई कविता निकृष्ट।

कविता किसी भी देश, संस्कृति, समाज, भाषा, जाति का गुप्त-कथन होती है। कविता इन सारे रहस्यों को अपने में छिपाए रहती है। कविता संस्कृतियों की कूट-भाषा होती है। वह अपने मिथकों, अपनी वेदनाओं, अपनी मिट्‌टी, अपने पानी और अपने कीचड़ में लिथड़ी हुई होती हैं। सच्ची कविताएँ ख़ुद को स्त्रियों की तरह अजनबियों के सामने नहीं खोलतीं। सरलता कविता का काम्य नहीं हो सकता। जो लोग कविता की सरल भाषा की वकालत करते हैं, वे या तो अनुवादक-कवि हैं, पत्रकार-कवि हैं या अर्धशिक्षित-कवि हैं। कविता का कार्यभार भाषा की कठिनता, उसके अन्तरस्यूत गूढ़-रहस्यों, उसकी मादकता-जर्जरता, उसके आरोह-अवरोह और उसके पदलालित्य को बचाए रखना भी होता है।

विश्व/वैश्विक-कविता एक छलावा है, जिसे हम नक़ली कविता (Fake Poetry) कहते हैं। यह अनुवादकों का नया शिगूफ़ा है। कविता स्थानिक होकर ही वैश्विक हो सकती है। शान्तिनिकेतन के मूर्तिकार रामकिंकर बैज ने कहा था कि अन्तरराष्ट्रीय सिर्फ़ हवाई जहाज़ होता है—कलाकार की जड़ें होती हैं!"[1]

लेकिन जड़ों से कटकर 'हवाई जहाज़' होने की महत्त्वाकांक्षा ने सातवें-आठवें दशक के कवियों और उनकी कविता का यह हाल किया कि आज हिन्दी कविता पराग्वे, मेडागास्कर, टिम्बकटू, होनोलूलू, तेहरान, तिब्बत, नार्वे, स्वीडन, आइसलैंड, प्रशिया, आर्मीनिया, पुर्तगाल, इंडोनेशिया में तो 'ख़ूब' पढ़ी जाती है; लेकिन हिन्दी में नहीं! यहाँ उपस्थित व्यंग्य और विडम्बना को समझने की ज़रूरत है, जिसके अन्तर्गत इतना ही बहुत है कि हिन्दी कविता का अनुवाद पहले हिन्दी में ही हो जाए। वह अपनी भाषा और शिल्प में वैश्विक होने से पहले स्थानिक, और अनुवादनीय होने से पहले भारतीय होने की कोशिश करे। वह अपने बहुत अपने व्यापक समाज में अपनी उपेक्षित स्थिति को महसूस करते हुए अपने से बाहर भी देखे और अपनी वास्तविक पहुँच का सच्चा मूल्यांकन करने के बाद अपनी बहुत सीमित जगह और संकुचित पाठक-वर्ग को ध्यान से समझे।

विश्व कविता के हिन्दी अनुवाद की अत्यन्त महत्त्वपूर्ण पत्रिका 'तनाव' में गए 50 वर्षों में समय-समय पर प्रकाशित हिन्दी कवियों द्वारा किए गए संसार के समादृत कवियों के अनुवाद पढ़कर पता लगता है कि हमारे समकालीन प्रतिष्ठित कवियों ने अपनी कविता का साँचा कहाँ से पाया है! इस तलाश में होर्हे लुई बोर्हेस की कविताएँ कुँवर नारायण के अनुवाद में कुँवर नारायण की कविताओं जैसी लगती हैं। मिक्लोश राद्नोती की कविताएँ विष्णु खरे के अनुवाद में विष्णु खरे की कविताओं जैसी लगती हैं। इस क्रम में हम जैसे-जैसे आगे बढ़ते हैं, पाते हैं कि यान्निस रित्सोस की कविताएँ मंगलेश डबराल के अनुवाद में मंगलेश डबराल की कविताओं जैसी लगती हैं। सोमदत्त, कमलेश, रमेशचन्द्र शाह द्वारा किए गए

1. नीलाम्बर (कोलकाता) के एक आयोजन में दिया गए वक्तव्य से, जून 2019

अनुवादों का भी यही हाल है और उदय प्रकाश, असद ज़ैदी द्वारा किए गए अनुवादों का भी। फ़र्नान्दो पेसोआ की कविताएँ गिरधर राठी के अनुवाद में गिरधर राठी की कविताओं जैसी लगती हैं और ओसिप मान्देल्स्ताम की कविताएँ प्रयाग शुक्ल के अनुवाद में प्रयाग शुक्ल की कविताओं जैसी लगती हैं। गिरधर राठी और प्रयाग शुक्ल तो इतने समर्थ अनुवादक हैं कि वे संसार के विशिष्ट से विशिष्ट कवि की कविताओं को अपनी कविताओं जैसा बना डालते हैं या बहुत सम्भव है कि इन्होंने अपनी कविताओं को संसार के बड़े कवियों की कविताओं के अनुवाद सरीखा बना डाला हो। यहाँ अशोक वाजपेयी के इस कथ्य से भी गुज़रते चलें : "अनुवाद में कविता का दूसरा जीवन शुरू होता है। अपनी कविताओं को दूसरी भाषा में देखना-सुनना, कुछ विचित्र-सा अनुभव है : आप अपने को ही पहचान नहीं पाते, फिर भी यक़ीन करते हैं कि दूसरी भाषा में आप ही हैं। ध्वनियाँ, अनुगूँजें आदि सब अलग होती हैं और फिर भी आपकी कविता है—कई बार यह सोचकर अपने अबोध भरोसे पर अचरज होता है।"[1]

यहाँ आकर लगता है कि अनुवाद या तो सच में बहुत मुश्किल काम है या फिर वह भाषा और रचना के विरुद्ध एक भारी साज़िश है। साज़िश—महाकवियों की कविता का अनुवाद करके अपनी जैसी कविता (जो कि उनके जैसी होने की कोशिश में अपने जैसी नहीं हो पाई है) को वैध मनवाने के उपक्रम से उत्पन्न साज़िश।

नवें दशक की वह हिन्दी कविता जो अनुवाद से परे है, उसका एक बड़ा हिस्सा दिनेश कुशवाह और बद्री नारायण के यहाँ भी आता है। ये दोनों ही लोकनिष्ठ कवि हैं और सहज सम्प्रेष्य हैं। दिनेश कुशवाह ने मुक्त छन्द में कहते हुए एक नवलय का संचार और छन्द में कहते हुए विचार का नवविस्तार किया है। दो उदाहरण देखें :

अघाए हुए और रिरिआते आदमी की
हँसी में फ़र्क़ करना सीखो
अभागे आदमी का बच्चा
जन्मते ही रोना शुरू करता है
ज़िन्दगानी की कहानी उसी समय शुरू हो जाती है
फटी धोती, टूटी झोपड़ी, डसी देह और कुचली आत्मा ने
ग़रीब को एक अदद अधम शरीर बना दिया
पंचतत्त्व तो आज भी अमीरों की चाकरी में लगे हैं

---

1. 'कविता : क्या कहाँ क्यों' (पृ. 245), अशोक वाजपेयी, राजकमल प्रकाशन, संस्करण : 2021

इसलिए जनता को शास्त्र से नहीं
कविता से शिक्षित करो
साधुता को श्रम से जोड़ो
भिक्षा से मुक्त करो
साधुता वहाँ बसती है
जहाँ जूता गाँठते हैं रैदास
चादर बुनते हैं कबीर

[पिता की चिता जलाते हुए]

एक पपीहा वन-वन गाए
मन की जलन बुझाएँ कैसे?

कच्चा कुआँ कबीरा का है
प्यासे जन की जाति न पूछो।
चातक ने कितने युग देखे
इस बरखा की बात न पूछो।

तन बैरी या घन बैरी हैं
हम यह बात बताएँ कैसे?

कपटी दूत, प्रिया भी छलना
नहीं रही उज्जयिनी वैसी।
फिर हम बात कहाँ से लाएँ
कालिदास की कविता जैसी।

वनवासी भोले यक्षों को
शहरी गणित पढ़ाएँ कैसे?

ब्रज डूबे, वृन्दावन सूखे
कंस नए चरवाह हो गए
टिहरी से केदारनाथ तक
शिव के नगर तबाह हो गए।

नवधनाढ्य ग्लोबल इन्द्रों से
धरती-गगन बचाएँ कैसे?

[भूमंडलीकृत आषाढ़ का एक दिन]

बद्री नारायण की कविताओं में दिनेश कुशवाह की कविताओं जैसा भाषा-सामर्थ्य, रागात्मक वैभव और ओज नहीं है; वैसा ही लोक-विवेक होने के बावजूद। उनमें निलय उपाध्याय जैसी भावुकता, तड़प और प्रयोगशीलता भी नहीं है; वैसी ही पक्षधरता होने के बावजूद। उनमें एकान्त श्रीवास्तव जैसा लोक-तत्त्व, प्रकृतिबोध और रोमान नहीं है; वैसा ही केदारत्व[1] होने के बावजूद। उनमें केशव तिवारी जैसा द्वन्द्व, आवाजाही और बाज़ारबोध नहीं है; वैसी ही अनगढ़ता होने के बावजूद। उनमें दिनेश कुमार शुक्ल जैसा छन्द, उमंगमयता और वैश्विकता नहीं है; वैसा ही विचार-

1. यहाँ आशय केदारनाथ सिंह (1934–2018) की कविता-सृष्टि से है, जिनकी आधी सदी से भी अधिक की कविता-यात्रा कई स्मरणीय कविताओं और कविता-पंक्तियों से बुनी हुई है। मुक्तिबोध और रघुवीर सहाय के बाद वह आज़ाद भारत की हिन्दी में अब तक सबसे ज़्यादा बार उद्धृत किए गए कुछ हिन्दी-कवियों में से एक हैं। 'हाथ' और 'जाना' जैसी लगभग चार दशक पुरानी और शब्द-संख्या के लिहाज़ से बेहद छोटी जिनकी कविताएँ अब तक पुरानी नहीं पड़ी हैं, और लगभग इतनी ही पुरानी कविता 'बनारस' की फ़रमाइश जब तक वह रहे, तब तक बनी रही। 'सूर्य', 'रोटी', 'तुम आईं', 'बारिश', 'टूटा हुआ ट्रक', 'फ़र्क़ नहीं पड़ता' जैसी उनकी कविताएँ उनकी कविता के मुरीदों के लिए जीवन भर की स्मृति हैं। लेकिन लोकप्रिय-प्रासंगिकता अपना मूल्य भी माँगती है और केदारनाथ सिंह इसके प्रमाण हैं। वह निर्विवाद रूप से हिन्दी के एक श्रेष्ठ कवि हैं, लेकिन एक ऐसे श्रेष्ठ कवि जिनका स्वीकार्यता के बाद कभी कोई उल्लेखनीय काव्य-विकास नहीं हुआ। उनके अन्तिम दो कविता-संग्रहों को इस तथ्य की तस्दीक़ के तौर पर पढ़ा जा सकता है। यहाँ केदारनाथ सिंह के युग पर सोचते हुए, यह बहुत स्पष्ट नज़र आता है कि 'केदार-काव्य' मुहावरों के विरुद्ध जाते हुए मुहावरा बन जाने का काव्य है।

    आधुनिक कविता में आने वालों के लिए केदारनाथ सिंह की कविता एक प्राथमिक पाठ की तरह रही है और केदारनाथ सिंह एक विद्यालय की तरह। एक उम्र पर आकर इससे आगे बढ़ना होता है, लेकिन दुर्भाग्य से हिन्दी कविता में केदार-काव्य ने कुछ इस प्रकार की परम्परा का निर्माण किया है, जिसमें ड्राप-आउट्स बहुत हैं। यों प्रतीत होता है जैसे केदार-काव्य के बाद उन्होंने कुछ पढ़ा ही नहीं।

    कुछ स्थूल अर्थों में कहें तो जेएनयू, डीयू, बीएचयू, एयू, एएमयू, एचयू से पढ़ाई पूरी करने के बावजूद कविता के संसार में वे 'पाँचवीं पाँच से तेज़' नज़र नहीं आते। इस प्राथमिकता का एक दुखद पक्ष यह भी है कि यह छोड़ने वाले को आवारा नहीं, भक्त बनाती है; अध्यवसायी नहीं, अधकचरा बनाती है; प्रयोगशील नहीं, अनुकरणकर्ता बनाती है।

    यह इसलिए है कि केदार-काव्य का मुरीद होना आसान है, केदार-काव्य का रियाज़ आसान नहीं है और यह हो भी/ही नहीं सकता; क्योंकि उसकी सारी सम्भावनाएँ उसके सर्जक द्वारा सोखी जा चुकी हैं। लेकिन इस सचाई से परिचित (?) होते हुए भी नवें दशक के कुछ हिन्दी कवि 'केदारत्व' से कभी मुक्त नहीं हो सके। इनमें बद्री नारायण, एकान्त श्रीवास्तव, स्वप्निल श्रीवास्तव, प्रेम रंजन अनिमेष, महेश आलोक, विनोद दास, कृष्ण मोहन झा, अनिल कुमार सिंह, अरुण आदित्य, निलय उपाध्याय, रमण कुमार सिंह, संजय कुन्दन, सिद्धेश्वर सिंह के नाम प्रमुख हैं। थोड़े भिन्न धरातल पर अग्निशेखर, प्रमोद कौंसवाल, मोहन राणा, हरि मृदुल, सुरेश सेन निशान्त, आत्मा रंजन, लाल्टू, नवल शुक्ल, सुन्दर चन्द ठाकुर और नील कमल की कविताओं में भी 'केदारत्व' चाहे-अनचाहे प्रकट होता है।

विचलन होने के बावजूद। उनमें अष्टभुजा शुक्ल जैसा तेवर, ठसक और लोकजाल नहीं है; वैसा ही बचाव-बोध होने के बावजूद। उनमें बोधिसत्व जैसी सामूहिकता, कारुणिकता और नाटकीयता नहीं है; वैसी ही लोक-वेदना होने के बावजूद। उनमें लीलाधर मंडलोई जैसा आदिवास, शब्द-व्यवहार और स्पष्टता नहीं है; वैसा ही समय होने के बावजूद... आलोचनात्मक गम्भीरता के लिहाज़ से देखें तो एक बार फिर यह तुलनात्मकता थोड़ी चंचल प्रतीत हो सकती है, लेकिन यहाँ इसे दर्ज करने का उद्देश्य बस नवें दशक की लोक-कविता के वैविध्य को व्यक्त भर करना है।

गई पाद टिप्पणी में 'केदारत्व' के विश्लेषण और संकेत से नवें दशक के जिन हिन्दी कवियों का नामोल्लेख किया गया, उनके समानान्तर एक और कवि-धारा गतिमय रही; जिसे 'केदारत्व' जैसा विशेषण तो नहीं दिया जा सकता, लेकिन उसे भी नवें दशक की हिन्दी कविता के एक पैटर्न के रूप में पाया जा सकता है। यह विष्णु खरे, राजेश जोशी और मंगलेश डबराल के काव्य-प्रभाव से बनता हुआ पैटर्न है। इसे यहाँ सुविधा के लिए 'विराम'[1] कह सकते हैं। विराम के अन्तर्गत नवें दशक के एक प्रमुख और महत्त्वपूर्ण कवि के रूप में कुमार अम्बुज की कविता-सृष्टि से गुज़रा जा सकता है, जिन पर एक स्वतंत्र आलेख इस पुस्तक में संकलित है। इस क्रम में आगे संजय चतुर्वेदी और अनीता वर्मा के नाम रखे जा सकते हैं, जिन पर भी स्वतंत्र आलेख इस पुस्तक में संकलित हैं। इस क्रम को और आगे बढ़ाएँ (काव्य-मूल्य, काव्य-व्यवहार और समय-सीमा तीनों ही सन्दर्भों में) तो हेमन्त कुकरेती, आशुतोष दुबे, आर. चेतनक्रान्ति के नाम सामने आते हैं। इस प्रकार 'विराम' का कुछ इस प्रकार का एक सुखद स्वरूप बनता है, जिसमें काव्य-प्रभाव काव्य-विकास के क्रम में जल्द ही छूटते भी प्रतीत होते हैं। इस प्रकार कवि का अपना एक स्वतंत्र कवि-व्यक्तित्व नज़र आता है, आने लगता है।

'विराम' से पूर्व लगभग आठवें दशक की हिन्दी कविता में मुक्तिबोध की नाम-जानलेवा केन्द्रीयता के बावजूद अज्ञेय, शमशेर और र.स. (रघुवीर सहाय) मॉडल[2] के काव्य-प्रभाव का ज़ोर आते हुए कवियों पर रहा। इसमें आगे चलकर

---

1. हालाँकि नवें दशक के एक कवि कृष्ण कल्पित ने काव्यानुकरण के सन्दर्भ में केदारनाथ सिंह के साथ विष्णु खरे को रखा है। वह अपनी एक टिप्पणी में कहते हैं : "केदारनाथ सिंह की अनुकृति करने की कोशिश में जितने युवा कवि नष्ट हुए, उससे कुछ अधिक ही विष्णु खरे की कविता की नक़ल करके हुए होंगे। जो कवि जितने युवा कवियों को बर्बाद कर सके—वह उतना ही बड़ा कवि होता है। इस लिहाज़ से केदारनाथ सिंह और विष्णु खरे दोनों ही बड़े कवि ठहरते हैं—कुछ थोड़ा कम तो कुछ थोड़ा ज़्यादा!"
2. र.स. यानी रघुवीर सहाय (1929-1990) आज अगर सदेह हमारे बीच होते तब नब्बे बरस से अधिक आयु के होते, लेकिन 1990 (30 दिसम्बर) बिल्कुल बीतने-बीतने को था कि उनका देहान्त हो गया। नब्बे बरस से ज़्यादा की उम्र के व्यक्तित्व भी इस संसार में संलग्न और सक्रिय बने रहते हैं। लेकिन र.स. इतना नहीं जी पाए। इतना जीते चले जाने को जैसे उन्होंने→

निश्चय ही सबसे सशक्त और प्रभावी मॉडल र.स. का रहा और थोड़ा-बहुत शमशेर का, अज्ञेय का अत्यन्त क्षीण। र.स. मॉडल से ही 'विराम' निर्मित हुआ। इस प्रकार देखें तो रघुवीर सहाय और केदारनाथ सिंह (परवर्ती केदार—यानी

→ बेहयाई माना। यह एक तथ्य है कि हिन्दी में भारतीय लोकतंत्र और समाज को लेकर ज़्यादा बेचैन रहने वाले कवि ज़्यादा जी नहीं पाते। इस तथ्य को एक सरलीकरण मानकर नकारा भी जा सकता है। लेकिन र.स. की मृत्यु को सामान्य मृत्यु की तरह स्वीकार नहीं किया गया। कवि-आलोचक पंकज चतुर्वेदी ने र.स. पर लिखे मोनोग्राफ़ में इस मृत्यु को अपमान, अन्याय और बेचैनियों की परिणिति बताया है।

कितना दुःख वह शरीर जज़्ब कर सकता है?
वह शरीर जिसके भीतर ख़ुद शरीर की टूटन हो

गए कुछ वर्षों में हिन्दी में र.स. पर हमले तेज़ हुए हैं। नवें दशक की सुपरिचित कवि कात्यायनी अपनी एक टिप्पणी में रघुवीर सहाय के स्वर को भद्र और शालीन नागरिक की असन्तुष्ट भुनभुनाहट और अंडर स्टेटमेंट से भरा हुआ बताती हैं। ['वागर्थ' (अंक 211), फ़रवरी-2013, पृष्ठ : 25, सम्पादक : एकान्त श्रीवास्तव]

नवें दशक के ही प्रतिष्ठित कवि-लेखक देवी प्रसाद मिश्र ने एक लिखित-दर्ज बातचीत में इन पंक्तियों के लेखक से कहा कि र.स. को ओवर इस्टीमेट किया गया है। उनका मानना है कि र.स. के पास एक बौद्धिक खीझ है, लेकिन कोई विकल्प उनके पास नहीं है। भारतीय राजनीति के प्रतिसंसार का जो मॉडल उनके पास है, वह किसी काम का नहीं है। ['पाखी', अक्टूबर-2016, सम्पादक : प्रेम भारद्वाज]

यहाँ ऊपर दर्ज इन दो बयानों पर पर र.स. के ही शब्दों में कहें तो कह सकते हैं कि वे तमाम संघर्ष जो र.स. ने नहीं किए, अब अपना हिसाब माँगने चले आए हैं। लेकिन साहित्य की भीतरी राजनीति से ग्रस्त ये हमले रघुवीर सहाय की प्रतिष्ठा और प्रासंगिकता रत्ती भर भी कम नहीं कर पा रहे हैं। भारतीय लोकतंत्र और समाज की विडम्बनाएँ उन्हें बराबर एक बहुउद्धृत कवि के रूप में मान्य बनाए हुए हैं।

वह तारीख़ याद कीजिए, जब हमारा सामना सुप्रीम कोर्ट के इस आदेश से हुआ था : "देश के सभी सिनेमाघरों में अब फ़िल्म से पहले राष्ट्रगान चलाना अनिवार्य होगा।" इस आदेश के हेडलाइन बनने के बाद र.स. की कविता 'अधिनायक' वायरल हुई :

राष्ट्रगीत में भला कौन वह
भारत-भाग्य-विधाता है
फटा सुथन्ना पहने जिसका
गुन हरचरना गाता है
मखमल टमटम बल्लम तुरही
पगड़ी छत्र चँवर के साथ
तोप छुड़ाकर ढोल बजाकर
जय-जय कौन कराता है

पूरब-पश्चिम से आते हैं
→

दिल्ली वाले, बलिया और पडरौना वाले नहीं जिनकी गीतात्मकता सब कुछ के बावजूद यादगार है) आती हुई हिन्दी कविता को—विनोद कुमार शुक्ल रचित बहुत-बहुत नए वाक्यों सहित—सर्वाधिक असर में लेने वाले दो नाम हैं। इस असर के

→ नंगे-बूचे नरकंकाल
सिंहासन पर बैठा
उनके तमग़े कौन लगाता है

कौन कौन है वह जन-गण-मन
अधिनायक वह महाबली
डरा हुआ मन बेमन जिसका
बाजा रोज़ बजाता है

र.स. की कविता संकट का विकल्प भले ही न देती हो, लेकिन वह संकट में संयम और साहस ज़रूर देती है। उन्होंने लोकतंत्र में प्रजा होने के विवेक को गढ़ा है। उन्होंने राष्ट्र की असल अवधारणा को अपनी कविता के इलाक़े में विवेचित किया है। व्यवस्था में व्यर्थ क़रार दे दिए गए व्यक्ति को उन्होंने विकल्प से पहले बोलने का हौसला देने की कोशिश की :

जिन्होंने मुझसे ज़्यादा झेला है
वे कह सकते हैं
कि भाषा की ज़रूरत नहीं होती
साहस की होती है

यहाँ वह वक़्त भी याद कीजिए जो ख़बर पर चढ़ती ख़बर के बावजूद बहुत दूर नहीं गया है। वह वक़्त जब पूरा भारतीय समाज नोटबंदी के प्रभावों/दुष्प्रभावों से क़तारों में बेहाल था। क्रोध था, पर विरोध नहीं था। तब से अब तक दृश्य रोज़ क्रोध और विरोध के नए-नए दृश्यों से रूबरू हैं। ख़बर पर ख़बर चढ़ती ही जा रही है। हमारा लोकतंत्र एक विशाल प्याज़ हो चुका है।

इस स्थिति में सहसा मिलने वाली उस शक्ति का अभाव है, जिसे मुश्किल स्थितियाँ अपने साथ लाती हैं। बड़े फ़ैसलों के बाद छोटे सच हाथ लग रहे हैं, जो बहुत थोड़े ही वक़्त में एक बहुत बड़े झूठ में ग़र्क़ हुए जा रहे हैं। जन-समूह एक अनिश्चितता, अनिर्णय और व्यर्थता में थकते चले जा रहे हैं। फ़ैसले अलग हो सकते हैं, लेकिन अपने मूल प्रभाव में यह सब कुछ पहली बार नहीं हो रहा है। इस तड़प और असहायताबोध से र.स. भी गुज़रे थे :

अगर वही हो तुम
जिससे तुम लड़ते हो
तो लड़ते क्यों हो

कविता को उसमें उपस्थित प्रिकॉसिटी ही प्रासंगिक बनाती है। बेहतर कविताएँ इसलिए भी बेहतर होती हैं, क्योंकि वे आनेवाला ख़तरा पहचानती हैं। र.स. की एक कविता ने 'आनेवाला ख़तरा' कई बरस पहले कैसे पहचाना था, देखिए :

औरतें पिएँगी आदमी खाएँगे—रमेश
एक दिन इसी तरह आएगा—रमेश →

निष्कर्ष केदारनाथ सिंह और रघुवीर सहाय के सन्दर्भ में यहाँ गई पाद टिप्पणियों में प्रस्तुत किए गए। र.स. मॉडल के असरात समझने के लिए इस तथ्य को भी ध्यान में रखना ही होगा कि वह बहुत तीव्रता से बदली हुई दुनिया में अपना काम न कर सके। उन्हें प्रदीर्घ आयुष्य नहीं मिला। लेकिन 30 दिसम्बर, 1990 को हुए उनके देहान्त के बाद से उनकी काव्य-देह का विकास बहुत सारे बेहतर हिन्दी कवियों में देखा गया और देखा जा रहा है—इस तथ्य के बावजूद कि हिन्दी कविता की मुख्यधारा में सबसे ज़्यादा ख़राब कविताएँ केदारनाथ सिंह के बाद र.स. के प्रभाव और अनुकरण में ही लिखी गई हैं।

इस प्रकार देखें तो हिन्दी में मुक्तिबोध, धूमिल, श्रीकान्त वर्मा, कुँवर नारायण, नागार्जुन, त्रिलोचन और केदारनाथ अग्रवाल के मॉडल में या उनके प्रभाव और अनुकरण में सम्भव हुई कविताएँ लगभग नहीं हैं। (चाहे इस प्रकार के दावे कितने

→ *कि किसी की कोई राय न रह जाएगी—रमेश*
क्रोध होगा पर विरोध न होगा
अर्ज़ियों के सिवाय—रमेश
ख़तरा होगा ख़तरे की घंटी होगी
और उसे बादशाह बजाएगा—रमेश

'लोग भूल गए हैं'—इसे शीर्षक बनाने वाले र.स. की कविता 'हमारी हिन्दी' को हिन्दी दिवस पर याद करना, अब हिन्दी में एक अनुष्ठान बन चुका है। हिन्दी की ज़रा भी दुर्दशा कहीं दीखती है, र.स. याद आते हैं :

कहनेवाले चाहे कुछ कहें
हमारी हिन्दी सुहागिन है सती है ख़ुश है
उसकी साध यही है कि ख़सम से पहले मरे
और तो सब ठीक है पर पहले ख़सम उससे बचे
तब तो वह अपनी साध पूरी करे

हिन्दी में अँग्रेज़ी के डर को उनकी 'डर' शीर्षक कविता से इतर इस तरह और कहाँ कहा गया है :

बढ़िया अँग्रेज़ी
वह आदमी बोलने लगा
जो अभी तक
मेरी बोली बोल रहा था
मैं डर गया

यहाँ इन काव्य-उद्धरणों को प्रस्तुत करने का आशय यह स्पष्ट करना है कि र.स. ने कविता में सदा उस बोली के लिए संघर्ष किया जिसके दो अर्थ न हों। वह घुमा-फिराकर भी सीधी बात कहना जानते थे। वह चीख़ की ज़रूरत और उसे द्विअर्थी बनाकर पेश किए जाने की दुरभिसन्धि को समझते थे। इस समझ ने ही उन्हें हिन्दी में अनूठा बनाया और इस अनूठेपन ने ही उन्हें दीर्घजीवी। इस समझ को बराबर समझते चलने की ज़रूरत है।

ही क्यों न किए जाएँ।) आठवें दशक के एक अत्यन्त सशक्त कवि वीरेन डंगवाल की कविता-सृष्टि में ज़रूर इनमें से कुछ कवियों के काव्यबोध के निखरे हुए रंग द्रष्टव्य हैं।

यहाँ र.स. मॉडल पर लौटें तो नवें दशक में हेमन्त कुकरेती (कुछ-कुछ 'केदारत्व' के साथ) और आगे चलकर आर. चेतनक्रान्ति और आगे चलकर पंकज चतुर्वेदी में इसका सुखद, भिन्नतम और उल्लेखनीय उत्कर्ष नज़र आता है। अब यह एक सचाई है कि र.स. के जीवन-काल में सामने आ गए र.स. मॉडल ने समकालीन हिन्दी कविता को अतिरंजक शब्दाडम्बर और भ्रम के पंथ में दीक्षित होने से बचाए रखा। इसने आलोचना के अभाव में और आगे चलकर सम्पादन के अभाव में सम्भव हो रही हिन्दी कविता को एक 'ऑटो सेंसर' सौंपा।

हेमन्त कुकरेती की कविताओं में एक दौर में तय कर दी गईं कविता की क़ुदरती ज़रूरतें पूरी होती नज़र आती हैं। 'प्रगतिशील प्रतिबद्धता' कविता की सबसे बड़ी प्राकृतिक ज़रूरत है। जब इस प्रकार की बातें होती हैं, तब शमशेर का वह मशहूर बयान याद आ ही जाता है जिसमें मार्क्सवाद को ऑक्सीजन की तरह बताया गया है।

हेमन्त कुकरेती की कविता-सृष्टि मानव-जीवन और उससे सम्बद्ध वस्तुओं और आवश्यकताओं के विवरणों से बुनी गई है। वह इस माया को उसकी ऐतिहासिकता के साथ दर्ज करते हैं। 'चलने से पहले' (एक व्याकुल अभ्यास में पूरी पृथ्वी को जानने की सद्-मंशा), 'सिलबट्टा' (कुछ बचाती हुई धारणशील अर्थगम्यता), 'नया बस्ता' (बच्चे—कविता की सदाबहार क़ुदरती ज़रूरत), 'दूसरे बच्चे' (आगे और भी बच्चे), 'कुछ बच्चे और कई बच्चे' (फ़ॉरमूलाबद्ध फ़ैशनपरस्ती), 'बटन', 'पेपरवेट', 'बन्द गोभी', 'चप्पलें' ('सिलबट्टा' की आशातीत सफलता के बाद पुन: या वस्तुत: वस्तु-मोह, अन्तत: वस्तुओं का प्रवेश, अर्थात्—एक काव्य-रूढ़ि), 'चाँद पर नाव' (वैराग्यविहीन छटपटाहट), 'कभी जल कभी जाल' (प्रेम का विन्यास, देर से) :

तुम कभी मुझमें
रेत ढूँढ़ते हो
कभी सीप
कभी आकाश

तुम कभी मुझे
मीन कहते हो
कभी जल
कभी जाल

तुम कभी मुझमें
अपना चेहरा देखते हो
कभी हाथ
कभी पैर

तुम कभी मेरा
नमक चखते हो
कभी अमृत
कभी आग

तुम कभी मुझमें
पत्थर फेंकते हो
कभी थकान
कभी उल्लास

मुझे नदी कहो
बूँद या
सागर
मुझमें बस डूबने से बचो।

[कावेरी]

कविता की क़ुदरती ज़रूरतें पूरी करना उसी तरह एक ज़रूरी कार्यभार है, जिस तरह जीवन की क़ुदरती ज़रूरतें पूरी करना। लेकिन क़ुदरती ज़रूरतें पूरी करने मात्र से जीवन को व्यापक अर्थ नहीं मिलता। जीवन को व्यापक अर्थ प्रयोगशीलता और जोखिम उठाने से मिलता है। वह 'सबवर्सिव' होने से और दिख रहे के पार जाने से मिलता है। वह आत्महन्ता आस्था[1] और शहीद हो जाने से मिलता है। यह प्राप्ति कविता में महज़ उस कमज़ोर भित्ति से ठीक टिकाकर लिखने से नहीं मिलती, जिसे विद्वतजन 'प्रगतिशील प्रतिबद्धता' और समाजशास्त्र कहते हैं। इस भित्ति से टिके हुए महानुभाव आ रही कविता से अजीबतर माँगें करते हैं। ये माँगें एक हद तक जायज़ भी होती हैं, क्योंकि वे राइज फ़ैशन के अन्तर्गत होती हैं। लेकिन प्राय: हिन्दी के खंडहर हो चुके विद्यालयों के जर्जर किन्तु अकड़े हुए भ्रष्ट हेडमास्टरों की तरफ़ से उठने की वजह से ये माँगें संदिग्ध हो जाती हैं। निष्कर्षत: कुछ कवि कम बहुत कम लिखने लगते हैं, कुछ कवियों के लिखने न लिखने से दृश्य को कोई फ़र्क़

1. निराला पर केन्द्रित दूधनाथ सिंह की पुस्तक का शीर्षक। यह पुस्तक लोकभारती प्रकाशन (संस्करण : 2009) से प्रकाशित हुई है।

नहीं पड़ता, कुछ कवि बिल्कुल ही मैदान छोड़ देते हैं, कुछ कवि कविता से इतर भिन्न प्रतीत होने के लिए दक्षिणपंथाश्रित हो जाते हैं, कुछ कवि कविता का छद्म वैभव रचते रहते हैं... इस प्रकार एक दशक में सृजन और उसका पाठ दोनों ही अपनी-अपनी यातनाओं से गुज़रते हैं। इस काठिन्य में वास्तविक 'काव्य-प्रतिभा' की पहचान कभी-कभी सरल भी हो उठती है। मिसालतन बीसवीं सदी के अन्तिम दशक में सामने आईं आशुतोष दुबे और आर. चेतनक्रान्ति की कविताएँ।

आशुतोष दुबे ने अपने अब तक प्रकाशित कविता-संग्रहों—'चोर दरवाज़े से' (1996), 'असम्भव सारांश' (2002), 'यक़ीन की आयतें' (2008) और 'विदा लेना बाक़ी रहे' (2018)—से कविता की क़ुदरती ज़रूरतों को पूरा करते हुए उसमें आत्म और सत्य की खोज को सारांशीकृत किया है। उनकी अब तक प्रस्तुत कविता-सृष्टि में लम्बी या आख्यानपरक कविताएँ नहीं मिलेंगी। उनकी कविताएँ एक या अधिकतम दो पृष्ठ लेती हैं। इस स्पेस में वे असम्भव का सारांश रचती हैं।

आशुतोष आख्यान का स्थान सारांश में प्रस्तुत करते हैं—बेहद दृष्टिसम्पन्न ढंग से :

बिस्तर में वे नहीं हैं
उनका सारांश है

पृष्ठों से पैरेग्राफ्स में होते हुए
अब उनके खाँसते वाक्यों का सारांश
मुश्किल से निकलते कुछ शब्दों में है

दीवार पर एक ग्रुप फ़ोटो टँगा है
जो उनकी जवानी का सारांश है

किसी काग़ज़ पर कुछ पंक्तियों में
उनके किए-धरे का सारांश है
और उसके बाद काफ़ी जगह छूटी हुई है
छूटी हुई ख़ाली जगह में
उनके अनकिए का सारांश है

ख़ाली जगह को पढ़ते हुए
ख़ाली जगह में फँसती है उनकी साँस
उखड़ती हुई साँस के धक्के से
एक दिन उखड़ जाएँगे उनके क़दम

उड़ जाएँगे वे हवा में
ख़ाली पन्ने की तरह

कि वह लिखे हुए पन्ने से
हल्का और तेज़ उड़ता है
तब एक छोटे से बर्तन में
आ जाएगा उनका सारांश
नदी की लहरों पर फैल जाएगा
किसी व्याख्या की तरह

मुमकिन है, तब पता चले
वे एक महाकाव्य के सारांश थे

या क्या पता,
किसी छोटी, नुकीली-सी कविता के
असम्भव सारांश हों [सारांश]

आशुतोष दुबे इसलिए भी एक विरल कवि हैं, क्योंकि वह चालू विषयों का निषेध करते हैं। इस निषेध में वह बाहर से भीतर और भीतर से बाहर की आवाजाही अत्यन्त कुशलता के साथ तय करते हैं। यह कुशलता उन्हें उस वैचारिक ग़ुरबत और कलात्मक ग़ुरबत दोनों से ही बचाती है, जिनसे उनके अधिकांश पूर्वकालीन और समकालीन जूझते रहे हैं। इस काव्य-प्रतिभा का ही एक अन्य रूप-विस्तार आर. चेतनक्रान्ति की कविताओं में नज़र आता है। वह बिल्कुल चल रहे विषय उठाते हैं और उन्हें अपनी वर्कशॉप में ले आते हैं। यहाँ वह उन्हें बहुत क्रूरतम ढंग से ट्रीट करते हैं। व्यंग्य, तल्ख़ी और ग़ुस्से से भरे हुए काव्य-व्यवहार से वह उनसे कोई सच पाना चाहते हैं—ऐसा सच—सामान्य से सामान्य नागरिक का जिससे सरोकार हो। लेकिन ये विषय कोई सच उगलकर दे नहीं रहे हैं। लिहाज़ा चेतनक्रान्ति की कविताओं में दु:ख और तनाव और यातना के चिह्न ही चिह्न दीखते हैं। यह दृश्य हमारे घायल विवेक और सामूहिक विचलन से संबद्ध है।

चेतनक्रान्ति की कविता-सृष्टि हमारी समकालीन तकलीफ़, खीझ और गिरावट का एक विराट विवरण है। इन विवरणों पर धूल, उदासी और अ-स्पर्श की परतें हैं। इनसे गुज़रते हुए नींदें उड़ी हुई हैं। यहाँ कहीं कुछ भी आतंक और हिंसा से एक पल के लिए भी मुक्त नहीं है। कोमल से कोमलतम व्यवहार भी आतंक और हिंसा की अनचाही प्रतीक्षा में है। सुन्दरता भययुक्त और चिन्ताग्रस्त है—नष्ट हो जाने की अन्तातुरता में अपने जन्म के दिन से ही :

पहले आप एक देश चुनते हैं

नहीं सबसे पहले एक दुनिया
जहाँ पानी होता है
पेड़ होते हैं
दिन में धूप आती है
और रात में चाँद

उसके बाद देश
जो पूरी दुनिया में सबसे अच्छा होता है
सबसे पूरा
सबसे सुन्दर
नदियों, झीलों, पहाड़ों और सुन्दर लोगों से भरा हुआ

फिर एक प्रान्तर
अपनी भाषा, अपनी बोली का अपना लोक
अपने जैसे कुर्तों और पजामों का जाना-पहचाना देस

फिर एक ज़िला
फिर अपना गाँव
फिर अपना मोहल्ला
फिर अपनी गली
फिर अपना घर
फिर अपना परिवार
फिर तुम

और यहाँ सब ख़त्म हो जाता है
बस एक तुम रहते हो
ख़ून सनी अपनी चोंच को खोले
सतर्क
चौकस
हमले को तैयार।

[अवरोह]

चेतनक्रान्ति की कविताओं डे-टू-डे राजनीतिक विवरण जिस सूरत में आए हैं, उस सूरत में दूसरों के यहाँ कम नज़र आते हैं। इस प्रकार की अभिव्यक्ति में वह अपनी कविताओं को समाचार देते हुए भी समाचारपत्रीय होने से बचा ले गए हैं। इस तथ्य की तस्दीक़ के लिए उनके अब तक अन्तिम कविता-संग्रह[1] में शामिल 'आत्मद्रोह', 'व्यतीतवीर', 'प्रतिलोकतंत्र', 'पत्र', 'एक देश था', 'वे', 'तानेशाह', 'सिविल कथन', 'वे झूठ बोलेंगे', 'हैप्पी वेलेंटाइंस डे', 'शान्ति वार्ता' और 'वे-2' सरीखी कविताएँ देखी-पढ़ी जा सकती हैं। इससे पूर्व प्रकाशित 'वीरता पर विचलित' (2017) और 'शोकनाच' (2004) शीर्षक कविता-संग्रहों की कुछ कविताओं में भी कवि के समाचार देते हुए भी कविताओं को समाचारपत्रीय होने से बचा ले जाने की काव्य-प्रतिभा और कुशलता की पहचान की जा सकती है।

नवें दशक की हिन्दी कविता को विकसित करने में एक या दो बेहतर कविताओं के उन कवियों का भी योगदान 'कविता का कर्त्तव्य' शीर्षक इस पूर्व-कथ्य या भूमिका की भूमि पर रेखांकित करने योग्य है, जिन्होंने अपना श्रेष्ठ अब तक नहीं दिया है और अब इतने वरिष्ठ हो चले हैं कि अब उनसे श्रेष्ठता की उम्मीद करना बेमानी है। इस प्रकार के कवियों में हेमन्त शेष, विमल कुमार, मदन कश्यप, लाल्टू, अनिल जनविजय, सत्यपाल सहगल, कृष्ण मोहन झा के नाम प्रमुख हैं। इन कवियों में 'युग की प्रत्यक्ष वृत्तकारिता'[2] होते हुए भी कवि-व्यक्तित्व का अभाव है। इस प्रकार की कठोर बातें करते हुए अक्सर विश्लेषण की माँग उठती है, पर विश्लेषण यहाँ और स्थान लेकर कठोर को और कठोर कर सकता है। इससे वहाँ भी तल्ख़ियाँ आ सकती हैं, जहाँ नहीं आनी चाहिए। लेकिन यह कहना न होगा कि आज इनमें से बहुत सारे कवि कवि-रूप में नष्ट हो गए हैं। कुछ कवि अगर कविता को न छोड़ें तो कविता उन्हें छोड़ देती है। इन कवियों ने राजेन्द्र धोड़पकर की भाँति कवि-कर्म छोड़ा तो नहीं, लेकिन कवि-कर्म में बने रहने की—अपनी कविताओं से—कोई विशेष सामाजिक वजह भी प्रदर्शित नहीं की। लेकिन फिर भी इन पर कोई अन्तिम निर्णय नहीं दिया जा सकता, क्योंकि काल की गति गहन है।

बहरहाल, अब यहाँ नवें और बीसवीं सदी के अन्तिम दशक की हिन्दी कविता के तीन परस्पर भिन्न कवियों की कविताओं पर कुछ बातें... ये कवि हैं—रमाशंकर यादव 'विद्रोही', हरजीत सिंह और पवन करण।

रमाशंकर यादव 'विद्रोही' (1957-2015) उन कवियों में से नहीं हैं जिनका महत्त्व या यश एक या दो कविताओं पर स्थिर होता है, जिनमें विमर्श का प्रदर्शन इस क़दर होता है कि वे विमर्शछाप कवि के रूप अनुल्लेखनीय हो जाते हैं, जिनकी कविताओं में कविता तो छोड़िए गद्य भी सलीक़े का नहीं होता, जो कविता में समाचार

1. 'आत्मद्रोह', राजकमल प्रकाशन, संस्करण : 2023
2. सुरेंद्र चौधरी

देते हुए कविता को समाचारपत्रीय होने से बचा नहीं पाते, जिनमें प्रचलन से भिन्न प्रतिमान नज़र नहीं आते, जो साधारण होते हुए असाधारण होने की कोशिश में और असाधारण होते हुए साधारण होने की कोशिश में नष्ट हो जाते हैं।

'विद्रोही' का महत्त्व और यश जिन कविताओं पर स्थिर है, उनकी संख्या एकाधिक है। यह तब है जब उनकी हिन्दी और अवधी में 100 से भी कम कविताएँ प्रकाशित रूप में उपलब्ध हैं। 'विद्रोही' के देहान्त के तीन वर्ष बाद प्रकाशित उनके एकमात्र कविता-संग्रह 'नई खेती' (पहला संस्करण : 2011)[1] के दूसरे संस्करण[2] को अगर आधार बनाएँ, तब उसमें हिन्दी की 76 और अवधी की 10 कविताएँ प्राप्त होती हैं।

'नई खेती', 'जन-गण-मन', 'औरत', 'धर्म', 'मोहनजोदड़ो की आख़िरी सीढ़ी से', 'इंक़लाब चाहिए', 'नानी', 'नूर मियाँ का सुरमा', 'हक़ीक़त', 'आदिवासी', 'परिभाषा', 'कवि-कर्म', 'दूध-पानी', 'जन प्रतिरोध', 'मैं अभी तो आ रहा हूँ', 'हम ग़ुलामी की अन्तिम हदों तक लड़ेंगे'—ये उन कविताओं के शीर्षक हैं जिन पर 'विद्रोही' के कवि का महत्त्व और यश स्थिर है। महत्त्व और यश की यह स्थिरता उन्हें किसी पत्रिका, प्रकाशन, संस्थान, संगठन या आलोचक ने नहीं दी है। यह उन्हें पहले अपने श्रोताओं और फिर पाठकों से मिली है। उनके श्रोताओं-पाठकों में ज़्यादातर छात्र रहे हैं। आज भी उनकी कविता की लोकप्रियता और उसका प्रसार छात्रों और नई पीढ़ी के विशुद्ध कविता-प्रेमियों के हाथों में ही है। 'विद्रोही' एक नज़र में आन्दोलन और उसकी ज़रूरत के कवि लग सकते हैं, लेकिन वह महज़ इतने ही नहीं हैं। उनमें विमर्श और अस्मिताबोध की अभिव्यक्ति बहुत आत्मविश्वास के साथ आई है :

मैं अहीर का बच्चा हूँ दोस्तो!
एक बूँद दूध में
सातों समंदर उड़ेल दूँगा
और तब पूछूँगा
तुम्हारे राजहंसों से
कि बताओ—
भैंस के ख़ून में
कितना दूध होता है, कितना पानी!
कि बताओ—
चरवाहों के ख़ून में
कितना दूध होता है, कितना पानी!

---

1. सांस, जसम (जन संस्कृति मंच)
2. नवारुण, संस्करण : 2018

कि बताओ—
चरवाहिनों के ख़ून में
कितना दूध होता है, कितना पानी! [दूध-पानी]

मैं अहीर हूँ
यह दुनिया मेरी भैंस है
मैं इसे दुह रहा हूँ
कुछ लोग इसे कुदा रहे हैं [हमारी दुनिया, हमारी भैंस]

व्यक्ति और रचनाकार वे ही स्मरणीय और प्रासंगिक होते हैं, जिनमें अन्तर्विरोध होते हैं और उनका सार्वजनिक प्रकटीकरण भी होता है। अपने अन्तर्विरोधों को अपने तक रखकर जीने और रचने वाले व्यक्ति और रचनाकार बहुत जल्द भुला दिए जाते हैं। इस प्रसंग में 'विद्रोही' के अन्तर्विरोधों पर विचार करते 'नई खेती' की सम्पादकीय भूमिका में बृजेश यादव लिखते हैं : "यह भी देखना होगा कि विद्रोहियों के भी अन्तर्विरोध रहे हैं, रमाशंकर के यहाँ भी हैं। हमारी समझ में, पराजित की ज़िद पर, हक़ के प्रश्न पर अड़ने की वजह से विद्रोही की कविताओं में धार तो आई, पर वह किचकिचाहट भी आई जिसको नहीं आना था। एकदम अरर नाधकर नहीं, कविता को थोड़ा ठमककर, ठेहा के साथ आना होता है—तब वह और गहराई तक उतरती है। सुर को बोध के व्यक्तिगत तात्कालिक दबाव, छुछुआहट से अलग रख सकना बहुत मुश्किल काम है। कविता में ऐ होता, वो होता की कोई जगह नहीं होती; पर रमाशंकर के नइहर-सासुर से परिचित होने की बदौलत कह रहा हूँ कि हक़ के प्रश्न पर लाभार्थी-पीड़ित दोनों को गरियाने, जेएनयू (जवाहरलाल नेहरू विश्वविद्यालय) में ही डटे रहने से अगर वह अपने को बरज पाते, अगर वह जेएनयू से बाहर तक आवाजाही बढ़ा सके होते तो उनकी कविताओं की मार और अधिक बेधक हो जाती। जिन्होंने रमाशंकर को निकाला, भगाया, खदेड़ा, मारा, न जाने कितनी रात भूखा तड़पने, कलझने के लिए मजबूर किया, वे विद्रोही के नहीं, काव्य से बढ़कर समाज के गुनहगार हैं, वे भारत की गौरवशाली ज्ञानात्मक परम्परा के गुनहगार हैं; इतिहास उनसे उनका हिसाब चुकता करेगा।"[1]

ऊपर उद्धृत उद्धरण से 'विद्रोही' के उस जीवन की एक झलक पाई जा सकती है, जो साधारण होते हुए असाधारण होने की कोशिश में और असाधारण होते हुए साधारण होने की कोशिश में नष्ट नहीं हुआ :

1. 'आग के फूल की तरह खिलने को बेताब : विद्रोही', बृजेश यादव, 'नई खेती' (पृ. 14-15), नवारुण, संस्करण : 2018

जब कवि गाता है
तब भी कविता होती
जब कवि रोता है
तब भी कविता होती है
कर्म है कविता
जिसे मैं करता हूँ
फिर भी लोग मुझसे पूछते हैं—
विद्रोही!
तुम क्या करते हो? [कवि-कर्म]

'विद्रोही' की वजह-ए-शोहरत उनकी कविताओं की संवादात्मक शैली में निहाँ है। उन्होंने ऐसी कविताएँ सम्भव कीं जिन्हें अनपढ़ भी सुनकर समझ सकते हैं। बक़ौल प्रणय कृष्ण : "अनपढ़ों को भी समझ में आ सकने वाली कविता खड़ी बोली में भी वही कवि लिख सकता है जो साथ ही साथ अपनी मातृभाषा में भी कविता कहता हो।"[1] यही वजह है कि 'विद्रोही' सरीखा सम्प्रेष्य आक्रोश नवें दशक की हिन्दी कविता में अन्यत्र नहीं है। सदा समूह से संवाद करता और उसे ही सम्बोधित यह आक्रोश अपनी परम्परा में सीधे कबीर से जुड़ता है और हाल के पूर्व-समकालीनों में नागार्जुन से। 'विद्रोही' में कई दशकों तक स्थगित हमारी वाचिक-कविता-परम्परा का 'प्रगतिशील प्रतिबद्ध प्रवाह' भी दर्शनीय है। नवें दशक की हिन्दी कविता को यह भी 'विद्रोही' की एक देन है।

हरजीत सिंह (1959-1999) मूलत: ग़ज़लकार हैं। तेजी ग्रोवर के शब्दों में : "पेशे से वह बढ़ई थे, जिन्हें कुछ अपवादों को छोड़कर, अपने जीवन में शायद कभी ठीक से किसी भी चीज़ का मेहनताना मिला हो।"[2] चालीस की आयु में देहरादूनी गर्मी के दौरान—फ़ितरतन हर काम के लिए ख़ुशी-ख़ुशी हाज़िर—स्पिक मैके के एक कार्यक्रम में दरियाँ बिछाते और अन्य काज सँभालते हुए आँधी और लू का शिकार होने की वजह से हुई उनकी असमय मृत्यु[3] से पहले जो सम्पादक उनसे विशेष आग्रह कर उनकी ग़ज़लों को छापा करते थे; उनमें ज्ञानरंजन ('पहल'), मंगलेश डबराल ('रविवारी जनसत्ता') और राजेन्द्र यादव ('हंस') प्रमुख हैं।

हरजीत सिंह ने अपने जीवन-काल में अपने दो ग़जल-संग्रह स्वयं प्रकाशित किए—'ये हरे पेड़ हैं' और 'एक पुल'। तीसरे संग्रह 'खेल' की पांडुलिपि वह

1. 'पहले संस्करण की भूमिका', प्रणय कृष्ण, नई खेती (पृ. 29), नवारुण, संस्करण : 2018
2. 'मुझसे फिर मिल, हरजीत सिंह की शाइरी', सम्पादन : तेजी ग्रोवर, संभावना प्रकाशन, संस्करण : 2023
3. एक प्रसंगेतर सन्दर्भ : शरद बिलौरे (1955-1980) की मृत्यु भी गाँव लौटते हुए लू लगने से हुई थी।

अपनी मृत्यु से कुछ माह पहले अपने दोस्तों के हवाले कर गए।[1] शमशेर बहादुर सिंह, ज्ञानरंजन, विष्णु खरे, मंगलेश डबराल और मंज़ूर एहतेशाम को हरजीत की शाइरी में समकालीन हिन्दी कविता के तत्त्वों के वुजूद का बोध हो चुका था।[2]

बहरहाल, हरजीत सिंह का ग़ज़ल-समग्र 'मुझसे फिर मिल' (2023) नवें दशक की कवि तेज़ी ग्रोवर और उनके साथियों की कोशिशों से उनके सम्पादन में बहुत व्यवस्थित और सुरुचियुक्त ढंग से अब मंज़र-ए-आम है। इस समग्र से गुज़रते हुए यह सहज ही अनुभव होता है कि हरजीत की कविता में सब कुछ के लिए एक संवेदनशीलता और समझदारी है। उनके पास एक सरल और सादा भाषा है :

पत्थरों में रूह का रहना भी क्या
यूँ सभी से बात का कहना भी क्या

जिस तरफ़ प्यासी है रेतीली ज़मीं
उससे बचकर आब का बहना भी क्या

जिसमें सारे रंग आकर खो गए
हमने ऐसे रंग को पहना भी क्या

धूप से अच्छा कोई आँचल कहाँ
सादगी से कीमती गहना भी क्या

मुद्दतों सूखी रहे कोई नदी
इतना ज़्यादा दर्द का सहना भी क्या

चन्द ख़ामोशी के तिनके गूँथकर
दूर शाख़ों पर कहीं रहना भी क्या [मुझसे फिर मिल, पृ. 94]

हरजीत ने दुष्यन्त के बाद सामने आई हिन्दी ग़ज़ल के रूढ़ होते मुहावरे में एक धीमी, लेकिन स्पष्ट तोड़-फोड़ की। वह उसे दावों, प्रवचनों और हो-हल्लों से दूर ले गए। उन्होंने कोशिश की कि उनकी ग़ज़ल में भावनाओं, संघर्षों और उम्मीदों से बना हुआ एक विनम्र, स्पंदनयुक्त और उल्लासमय मानवीय संसार व्यक्त हो।

---

1. 'मुझसे फिर मिल', पूर्वोद्धृत
2. पूर्वोद्धृत, पृ. 5

इस प्रकार इस पूर्व-कथ्य में यहाँ तक आते-आते नवें दशक की कविता का वैविध्य अपनी विभिन्न रंगतों में कुछ-कुछ व्यक्त और विश्लेषित हुआ होगा, ऐसी उम्मीद इन पंक्तियों के लेखक को है।

इस क्रम में अन्तिम कड़ी नवें दशक के उत्तरार्ध में उभरे कवि पवन करण की कविता-सृष्टि की तरफ़ कुछ संकेत करके जुड़ेगी। पवन करण इस अर्थ में एक महत्त्वपूर्ण कवि हैं कि उनकी कविताओं ने ऐसे नए विषयों को स्पर्श किया, जिनमें स्त्री-मन पुरुष-दृष्टि और भाषा में व्यक्त हुआ है। उनके दूसरे कविता-संग्रह 'स्त्री मेरे भीतर'[1] में संकलित 'प्यार में डूबी हुई माँ', 'एक ख़ूबसूरत बेटी का पिता', 'तुम जिसे प्रेम कर रही हो इन दिनों', 'स्त्री-सुबोधिनी', 'बहन का प्रेमी : पाँच कविताएँ', 'जिसे तुम मेरा पिता कहती हो', 'स्पर्श जो किसी और को सौंपना चाहती थी वह', 'एक स्त्री मेरे भीतर', 'पुरुष' और 'स्तन' शीर्षक कविताएँ इस तथ्य की तस्दीक़ हैं कि उन्होंने नैतिकता, मूल्यबोध और स्त्री-मन-प्रश्न की नई बातें-बहसें उत्पन्न कीं। ये बहसें कई वर्ष चली हैं और अब भी कहीं-कहीं सुलगती-चलती रहती हैं।

नवें दशक के एक विशिष्ट कवि संजय चतुर्वेदी द्वारा पवन करण पर बग़ैर नाम लिए किए गए कवितात्मक हमले[2] के बावजूद यह कहना न होगा कि पवन करण हिन्दी कविता को यक़ीनन एक नए इलाक़े में ले गए। उनके यहाँ भारतीय समाज के विचलन—नैतिक शिक्षा देने के भार से मुक्त होकर—सम्बन्धों के जिस तनाव में उजागर हुए हैं, वह उन्हें एक सशक्त और अनुभूतिप्रवण कवि बनाने के लिए पर्याप्त है।

स्त्री-मन की अभिव्यक्ति पवन करण का केन्द्रीय काम है। वह इसे ठहर-ठहरकर, अन्तराल और विराम ले-लेकर समय-समय पर अंजाम देते रहते हैं। इस कार्य-शैली की वजह से उनकी कविता-सृष्टि के अन्य पक्ष अक्सर अस्पर्शित रह जाते हैं। उनका विचार-पक्ष वामपंथ से प्रतिश्रुत है और वह इसे अपनी उपस्थिति तथा टिप्पणियों से प्रदर्शित करते रहते हैं।

'इस तरह मैं'[3], 'अस्पताल के बाहर टेलीफ़ोन'[4], 'कहना नहीं आता'[5],

---

1. राजकमल प्रकाशन, संस्करण : 2004
2. *सत्य काव्य का सबसे बड़ा छन्द होता है*
   छन्द छोड़ सब दन्द-फन्द में लगे हुए थे
   बच्चे-चिड़िया-सपने-औरत-माँ का प्रेमी, बहन का प्रेमी
   हुए यहाँ मासूम मुखौटे
   ऐसे विषयों ने परिवर्तन की कविता को घेर लिया था

   —संजय चतुर्वेदी, उर्वर प्रदेश में बंजर कविता
3. प्रथम संस्करण : 2000, राजकमल प्रकाशन, संस्करण : 2017
4. राजकमल प्रकाशन, संस्करण : 2009
5. राजकमल प्रकाशन, संस्करण : 2012

'कोट के बाज़ू पर बटन'[1], 'स्त्री शतक'[2] और 'तुम्हें प्यार करते हुए : प्रेम-कविताएँ'[3] पवन करण के अन्य उल्लेख-योग्य कविता-संग्रह हैं।

इस प्रकार यहाँ यह पूर्व-कथ्य समाप्त होता है। इस विषय का और विस्तार आगे प्रस्तुत आलेखों में है। इस विस्तार में यह यत्न रहा है कि इन आलेखों के 'पहल' में प्रकाशित स्वरूप को ही यथावत् रखा जाए तथा इसमें कोई विशेष और उल्लेख-योग्य फेरबदल न किया जाए; ताकि कवियों के साथ-साथ आलोचक की जाँच भी इस वक़्त और अगले वक़्तों में की जा सके, तथा दोनों के ही विचार और विकास में आए बदलाव के क्रम में इनका अध्ययन हो सके। इस सन्दर्भ में इन आलेखों के बाद प्रकाशित आलेख-नायक कवियों के कविता-संग्रह और आलोचक की इस पूर्व-कथ्य सहित इस ओर सम्भव हुईं अन्य लिखाइयों से गुज़रा जा सकता है—आज और आज के बाद भी...

1. राजकमल प्रकाशन, संस्करण : 2013
2. भारतीय ज्ञानपीठ, वाणी प्रकाशन : संस्करण : 2019
3. राजकमल प्रकाशन, संस्करण : 2020

असाधारणता का तापमान

देवी प्रसाद मिश्र की कविता-सृष्टि पर एकाग्र

देवी प्रसाद मिश्र अब एक वरिष्ठ कवि हैं। वय के आधार से संचालित वर्गीकरणों के प्रकाश में यह एक तथ्य है। लेकिन बहुत सारी वरिष्ठता जब अपनी बहुत सारी सक्रियता के बावजूद बहुत अश्लील और औसत लगती हो, ऐसे में एक ऐसे कवि का वरिष्ठ हो जाना जिसमें औसत से असहमति और विस्वावा शिम्बोर्स्का के शब्दों में कहें तो 'असाधारणता का तापमान' अब तक सुरक्षित हो; एक मौलिक और मूल्यवान सूचना है।

देवी प्रसाद मिश्र एक अप्रत्याशित कवि हैं। वह अगली प्रस्तुतियों में क्या करेंगे, यह अनुमान उनकी गई प्रस्तुतियों को परखकर नहीं लगाया जा सकता। इस अर्थ में वह अपने ठीक पूर्वकालीनों और समकालीनों में एक हद तक अकेले हैं। उनकी कविता-सृष्टि के मूल्यांकन की ज़रूरत और माँग अब तक ध्वस्त होती आई है। इस तरह की कार्यवाहियों के पास ख़ुद को जायज़ ठहराने के लिए पर्याप्त आधार और औचित्य मौजूद हैं। लेकिन इन कार्यवाहियों, आधारों और औचित्यों के नेपथ्य में उस भय का पूर्वाभ्यास है जो प्रदर्शन के अवसर पर बुरे अभिनय के चलते बार-बार असफल हो जाता है। इस भय का सम्बन्ध कवि के अप्रत्याशित होने से है। तीन दशक से भी ज़्यादा पुरानी और अव्यवस्थित उसकी कविता-सृष्टि से नज़रें न मिला पाने से है।

आलोचना में स्वीकार का साहस प्राय: अनुपस्थित रहता है। उसके इस न स्वीकारने के दम्भ के चलते अनालोचित कविता-सृष्टियाँ और अधिक अव्यवस्थित होती चली जाती हैं। यहाँ 'दम्भ' के स्थान पर कोई अन्य कठोर या अभद्र शब्द होता, तब वह सम्भवत: समकालीन हिन्दी आलोचना के अपढ़ और ग़ैरज़िम्मेदार रवैये को अधिक ठीक से अभिव्यक्त कर पाता! यह यों ही नहीं है कि देवी प्रसाद मिश्र ने अपनी नोटबुक में समकालीनता को खोए हुए अवसरों की परिघटना का समुच्चय कहा है।

इस स्थिति में इस प्रकार की समकालीन कविता-सृष्टि से गुज़रने की प्रविधि

या तर्कगत तरीक़ा आख़िर क्या हो जिसका कोई नक़्शा न हो? उसमें यात्राएँ कैसे सम्भव हों? उसमें कहीं पहुँचा कैसे जाए?

इन पंक्तियों का लेखक बग़ैर किसी नक़्शे, योजना, साधन, रसद और औज़ार के—निर्विधि—इसमें से गुज़रना चाहता है। वह बहुत देर में उद्धरणों तक पहुँचना चाहता है, जैसे : बहुत भटके तो एक शब्द मिले, बहुत खो जाए तो एक वाक्य, न रहे तो एक कविता...

देवी प्रसाद मिश्र की कविता मूलगमिता को धुँधलेपन में, विद्रोहशीलता को अवसरवाद में और स्वप्न को मोहभंग में रूपान्तरित कर देने वाले पतनशील वक़्त में बहुत प्रतिबद्ध ढंग से मूलगामी, विद्रोही और स्वप्नदर्शी है। प्रति-विश्व की अनुपस्थिति वाले एक ख़तरनाक दौर में यह कविता बहुत कुछ खोकर अपनी ख़ुराक जुटाती रही है। कवि की एक कहानी 'कोई और' को ध्यान में रखते हुए कहें तो कह सकते हैं कि उसने रचना में वह कर दिखाया है, जिसे रचना से बाहर कर सकने की स्थितियाँ फ़िलहाल मुश्किल हैं।

इस रचना-संसार की आलोचना के लिए मौजूदा समय, मौजूदा स्पेस, मौजूदा प्रणालियाँ, मौजूदा सरणियाँ, मौजूदा टूल्स पर्याप्त नहीं हैं। इस समस्या पर एक वृद्ध-वाचाल कवि-आलोचक व्यंग्य में कुछ यूँ कहेंगे कि अगर कोई मौजूदा समय, मौजूदा स्पेस, मौजूदा प्रणालियों, मौजूदा सरणियों, मौजूदा टूल्स में कुछ नहीं कर पा रहा है—तब वह नामौजूदा समय, नामौजूदा स्पेस, नामौजूदा प्रणालियों, नामौजूदा सरणियों, नामौजूदा टूल्स की उपलब्धता में भी कुछ नहीं कर पाएगा। वृद्ध कवि-आलोचक का यह वाचाल कथ्य एक वृहत्तर समालोचनात्मक संघर्ष के लिए प्रेरित और उत्साहित भी कर सकता है, अगर इसे सकारात्मकता में समझा जाए... यह अलग तथ्य है कि सकारात्मकता इस कथ्य का लक्ष्य नहीं है।

> *मेरे पास नामों से भरी डायरी थी और बातचीत हो भी सकती थी, लेकिन संवाद समीकरणों में बदल जाया करते थे और संलाप दुरभिसन्धियों में और मिलने की इच्छाएँ गिरोहों में। कविता तक में अध:पतन की आवाज़ें सुनाई नहीं देती थीं। सबसे अच्छे कविता-संग्रह का नाम लिया जाना सबसे अच्छे सम्बन्ध का परिणाम था...*
>
> [वह कोई एक दिन तो ज़रूर था]

कविता में अध:पतन की आवाज़ें दर्ज करने के लिए कवि हाशिये पर चला जाता है :

सहने की जगह ही
कहने की जगह [हर इबारत में रहा बाक़ी]

यह 'पोएटिक एलिएनेशन' है। इसके बारे में कवि ने एक साक्षात्कार में स्वीकारा : "...रोज़ यह चुनौती है कि आप चीज़ों से कितनी दूरी बना पा रहे हैं। दूरी बनाना—यह सूत्र है। मतलब कि आपके और आपके खाने के बीच में भूख का दृश्य आता है या नहीं। यह दैनिक पश्चाताप है।"

"समाज में कविता की जगह कहीं नहीं है..." यह बताने के लिए कवि को कविता की विभिन्न शैलियों को बरतते हुए अपनी एक कविता में 25 पृष्ठ ख़र्च करने पड़ते हैं। कविता के लिए जगह न होने की व्याकुलता और व्यथा व्यापक जगह घेरती है। कवि मितकथन ही नहीं, लगता है कि अपनी इस बेसब्री को भी बहुत पीछे छोड़ देता है :

पता नहीं कब पढ़ी जाएँगी
और समझी जाएँगी ये लिपियाँ
जिनका अधैर्य सैकड़ों वर्ष पुराना है [लिपि-पाठ]

इस दृश्य में कवि हर हाशिये तक फैलता है और त्रिआयामिता में अपनी कविता की अन्तर्वस्तु का पुनराविष्कार करता है। यहाँ एक सिनेमाई विनिर्मिति है। कविता सोचने की जगह है—इस यक़ीन के साथ, इस जगह को बहुत विस्तृत करने की सदिच्छा इस विनिर्मिति में अनुस्यूत है। लेकिन यह प्रयोग कविता के मूल तनाव को अस्त-व्यस्त और विभाजित करता है। यह शिल्प पाठकीय प्रविधि के विवेक में एक विघ्न की तरह है। यह विवेक इस बाधा से बढ़ता नहीं है, बल्कि खीझता है। यहाँ इस प्रयोग पर कवि के कुछ स्वीकार ग़ौरतलब हैं :

- *जब पढ़ने वाले ही उँगली पर गिने जा सकते हैं तो वो क्यों न किया जाए जिसका मन चाहे। हिन्दी कविता में खोने के लिए केवल ज़ंजीरें हैं। ऐसे में लोकप्रियतावाद से बचा जा सकता है और कविता का थिएटर रचा जा सकता है।*
- *मैं कविता का एक अपने तरह का ऑपेरा रचना चाह रहा हूँ। बहुत सारी आवाज़ों वाला ऑर्केस्ट्रा।*
- *ये कार्यवाही कविता को सुविधावाद में बदलने के विरुद्ध है।*
- *प्रयोग—प्रयोगवादियों और अकविता-भूखी-नंगी-ठोस-नई-फ़ॉर्मलिस्ट कविता की ही बपौती नहीं है। वामपंथ के प्रति प्रतिश्रुत होते हुए भी प्रयोग किए जाने चाहिए।*
- *अगर मौजूदा कविता का फ़ॉरमेट किसी सर्वानुमति का हिस्सा बनने लगा*

है, अगर वह किसी सुविधावाद-रीतिवाद में ग़र्क़ होने लगा है, अगर संवेदना का सरलीकरण होने लगा है, अगर खोज का सन्दर्भ बैकबर्नर पर डाल दिया गया हो, अगर कविता-सत्ता के गलियारों में जटिलता को लेकर छी:-थू का वातावरण बनने लगा हो तो सबवर्सिव होने की ऐतिहासिक अवस्थिति मौजूद है।

- *इसे आप एक असहमत का नैतिक उपद्रव समझ लीजिए।*
- *मैं महाकाव्य लिखना चाहता हूँ और विफल होना चाहता हूँ।*

समकालीन हिन्दी आलोचना एक सामूहिक प्रभाव में समकालीन हिन्दी कविता को यकसाँ बना देने का उपक्रम रही है। वह बदलते काव्यानुशासनों और काव्यावश्यकताओं को समझने में विफल रही आई है। सार्थकता और विश्वसनीयता उसने साथ-साथ खोई है। इसकी कोशिशें और दिलचस्पियाँ कवि-व्यक्तित्वों के निर्माण में नहीं, एक जैसी कविता को सतत प्रायोजित और विकसित करने तक सीमित हैं। आठवें दशक से अब तक की हिन्दी कविता के 'अँधेरे में' देवी प्रसाद मिश्र की कविता एक केन्द्रीय आलोक की तरह है। हाशिये पर चले जाना भी इस केन्द्रीय अस्मिता के विस्तार का ही एक अंग है।

देवी प्रसाद मिश्र अपनी दो त्रिआयामी लम्बी कविताओं—'हर इबारत में रहा बाक़ी' और 'यह एक और आख़िरी वाक्य है'—में प्रचलित काव्य-बोध को चुनौती देते हैं। वह विफल हो जाने की आशंकाओं में नष्ट हो जाने के लिए आगे बढ़ते हैं। यह अपने हिस्से की कविता के लिए ख़ुद को बर्बाद कर देने का शिल्प है। वह इस बोध के साथ क़ानून तोड़ते हैं :

अपना-सा कहने की
फ़िज़ा और है
बहुत नई राह की
सज़ा और है [हर इबारत में रहा बाक़ी]

कवि एक वक्तव्य में कहता है : "कविता के स्रोत होते ही नहीं, तलाशने भी पड़ते हैं। संवेगों पर इसीलिए बहुत ज़्यादा समय तक भरोसा नहीं किया जा सकता। संवेग पर भरोसा आनन्द की तानाशाही को जन्म देता है। वह सुख का एकालाप रचता है, जबकि हिन्दी कविता का सबसे वैध स्रोत सुख और शक्ति के ढाँचे को ढहाने में निहित है। इस अर्थ में Deconstruction is Justice जैसी बात बहुत महत्त्वपूर्ण जान पड़ती है।"

यहाँ कवि की एक लम्बी कहानी का ज़िक्र भी मौक़े का ज़िक्र होगा। इसमें एक पिता है जो कवि है। वह इस बात का उत्तर देने की कोशिश में कि वह कविता की संरचना में बेजा तोड़-फोड़ क्यों कर रहा है, अपमानित हुए आदमी की तरह

कुछ बोल नहीं पाता। यह पिता सर्वप्रथम अपनी अभिव्यक्ति के प्रति प्रतिश्रुत है। वह जानता है कि इस अभिव्यक्ति की अनुगूँजें हासिल नहीं होंगी। हिन्दी में ये क्रियाएँ अभी पूरी तरह आचरण में नहीं आई हैं :

मैं चला जा रहा था उस तरफ़
कि जैसे उस तरफ़ थी
कविता की जगह
क्योंकि रेलगाड़ी से स्टेशन पर
उतरने की स्वाभाविक इच्छा-सी थी
सच के पास पहुँचने की इच्छा और
न्याय पाने की ज़िद और
एक ऐसी दुनिया का सपना
जिसे बदलने का ज़िम्मा
एन.जी.ओ. के पास न होता
और सौ तरह के सनकियों के पास होतीं
एक हज़ार तरह की कविताएँ जो
जैसे पेज होता आया है उसमें समा न पातीं
और नई कविता के लिए चाहिए होता
नया पेजमेकर और नई स्मृति के लिए
नई हार्ड डिस्क

[यह एक और आख़िरी वाक्य है]

एक कथित कलावादी आलोचक अशोक वाजपेयी के शब्दों पर यहाँ ग़ौर करें : "श्रेष्ठता का एक गुण यह भी है कि वह अपने से घोर असहमति उपजाती है।" हिन्दी साहित्य संसार में कई ज़रूरी और सही बातें अक्सर ग़ैरज़रूरी और ग़लत तरफ़ से सुनाई पड़ती हैं। यह संसार अपने कुल असर में किसी क्रान्तिकारिता से संचालित नहीं है। उस पर सत्तात्मक संरचनाएँ और उनके मंडल क़ाबिज़ हैं। ऐसे में यह बहुत स्वाभाविक है कि रचना के स्तर पर हो रहे संरचनात्मक परिवर्तनों की प्रतिध्वनियाँ वहाँ सुनाई न दें। मौजूदा संरचना के प्रति असन्तोष और आक्रोश रखकर ख़ुद को अभिव्यक्त करने के प्राथमिक संघर्ष में संलग्न विद्रोहशीलता देवी प्रसाद मिश्र की कविता-सृष्टि की मूल प्रतिज्ञा है।

सबकी तरफ़ से लिखने का अंजाम देख लो
ये काम कितना बढ़ गया ये काम देख लो
कितना ही कहा कह गए तो कितना कम कहा
कहने को हुआ नाम तो ये नाम देख लो [निज़ामुद्दीन]

देवी प्रसाद मिश्र के बहुत सारे कवितांश तुक में तृप्त होना चाहते हैं। ये अंश एक मूर्त लय की प्रदक्षिणा करते हैं। यह इनकी कमनसीबी है कि ये एक ऐसे कालखंड में अभिहित हुए हैं, जब तुक और लय से वंचित दृश्य उपस्थित है। इस दृश्य में कवि का उत्तर है : "छन्द पर मैं ध्यान देता हूँ। छन्द का परिहार कीजिए, लेकिन उसे जानिए तो बेशक। और जब तबीयत आए उसे कविता में ले आइए।"

एक और कथित कलावादी आलोचक वागीश शुक्ल के शब्दों पर यहाँ ग़ौर करें : "कविता में भाषा की रूढ़ियाँ तोड़ी नहीं जातीं, अपनाई जाती हैं।" एक बार फिर ग़लत तरफ़ से आ रहे इन सही शब्दों के उजाले में देखें तो देवी प्रसाद मिश्र की कविता में मौजूद गद्य की लय भी ध्यानाकर्षी है :

मैं जो हिन्दी में ही हिन्दी में लिखा करता था। मैं वो हिन्दी में
ही उर्दू में ही कहना चाहूँ। ये मेरा रास्ता है और मेरा वास्ता है।
तू मुझे रोकता है क्यों जो मैं सहना चाहूँ।

[वह कोई एक दिन तो ज़रूर था]

देवी प्रसाद मिश्र काव्येतर को भी कविता में ही कहते रहे हैं। उन्होंने सब कुछ लगभग कविता में ही दर्ज किया है, लेकिन इस सब कुछ में मौजूद बहुत कुछ अब भी सही नाम से पुकारे जाने की दुविधा से ग्रस्त है। इस सन्दर्भ में उनकी एक और कहानी के कथ्य का आश्रय लें, तब कह सकते हैं कवि ने अपनी कहानियों में जो लिखा; वह उसकी कविताओं में पहले से ही मौजूद है और कविताओं में वह जो कहानियों में—शायद वह उपन्यास में अपनी कविताओं को शामिल करे... बात को कुछ और आगे बढ़ाएँ तो कहानियों को भी। यह 'एक के भीतर एक और को देखने' का शिल्प है। इसमें पिता की उपस्थिति और अपमान की स्थिति बहुत केन्द्रीय है :

हमारे समाज में आदमी को अपमानित करने की
कई हज़ार तकनीकें विकसित कर ली गई हैं

समाज में इतने सारे लोग इतने सारे तरीक़ों से
अपमानित किए जा रहे हैं कि लगता है
जो बहुत सम्मानित है, वह संदिग्ध है [अपमान]

हिन्दी की बहुत सारी प्रासंगिक और प्रचलित कविता मूलत: विषयाधीन, सूक्तिपरक, विमर्श-केन्द्रित और वैचारिकता का छद्म गढ़ते हुए बहुत कृत्रिम और एकरस है। इस प्रासंगिकता और प्रचलन में देवी प्रसाद मिश्र की कविता-सृष्टि 'शायद-सा शायद' रचती है। वह बहुत कुछ को बहुत कुछ से बदल देने की आकांक्षा रखती है। वह कट्टरता और उसकी परिणतियों के पूर्वानुभव को

विकसित करते हुए साम्प्रदायिकता और अधिनायकता के प्रतिकार के लिए एक नई संरचना की खोज करती है, और इसमें 'भाषा को न बरत पाने की निराशा या मनुष्य को न बदल पाने की असंभाव्यता' का अफ़सोस करती है। परिवर्तन के लिए बहुत मामूली-सी नज़र आती बातों और कार्यवाहियों पर यक़ीन यहाँ एक बड़े पोएटिक एजेंडे की तरह खुलता है। इस कविता-सृष्टि में सतत 'एक अन्यमनस्क परानुभूति का वैचारिक अवसाद' है। 'नैतिक निर्वासन, विफलता का शिल्प, दुस्साहस का साहस' और अपने 'मूल्यांकन की याचना से घनघोर इनकार' है...बावजूद इसके :

बस एक ही डर है कि कवि को
उसके बियाबान में निर्वासन का जो
वज़नदार पत्थर थमा दिया गया वह
अमरता की विस्मयादिबोधक
भारी
ट्रॉफ़ी
न
हो [निर्वासन]

'आज तुमने क्या सीखा'
'आज मैंने सीखा कि
जब यह तय हो जाएगा कि
मैं बहुत सीखा हुआ मरा तो
जो आगे आएँगे उनके लिए
और अधिक सीखा हुआ जीना सम्भव होगा' [परम्परा-पाठ]

एक बार एक लेखक संगठन के एक राष्ट्रीय सम्मेलन में एक हिन्दी कवि ने कहा कि हिन्दी पाँच सौ वर्षों में ख़त्म हो जाएगी। इस कवि की कविता हिन्दी में शुरू होते ही ख़त्म मान ली गई, इसलिए इस कथ्य में एक प्रकार का आशावाद नज़र आता है जो पलायनवाद जैसा ही है। इस कथ्य को सुनने के बाद देवी प्रसाद मिश्र की एक कविता देर तक याद आती रही। सभागार के बाहर बारिश एक सरोकार, एक समस्या, एक चेतावनी की तरह हो रही थी। इस पार की सड़क से उस पार की शरण में जाने में भी तमाम दुविधाएँ और आशंकाएँ थीं। यथार्थ एक समग्रता में संकटग्रस्त था और भाषा और विवेक और संसार नामालूम कब से व्यक्तित्वों और वक्तव्यों और विश्लेषणों में खत्म हो रहे थे। कोई विस्मय नहीं कि ऐसे में एक ऐसी कविता याद आ रही थी जिसका कथ्य अमरता-विमर्श था :

एक दिन एक आदमी को यह लगा कि जिस भाषा में वह लिख रहा है
वह अगले सौ सालों में शायद न रहे या कि दौ सौ सालों में

थोड़ी देर की घबराहट के बाद उसे यह राहत महसूस हुई कि
चलो, ऐसी भाषा में अमर हो जाने का झंझट भी नहीं है

[हिन्दी में लिखना]

साहित्य जब केवल अमरता तक ले जाने वाले एक सीधे टिकट में तब्दील हो जाता है, तब यह ज़रूरत बहुत बढ़ जाती है कि ख़ुद के भीतर एक निर्वासन रचा जाए। इस आलेख के लिखे जाने तक देवी प्रसाद मिश्र का केवल एक कविता-संग्रह 'प्रार्थना के शिल्प में नहीं' (1989) प्रकाशित हुआ है, हालाँकि वह सतत सृजनशील रहे हैं। संग्रहविमुख होने के बावजूद उनकी रचनात्मकता इतनी व्यापक और प्रभूत है कि अपनी विशिष्टता और वैविध्य दोनों में ही हिन्दी आलोचना के लिए एक आतंककारी स्थिति उत्पन्न करती आई है। समीक्षा जब रचना को ठिकाने लगाने की माफ़ियागीरी के रूप में स्वीकार्य हो, देवी प्रसाद मिश्र की कविता आसान नहीं रह जाती है। उठाईगीरी पर इतराने वाली व्यक्तित्ववंचित आलोचना में उसने अपने विषय में कोई राय नहीं बनने दी है। वह अपनी हर अगली कार्यवाही में सबवर्सिव है। उसके भीषण रैडिकलाइजेशन ने हिन्दी की मौजूदा आलोचना का बहुत तरीक़े से रिडिक्यूलसाइजेशन कर दिया है। हिन्दी की बहुत सारी अधिमूल्यनयुक्त (overrated) कविता जो बहुतों की नज़र में अपनी इब्तिदा से ही बेनक़ाब थी, इस तरह की आलोचना को सक्रिय रखती आई है। कवियों ने जब आलोचना से अपने को मुक्त करना शुरू किया, तब इस प्रकार की आलोचना को खुले में खड़े होने का अवसर मिला। नवें दशक के कवियों ने कवि-आलोचक कहलाने में कभी कोई विशेष रुचि नहीं ली। इस प्रकार एक पूरे दशक की कविता न अपने लिए और न अपने भीतर से आलोचक पैदा कर पाई। नई सदी पुराने संकटों को और विकराल करती हुई आगे बढ़ती रही। इस दरमियान देवी प्रसाद मिश्र कविता में सिलसिलेवार धमाके करते रहे। प्रकाशन-तंत्र और कविता के लिए मौजूदा स्पेस को अपने लिए अपर्याप्त मानते हुए एक नायकोचित विद्रोह के साथ वह असहमति की अभिव्यक्ति के लिए ध्वंस को अर्थ देते रहे। आलोचना बहुत दूर कहीं ठहरी हुई थी, देवी प्रसाद मिश्र नाम के कवि तक पहुँचना उसके लिए मुश्किल हो गया। एक समानान्तर एकरूपीकरण बढ़ रहा था। इस अँधेरे में कई कवि जुगनू की तरह चमके, बुझे और चल बसे। हिन्दी कविता में दृश्य कुछ यों था कि कोई भी बेहतर कवि कभी भी कविता से पलायन कर सकता था। हिन्दी कविता अपनी पाठकीय सामाजिकता खो चुकी थी। इस दुर्विपाक के तार बहुत पीछे कहीं जाकर जुड़ते थे। स्थितियाँ इतनी नाज़ुक थीं

कि इन तारों को छेड़ने की हिम्मत किसी में नहीं थी। कटियाबाज़ी के उजाले से कामचलाऊ सुकून तलाश कर नामालूम कब हिन्दी कविता एक द्वीप में परिवर्तित हो गई। लेकिन इस प्रकार का प्रकाश सदा समाज की मुख्यधारा से अलग-थलग होता है। वह अपनी नैतिकता की कितनी भी दुहाई दे, वह असामाजिक ही नज़र आता है।

...कहीं ऐसा तो नहीं कि हम आप
क्रूरताओं को कम करने की इच्छा और
कमतर कला के बीच भी कोई
सम्बन्ध देख रहे हों

[रचना और परिदृश्य के रिश्तों वाले सिद्धान्त के बारे में एक निरुपाय टिप्पणी]

इस मुल्क में बाबरी मस्जिद विध्वंस और आवारा पूँजी के प्रभाव के बाद एक नई तरह के युवा उभरने लगे—विचारधारा से विलग, करियरवादी, सुविधाभोगी, लचीले और अगम्भीर। साहित्य प्राथमिकताओं से निर्वासित हुआ, महत्त्वहीन महत्त्वाकांक्षाएँ विस्तृत हुईं... और प्रतीत हुआ कि जैसे अभिव्यक्ति के सारे ख़तरे उठाए जा चुके :

यहाँ मैं पैदा हुआ
इस पत्थर पर
अपने ही जैसे चेहरे पर
चेहरा रखकर
कई-कई दिनों तक मैं रोया किया

इस जगह मैं सिर पकड़कर बैठा
यहाँ मेरा ख़ून बहा
यहीं कहीं पृथ्वी के ही एक हिस्से पर
मुझे पृथ्वी से निकल जाने की
धमकी दी गई

आस-पास यहीं कहीं शायद
मेरे बचे होने के भी निशान हों [अवशेष]

इस भयावह समय में देवी प्रसाद मिश्र का एक कवि के रूप में बचे रह जाना हिन्दी में एक परिघटना की तरह है। मुक्तिबोध के बाद देवी प्रसाद मिश्र हिन्दी कविता के लिए सबसे ज़्यादा साहसी और मुश्किल कवि बनकर उभरे हैं। लेकिन यह भी एक तथ्य है कि उनके रचना-संसार को बहुतेरे बिन्दुओं पर समस्याग्रस्त भी किया जा सकता है।

यह बाएँ होने की मनुष्यता है
यह जनता के साथ खाट पर बैठकर
फ़ोटो खिंचाने की ख़ब्त है यह दिल्ली में रहकर
मध्यवर्ग में होने का पश्चाताप है
तुम्हें तो मार्क्सवाद का सौ डिग्री सतत बुख़ार है जो
न ज़्यादा होता है न कम

[वाम अंग फरकन जब लागे]

वामपंथ के प्रति एक आलोचनात्मक दृष्टिकोण देवी प्रसाद मिश्र के यहाँ आरम्भ से ही है। वह शुद्ध रूप से एक राजनीतिक कवि हैं। उनके यहाँ जीवन से ज़्यादा विचार की सुन्दरता है। व्यावहारिक से ज़्यादा सैद्धान्तिक राजनीति के दृश्य हैं। व्यावहारिक राजनीति उनके यहाँ प्रायः उपहास का विषय बन जाती है :

अब आपसे क्या छिपाना
मार्क्सवाद से मैं भी निजात पा लेना चाहता हूँ

बस, आप मिलिए और
शिनाख़्त के लिए बता दूँ कि चाय की दुकान में
मैं लाल रंग की पतंग लेकर मिलूँगा जो
इस रंग से मेरा आख़िरी नाता होगा

उसके बाद मैं उसे उड़ा दूँगा। हमेशा के लिए।
ज़ाहिर है आसमान में।
लेकिन आपको मैं पहले ही आगाह किए देता हूँ
कि आपको मुझे ढंग से समझाना होगा
केवल एक वक़्त का दाल-चावल खाकर
मैं आपका होने से रहा

[निज़ामुद्दीन]

कमरे में दो तीन घंटे में चाय आ जाया करती है गाय भी आ जाती है जिसे देखकर कम्युनिस्ट कहता है कि गाय देश को बाँट देगी। दूसरे ने कहा कि कुछ करना चाहिए। बट द प्रॉब्लम इज मोबिलाइजेशन। व्हेयर इज द कनेक्ट।

[किसी कम्युनिस्ट पार्टी का दफ़्तर]

इस तरह के और भी तमाम उद्धरण देवी प्रसाद मिश्र के रचना-लोक में यत्र-तत्र 'स्थापित' हैं। आदमी तक पहुँचने का टिकट भी वह पहले की ही तरह माँग रहे हैं। साल 2008 में इस तरह :

मेरा टिकट लेने का नम्बर आ गया तो बहुत हड़बड़ाकर
मेरे मुँह से निकला कि एक मोहम्मद अमीन सिद्दीक़ी
तक का टिकट दे दो।

[वह कोई एक दिन तो ज़रूर था]

और साल 2015 में इस तरह :

मैंने भी कुछ उपाय खोजे मसलन यह कि
आदमी तक पहुँचने का टिकट किस खिड़की से लिया जाए

[अमरता]

इन उद्धरणों के उजाले में देखें तो वामपंथ की समस्या कवि की समस्या भी है—मसलन : 'व्हेयर इज द कनेक्ट...'

परिवर्तित होते समकाल को देखने-परखने के लिए हिन्दी समाज ने जो औज़ार एक रचनाकार को सौंपे हैं, अब वे सब के सब एक सेट-पैटर्न की पुरातनता में कुन्द हो चुके हैं। इस जड़, धारहीन, निष्प्रभ और लगभग असफल प्रतीत होती वैचारिकी में सर्वाधिक समस्या देवी प्रसाद मिश्र जैसे कवियों के साथ पेश आई है। उनके ठीक पहले के कवि इस सन्दर्भ में बिल्कुल भी आलोचनात्मक या संशयग्रस्त नहीं रहे हैं और उनके बाद के कवियों के लिए यह पहले विश्वास की नहीं, पहले इस्तेमाल की चीज़ रही आई है या इस्तेमाल के बाद भी विश्वास की नहीं... देवी प्रसाद मिश्र यहाँ एक सन्धि पर हैं। एक तरफ़ की अच्छाइयों को लेकर वह संशयित हैं और दूसरी तरफ़ की बुराइयों को लेकर मुखरित। इस सन्धि की संरचना में बहुत सावधानी के बावजूद भी वह अक्सर राजनीतिक रूप से ग़लत हो जाते हैं। समूचे विचार-विमर्श का फ़रेब जैसे उन्हें इस सबसे अलग और (अ)सावधान करता है :

मैं चाहता हूँ मेरा सच तुम्हें चिढ़ा दे बे
मैं चाहता हूँ मुझे घेरने का प्लान बने [चाहना]

देवी प्रसाद मिश्र एक वक्तव्य में कहते हैं : "कविता के मेरे स्रोत फ़िलहाल भारतीय पावर स्ट्रक्चर की विसंगतियों और विद्रूपताओं को समझने में हैं जो भारतीय संकट की मूल अन्तर्वस्तु भी हैं। मेरे लिए इसकी एक अवधी-स्थानीय-संगति भी है। अवध के शक्ति सम्बन्धों को मैंने बहुत नज़दीक से देखा है। मनुष्यों में ही कोई माई-बाप है और दूसरा कोई दास होने के अभिशाप से पराजित। कहना यह है कि अवध मुझमें

एक गीतात्मक स्मृत्यात्मकता ही नहीं जगाता, वह मेरे उरों का उत्स है। वह नरक की भी स्मृति है जहाँ पौरुषेय अधिग्रहण नियम है, स्त्री की दुर-दुर सामाजिक व्यवहार और वर्णीय औद्धत्य सामान्य चरित्र। इस तरह स्थानीयता का स्मरण मुझमें यूटोपिया का प्रतिसंसार नहीं रच पाता। वह मेरी बर्बाद नागरिकता का ही विस्तार होता है।"

अवध की स्थानीयता और सामन्ती संस्कारों की समझ के बावजूद स्त्रियों, दलितों और इस व्यवस्था में नौकरों के प्रसंग में देवी प्रसाद मिश्र के यहाँ आए कुछ सामान्यीकरणों को लेकर प्राय: मौखिक दुष्प्रचार होता रहा है। इस दुष्प्रचार का संघर्ष स्त्रियों को मर्द, दलितों को सवर्ण और मनुष्यता को दास बना देने तक सीमित है। अल्पसंख्यकों और आदिवासियों से इसे अब भी उम्मीदें हैं, लेकिन इन्हें भी वह धीरे-धीरे मुख्यधारा के 'वैभव' में विलय होते देख रहा है। इस दृश्य में मूल उद्देश्य और व्यवहार एक गोरिल्ला उदासी लेकर अरण्य-हास्य में व्यस्त हैं। हाशिये की बसावट को कुचलती हुईं महत्त्वाकांक्षाएँ सब जगह अब पहले से भी ज़्यादा क्रूर हैं। वे स्त्रियों को मर्द बनने पर विवश करती हैं, दलितों को सवर्ण और बाक़ियों को दास। यह सामान्य भाव खो देने और मूल में मौलिक न बने रह पाने का संकट है... जहाँ स्त्री और दलित-विमर्श के टैग से आने वाली पुस्तकें एक लम्पट, क्लीन सेव्ड और अपने यौन-कर्म के लिए प्रख्यात प्रकाशक के गोदाम से निकलकर सीधे एक नए अँधेरे में जा रही हैं—लगभग अपाठ्य और एक निष्कर्षवंचित शोध के लिए प्रस्तुत। यह शोध रोज़गार की गारंटी तो दे सकता है, बदलाव की नहीं। बदलाव के लिए लड़ना जिस वामपंथ का आधार है, ज़मीन पर उसका कोई पूछनहार नहीं रहा। एक नई बनत का प्रतिक्रियावाद, रूपवाद और कट्टरता उसमें घर कर गई है। कुछ सरलीकृत करके कहें तब कह सकते हैं कि वह बस प्रगतिशीलता के टैग के लिए ज़रूरी है। यह टैग साहित्य-संस्कृति में प्रवेश पाने के लिए ज़रूरी है। साहित्य-संस्कृति सभ्यता के लिए ज़रूरी है। सभ्यता हिंसा के लिए ज़रूरी है और हिंसा अमरता के लिए...

समाज की जगह जाति बनाई
कितना मसरूफ़ रहे पुरखे हमारे [हर इबारत में रहा बाक़ी]

महाश्वेता देवी के उपन्यास पर आधारित गोविंद निहलानी की फ़िल्म 'हज़ार चौरासी की माँ' में अभिनेत्री नंदिता दास के बोले कुछ संवाद यहाँ याद आते हैं :

"...उनका भी अपना एक प्लान था—हमारी तरह। जैसे हमारा एक मक़सद था, वैसे उनका भी।...हमें धोखा देकर ख़त्म करना, यही उनका मक़सद था। पैसा, रुतबा, ताक़त इन सबकी हमारे लिए कोई अहमियत नहीं। पर यही वो ख़ूबसूरत इनाम हैं, जिन्होंने उनको फुसला लिया था। उनको जो साथ तो आए, पर सिर्फ़ दग़ा देने के इरादे से। ये जो चाह है कुछ पाने की, जल्दी से हासिल कर लेने की

इसको पूरी तरह नकारा नहीं जा सकता। लोग क्यों नहीं आएँगे? लोग दोस्त बनकर आएँगे और वक़्त आने पर दग़ा दे जाएँगे।

...शायद हम क्रान्ति की रौ में बहे जा रहे थे। हमें असलियत का अन्दाज़ा नहीं रहा। आकाश की तरफ़ उठी हुईं आँखें नहीं देख पा रही थीं हमारी अपनी ही कमियाँ, ग़लतियाँ, राह से बिछुड़ती-टूटती ये पगडंडियाँ। मारने वाला पीछा कर रहा था, और उसे इशारा देने वाला वही जिसे हम अपने साथ लिये चल रहे थे...।"

इस सब कुछ के बावजूद हिन्दी कविता एक बड़ा भाग अब तक एक क़िस्म के अतिरंजित आदर्शवाद की क़ैद में है। यह भाग इस क़ैद में बने रहने के फ़ायदे जानता है। इसके लिए कविता में बने रहना एक चूहा-दौड़ में बने रहना है, और इससे अलग कविता लिखना हर होड़ से बाहर होना है।

एक और कथित कलावादी आलोचक मदन सोनी के शब्दों पर यहाँ ग़ौर करें : "हमारी बहुत सारी आलोचना वैचारिकी का उपनिवेश है। उसकी अपनी राजनीति नष्ट हो चुकी है, इस हद तक कि हम कह सकते हैं कि हमारी आलोचना एक निरा अराजनीतिक प्रवचन है।" एक बार फिर ग़लत तरफ़ से आ रहे इन सही शब्दों को देखें तो इस दृश्य में इस दृश्य की आलोचना भी अनुपस्थित है। हुआ यूँ है कि हिन्दी आलोचना ने इस दृश्य में ही बसे-बने-बचे रहने का हुनर सीख लिया है। प्रचलन से उसका परिचय प्रगाढ़ हो चुका है। इस वजह मौजूदा रचनाशीलता में घालमेल की गाढ़ी बढ़त है। लेकिन कविता एक संवेदनशील विधा है और अन्य साहित्यिक विधाओं की तुलना में नक़लीपन यहाँ सबसे जल्दी पकड़ में आता है। विमर्श-विमर्श चिल्लाने से कविता का गला ख़राब होता है, लाउडनेस खरखराहट से भर जाती है और तमाम कोशिशों के बावजूद आवाज़ उठ नहीं पाती। फ़ॉर्मूलेबाज और फ़ैशनेबल विमर्शों में उलझकर बहुत सारी मौजूदा कविताएँ सारी स्वीकृति और प्रशस्ति के बावजूद संदिग्ध हैं। ये एक ऐसे यथार्थ से नावाक़िफ हैं; जहाँ प्रकटीकरण और अर्थ इस क़द्र बहुस्तरीय हैं कि रचना में आत्म, साहस, सचाई, ईमानदारी, विवेक और अपराधबोध जैसे स्थायी मूल्यों को बचा पाना एक युद्ध है। जीवन में इतने सूक्ष्म स्तरों पर संक्रमण जारी है कि प्रकटीकरण के सारे वास्तविक आयामों की पहुँच सीमित हो गई है। बराबर कड़वे और कठिन होते वक़्त में ऐसे दृश्य हैं :

कोई वजह रही होगी कि कलाकृतियों के दलालों से वह जिस
ख़ूबी से बात करता था उसी ख़ूबी से वह क्रान्तिकारियों और
कवियों से निपट लेता था।

[रेड कॉरीडोर से निकलकर छपाक स्विमिंगपूल में]

देखिएगा, एक रोज़ सारी योग्यताओं को इतनी सामाजिकता हासिल हो जाएगी कि सत्ता-संरचनाएँ अपनी केन्द्रीयता पर शरमाएँगी। वे डूब मरेंगी अपनी

पतनशीलता के जल में और सामूहिकताएँ इतनी विवेकनिष्ठ होंगी कि प्रासंगिक रचनाशीलता के मूल्यांकन की ज़रूरत नहीं रह जाएगी। सारा औसतपन और अवसरवाद असफल नज़र आएगा। भाषा में मरने-मारने के खेल बन्द होंगे और दलाल बहसों को भटका नहीं पाएँगे। एक लड़ाई, एक इच्छा और एक स्मृति सारे अन्याय, अपमान और अमरता के विरुद्ध काम आएगी। एक स्वप्न सतत संसार को बदलने के लिए बेताब रखेगा।

...इतनी मर्ममय हैं ये उम्मीदें कि हमबड़ाई-सी लगती हैं।

शासक के कुछ भी कहने से मेरा
भरोसा कम हो जाता था ईंट पर
सिर रख लेने से तनाव

[जनगणमन बे-गाना]

देवी प्रसाद मिश्र की कविता-सृष्टि में बग़ैर किसी नक़्शे, योजना, साधन, रसद और औज़ार के निर्विधि गुज़रते हुए इन पंक्तियों का लेखक बहुत देर में उद्धरणों तक पहुँचा, बहुत भटकने पर उसे शब्द मिले, बहुत खो जाने पर वाक्य, अब वह नहीं है तो एक कविता :

मैं
कल
पर
बहुत
कम
काम
छोड़ता
हूँ।

सन्दर्भ

यहाँ प्रस्तुत आलेख प्रथमत: 'पहल' के 101वें अंक (अक्टूबर 2015) में प्रकाशित हुआ जिसमें देवी प्रसाद मिश्र के तब तक प्रकाशित एक और एकमात्र कविता-संग्रह 'प्रार्थना के शिल्प में नहीं' (लोकभारती प्रकाशन, संस्करण : 2007) के साथ-साथ पहल-78 में प्रकाशित उनकी नोटबुक, पहल-82 में प्रकाशित उनके साक्षात्कार, 'उर्वर प्रदेश' में प्रकाशित उनके वक्तव्य के अतिरिक्त 'पहल', 'आलोचना', 'हंस', 'कथादेश', 'तद्भव', 'पल-प्रतिपल', 'वर्तमान साहित्य', 'वसुधा', 'दस बरस', 'जलसा', 'उर्वर प्रदेश', 'पक्षधर', 'समकालीन

भारतीय साहित्य', 'समकालीन तीसरी दुनिया', 'इंडिया टुडे साहित्य वार्षिकी', 'रचना समय कविता विशेषांक', 'समय चेतना', 'जनसत्ता', 'लोकमत समाचार दीपावली विशेषांक' जैसे पत्र-पत्रिकाओं के विभिन्न अंकों में समय-समय पर प्रकाशित उनकी कविताओं, कहानियों और टिप्पणियों से पर्याप्त मदद ली गई है।

लोक का जाल

अष्टभुजा शुक्ल की कविता-सृष्टि पर एकाग्र

कहे जा चुके और कहे जा रहे—दोनों ही तरह के—मुहावरों से अष्टभुजा शुक्ल की कविता-सृष्टि जगर-मगर करती है।

इस आलेख का आरम्भिक वाक्य इस कथ्य के आरम्भिक वाक्य की तरह प्रतीत नहीं भी हो सकता है। इसे अपने आस-पास के बजबजाते हुए पर्याप्त विश्लेषण के साथ कहीं मध्य में आना चाहिए था, लेकिन यह प्रचलन यहाँ सम्भव नहीं हुआ; क्योंकि इसमें नकारात्मकता भी पर्याप्त है और उस सकारात्मकता का निषेध भी जो प्राय: कुछ नकारात्मक कहने के लिए भूमिका की भाँति ओढ़ी जाती है।

'पद-कुपद', 'चैत के बादल', 'दु:स्वप्न भी आते हैं', 'इसी हवा में अपनी भी दो चार साँस है' जैसे कविता-संग्रहों और 'पहल' के 93वें अंक में प्रकाशित कविताओं से गुज़रकर अष्टभुजा शुक्ल के कवि के बारे में अब तक अन्तिम इस राय को प्रस्तावित किया जा सकता है कि अष्टभुजा की कविता उस ओर गतिशील है, जहाँ वह अपना विकासक्रम खो चुकी प्रतीत होती है। कहे जा चुके और कहे जा रहे—दोनों ही तरह के—मुहावरों में आवाजाही करते हुए इस कविता-सृष्टि में उपस्थित बहुत-से विषय बहुत बार बहुत तात्कालिक दबावों से दबे हैं। सम्भवत: इस वजह ही वे वर्तमान में विस्तृत और भविष्य में अप्रासंगिक हो जाने को अभिशप्त हैं।

यह वाक्य बहुत ऊँचाई से बोला गया लग सकता है, लेकिन इसे कहना बेहद ज़रूरी है : प्रत्येक रचनाकार के जीवन में विकासक्रम एक चुनौती की तरह है। एक उम्र के बाद क़द का न बढ़ना, केवल शारीरिक प्रक्रिया नहीं है; यह प्रक्रिया रचनाओं के साथ भी घटती है, तब जब उनके रचयिता एक मुक़ाम पर पहुँचते हैं। इस मुक़ाम पर उनके लिए अच्छी रचनाएँ लिखना बहुत सरल-सहज हो जाता है। उनके हाथ जब चाहें तब अच्छाई को एक सीमित ऊँचाई से उतार लेते हैं। लेकिन साहित्य का काम और उसमें भी कविता का काम बहुत ज़्यादा समय तक महज़

अच्छे से नहीं चल सकता। हिन्दी की कविता इधर के लगभग 35 वर्षों से अच्छे कवियों से आबाद और आजिज़ एक साथ है। ये अच्छे कवि बहुत अच्छी तरह जानते हैं कि अच्छी कविता कैसे लिखी जाती है। इन अच्छे कवियों ने हिन्दी कविता का बहुत बुरा किया है। आज हर अच्छी चीज़ का बाज़ार है, लेकिन अच्छी कविता के पूछनहार मुश्किल हैं। अष्टभुजा की कविता-पंक्तियों के आश्रय से कहें तो :

बिक जाता है बहुत सस्ते में पसीना
ख़ून बिक ज़ाता है उससे कुछ महँगे में
पानी बिक जाता है दूध के मोल
सरसों का तेल, डीजल और पेट्रोल
उससे भी महँगे बिक जाते हैं
दुनिया का हर द्रव बिक जाता है
लेकिन आँख
आँसुओं की ऐसी दुकान है
जो सूनी रहती है अक्सर [पुरोहित की गाय]

प्रस्तुत कविता-पंक्तियों में 'आँख' के स्थान पर हिन्दी और 'आँसुओं' की जगह कविता रखने से 'हिन्दी कविता बाज़ार' का हाल कुछ अभिव्यक्त हो सकता है। अष्टभुजा एक अच्छे कवि हैं। वह अच्छे कवि क्यों हैं, इसकी पड़ताल यहाँ ज़रूरी है और इसके लिए उनके कवि के अतीत में जाना होगा। इससे ही उनका विकासक्रम कैसे बाधित, सीमित और लुप्त हुआ इसका पता चलेगा। 'सदाबहार' शीर्षक वाले अपने एक ललित निबन्ध में अष्टभुजा कहते हैं : "अधिक से अधिक सच तभी कहा जा सकता है, जब कम से कम बोला जाए।"

अष्टभुजा को एक स्वर में हिन्दी आलोचकों द्वारा भारतीय लोक-जीवन का कवि कहा जाता रहा है। उनकी कविताओं में गँवई और क़स्बाई यथार्थ है जो सतत संघर्षशील है, यह भी कहा जाता रहा है। वह सच्चे अर्थों में किसानी संवेदना के कवि हैं और उन्हें अपने जन-मन की समझ है, यह भी कहा जाता रहा है। त्रिलोचन, केदारनाथ अग्रवाल, नागार्जुन और ज्ञानेन्द्रपति सरीखी जनपदीयता अष्टभुजा के यहाँ ही दृश्य होती है; यह भी कहा जाता रहा है। उन्होंने तुकान्त और छन्द की शक्ति का पुनराविष्कार किया है, यह भी कहा जाता रहा है। वह अछूते विषयों से अपनी कविता को वैविध्यवान् बनाते रहे हैं, यह भी कहा जाता रहा है। वह विचार, विचारधारा या विमर्श के अकादमिक शोर में शामिल कवियों में से नहीं हैं; यह भी कहा जाता रहा है...

इस कहे जाने को अष्टभुजा ने अब तक के अपने काव्य-व्यवहार से कभी ग़लत सिद्ध नहीं किया है, अपितु वह इसे बराबर पुष्ट करते रहे हैं :

वह कह दे तो कवियों के कवि, कह वह दे तो आलू
उसकी वाणी आप्तवाक्य है उसकी टीका चालू
अष्टभुजा तू चलता ही जा बदल न अपनी चाल
दिल्ली है कविता का नैहर तो बस्ती ससुराल [पद-1]

अष्टभुजा के कवि की लोकोन्मुखता ने ही उसे एक विशिष्ट अस्मिता दी है। जब बहुत सारा काव्य लोक-विमुखता के मार्ग पर था, तब इसकी अनुक्रिया में अष्टभुजा ने अपने लोक को एक नैरन्तर्य में थामे रखा। लोक एक जटिल अवधारणा है। अद्यतन लोक अपनी सरलता खोकर एक जाल सरीखा हो चुका है। बहुतेरे कवियों को इसमें फँसते, छटपटाते और नष्ट होते देखा गया और देखा जा रहा है। यह भी लगभग तय हो चुका है कि इस लोक को 'केदारत्व'युक्त रूमानियत के साथ अब अभिव्यक्त नहीं किया जा सकता। यहाँ इशारा हिन्दी कविता के दोनों केदारों की तरफ़ है। केदारनाथ अग्रवाल तो रूमानियत हटाकर भी कभी-कभी बहुत काम के नज़र आते हैं, लेकिन केदारनाथ सिंह का कृत्रिम लोक और उसके अन्ध अनुगामी लोक से सन्दर्भित हिन्दी की समकालीन कविता को सतत संदिग्ध बनाते आए हैं। लोक को छोड़कर लोक को भुनाने का मुहावरा हिन्दी कविता को केदारनाथ सिंह ने दिया और इस मुहावरे का प्रतिकारयुक्त मुहावरा अष्टभुजा शुक्ल ने रचा :

बिदबिदाएँगे
या पाथर छरछराकर
छिनगाएँगे पल्लव
बालियों से अन्न झारेंगे
या करेंगे कुदिन [चैत के बादल]

इन कविता-पंक्तियों के आस-पास ही अष्टभुजा ने 'तीन पानी तेरह गोड़' शीर्षक अपने एक और ललित निबन्ध में कहा : "अब मैं गन्ने का खेत गोड़ चुका हूँ। भीतर की गाँठें भी कुछ ढीली हुई लगती हैं। तो मैं भी अब कर्म-जगत से उपराम होकर कुछ समय के लिए भाव-जगत में विचरण करना चाहता हूँ। कुदाल रखकर क़लम उठाना चाहता हूँ। कुछ लिखना-पढ़ना चाहता हूँ। शुभचिन्तकों का सुझाव है कि कुछ लिखना-पढ़ना है तो यहाँ से नहीं हो सकता। महानगरों की शरण में जाना पड़ेगा। गाँव छोड़ देना होगा। उनके इस सुझाव और सौजन्य का हृदय से आभार मानते हुए भी एक उद्वेग बराबर कचोटता रहता है कि गाँवों को कैसे छोड़ दिया जाए? किसलिए छोड़ दिया जाए? वृद्ध पिताओं की हिलती मूँड़ी पर गोबर का खेप उठाकर उन्हें तोड़ देने के लिए? भूसा बिकने पर सोने की झुलनी ख़रीदने का सपना देखने वाली नवेलियों की पीतल की भी नथ उतरवा देने के लिए? फाटक देकर हाटक माँगने वाले ठगों से गाँव को लुटवा देने के लिए? धरती को परती

बना देने के लिए? फ़िलहाल अभी तो ऐसा नहीं लगता कि गाँव छूट भी सकता है। आगे न जाने क्या होगा?"

इस ललित निबन्ध के लगभग डेढ़ दशक से अधिक गुज़रने के बाद भी अष्टभुजा का गाँव अब तक उनसे नहीं छूटा है। इधर की नई कविताओं में भी उन्होंने अनन्तता के अहंकार की तुच्छता को रेखांकित किया है। प्रदर्शन के भीतर भी प्रदर्शन करतीं कविताओं वाले आत्म-रत्यात्मकता से ग्रस्त छद्म लोकवादी कवियों और उनके समालोचकों के संकीर्ण संसार के बरअक्स अष्टभुजा शुक्ल के कवि के लिए लोक एक नदी की तरह है और महानगर एक समुद्र की तरह :

नदी की
सतह को
चीरती हैं नौकाएँ
अन्तस में
तैरती हैं मछलियाँ

नदी के
धरातल में
कचोटते हैं ककरहे और घोंघे और सीपियाँ

समुद्र की
सतह पर
घूमते हैं नौसैनिक, मछुआरे और जलदस्यु
अन्तस में
हहराती है बड़वाग्नि
ऊभ-चूभ करते हैं कछुए और डॉल्फ़िन और तिमिंगल
जबकि धरातल में जमा रहते हैं रत्न

[मुहाने पर नदी और समुद्र-4]

गाँवों और महानगरों के बीच की प्रचंड असमानता दोनों के मध्य कोई सन्तुलन स्थापित नहीं होने देती। महानगरीय जीवन लोक को नीचे गिराता है। उसका स्वरूप बदलकर उसे विद्रूप करता है। महानगर की दिशाहीनता में लोक का वैभव बचाए रखने की कोशिशें प्राय: हास्यास्पदता या कृत्रिमता में ध्वस्त होती हैं। यह मूल में मौलिक न बने रह पाने का संकट है :

नदी, नदी थी
तो समुद्र, समुद्र [मुहाने पर नदी और समुद्र–6]

अष्टभुजा के कवि ने लोक में रहकर लोक को अभिव्यक्त किया है। उसके चरित्र की जीवन्तता और भू-दृश्यों की महिमा गाई है और उसकी सीमाओं को भी जाना है। वह उन कवियों में से हैं जिनके लिए लोक उनकी देह का चाम है, उन कवियों में से नहीं लोक जिनके लिए जाल है। अष्टभुजा जैसे कवियों का लोक उनकी देह रहते उनसे नहीं छूटता और इस वजह ही वह देह के बाद भी लोक में बने रहते हैं, और गाए जाते हैं :

यह जीवन हमने भी ढोया
गूँथ-गूँथकर कच्ची मिट्टी, मोटी रोटी पोया
उसमें नमक लगाकर चाटा, झूठे ही मुँह धोया
बालू जितना पानी पीकर, पाटी पकड़े सोया
रोते-रोते हँसा बीच में, हँसते-हँसते रोया
शत्रु मित्र को परख न पाया, पूरी हाँडी टोया
बना रहा किरकिरी आँख की, सोने दिया न सोया
क ख ग इस अदा में लिक्खा, वेद लिख रहा गोया
बीया भर न हुआ बीया से, ऐसा बीया बोया
लोहे के कुछ चने सुबह थे, सायं जिन्हें भिगोया
पाने वाले राज पा गए, अष्टभुजा सब खोया [पद-3]

खिलाड़ी नहीं आलोचक कपिल देव—अष्टभुजा के कवि को समकालीन लोकवादी कवियों से अलगाते हुए कहते हैं : "जन-जीवन के दैनिक प्रसंगों में शामिल होने का दावा करने वाले, लेकिन हक़ीक़त में अभिजात काव्याभिरुचि की प्रतिष्ठा के लिए फ़िक्रमन्द; तमाम रूप-विकल कवियों में लगभग विजातीय की तरह दिखने वाले अष्टभुजा शुक्ल की कविता का यथार्थ दरअसल भारतीय समाज के उस छोर का यथार्थ है जिस पर 'बाज़ार' की नज़र तो है, लेकिन जो बाज़ार की वस्तु बन चुकने के अभिशाप से अभी बचा हुआ है।"

इस उद्धरण के उजाले में देखें तो देख सकते हैं कि लोक के जाल में मौजूद कवियों की संख्या हिन्दी में पर्याप्त है। इस प्रकार के सारे कवि महानगरों में बहुत सुख-सुविधासम्पन्न और लगभग वातानुकूलित जीवन जीते हैं। उनकी दिलचस्पी ड्राइंग रूम में कुदाल, अकाल में सारस और सोन चिरई... वग़ैरह में होती है। वे जब सभागारों में मुट्ठियाँ कसते हैं तो कई किसान शर्म से सल्फ़ास खा लेते हैं। वे जब किसी मज़दूर के चेहरे का बयान करते हैं तो उसके माथे पर दुःख की एक लकीर और पड़ जाती है... और जब वे इस दुःख को बकते हैं तो उसके सिर पर बोझ और बढ़ जाता है। वे जब लहलहाती फ़सलों को लिख रहे होते हैं, तब यथार्थ में फ़सलें तबाह हो रही होती हैं। वे जब सद्भाव को गा रहे होते हैं तब साम्प्रदायिकता,

सामन्ती प्रवृत्तियाँ और जातिवादी शक्तियाँ जनसंहारों के बाद केन्द्रोन्मुख हो रही होती हैं। वे जब इधर प्यार रचते हैं, तब उधर बलात्कार के बाद हत्याएँ रोज़ का समाचार हो जाती हैं। ऐसे कवि राजधानियों में जब बार-बार सम्मानित हो रहे होते हैं, तब अष्टभुजा जैसे कवि यह दर्ज कर रहे होते हैं :

काठ का घोड़, लगाम रेत की, नदी-पार तैयारी
घटिया कला, अछूती भाषा, बनते काव्य-शिकारी

[पद-43]

और :

अकेला होने पर
जब याद आती हैं वर्जनाएँ
तो जन्म लेने लगता है डर
जितना ही बढ़ता जाता है पहचान का संकट
उतना ही बड़ा होता जाता है डर

[किसी साइकिल सवार का एक असन्तुलित बयान]

अष्टभुजा का कवि यह जानता है कि क्या लोक में है जो महानगर में नहीं है और क्या महानगर में है जो लोक में नहीं है। वह यह भी जानता है कि क्या है जो लोक और महानगर दोनों में नहीं है और वह क्या है जो लोक और महानगर दोनों में है। यह जानना ही अष्टभुजा के कवि को लोक के जाल से अलग करता है :

नदी की सभ्यता
आँकी गई
घाटियों के आधार पर
घाटियों के आधार पर ही
लिखा गया
उसका इतिहास
जबकि नदी का भूगोल
पानी से था बना
और समुद्र
का भी

[मुहाने पर नदी और समुद्र–10]

अष्टभुजा का लोक एक सक्रिय देह या नदी की तरह गत्यात्मक है। उनकी कविता-सृष्टि में इसका यथार्थ से पृथक या आभासीय महिमान्वयन नहीं है। इस अर्थ में यह कविता-सृष्टि प्रकटीकरण के उस वायवीय और प्रायोजित ढंग-ढर्रे का

प्रतिरोध है जो लोक से दूर रहकर लोक को अभिव्यक्त करने का दावा करता है। लोक एक आचारिकता है और इसकी रचनात्मक अभिव्यक्ति के लिए इसे बरतना अपरिहार्य है। इस बर्ताव से दूर रहने की स्थिति में लोक-मंगल की कामना एक प्रकार के सौन्दर्यवाद में पर्यवसित हो जाती है। यह सौन्दर्यवाद जनपदीय और जातीय यथार्थ की वास्तविक विडम्बनाओं पर हावी हो जाता है। आशीष मिश्र ने 'इसी हवा में अपनी भी दो चार साँस हैं' की समीक्षा करते हुए इस फ़र्क़ को कुछ आलोकित करने का प्रयत्न किया है। वह कहते हैं : "अष्टभुजा शुक्ल के बोध का भूगोल गाँव से लेकर बड़े क़स्बों या छोटे शहरों तक फैला है। उनकी चेतना का इतिहास नब्बे के बाद गाँवों पर तेज़ी से बढ़े उदारीकरण और बाज़ार के आर्थिक और सांस्कृतिक दबावों से निर्मित है। अष्टभुजा इन सारे दबावों के प्रति बेहद सजग कवि हैं। इस फ़ेनामिना के तहत पैदा हो रहीं नई परिस्थितियों को, उसके पूरे सन्दर्भों के साथ पकड़ने में सक्षम हैं जो सामान्यत: हमारी नज़र की ज़द से बाहर होती हैं। अष्टभुजा के बोध का स्वरूप क्या है और कितना यथार्थ है, इसका पता चल जाएगा यदि उन्हीं के जातीय क्षेत्र के कवि केदारनाथ सिंह की कविता को उठाकर देखें। एक कवि के यहाँ चित्र बहुत विडम्बनात्मक है तो दूसरे के यहाँ बहुत सौन्दर्यपूर्ण। अब इसी बात को उलट दें—केदारनाथ सिंह के यहाँ विडम्बनात्मक स्थितियाँ भी बहुत सौन्दर्यपूर्ण ढंग से आती हैं और अष्टभुजा के यहाँ सौन्दर्यपूर्ण स्थितियाँ भी बहुत विडम्बनात्मक और व्यंग्य के रूप में।"

विडम्बनात्मक यथार्थ के वास्तविक प्रकटीकरण के लिए अष्टभुजा ने सर्वप्रियता और सौन्दर्यवाद को उपेक्षा की आँखों से देखा है। एकदम यही बर्ताव सर्वप्रिय और सौन्दर्यवादी चेतना ने अष्टभुजा की कविता-सृष्टि के साथ करने के प्रयास किए, लेकिन वह कामयाब नहीं रही तो इसकी मूल वजह अष्टभुजा के कवि का अपनी स्थानिकता से विलक्षण लगाव और सुदृढ़ व मौलिक लोक-चेतना है। इसी आचारिकता ने अष्टभुजा शुक्ल को हिन्दी कविता में उपस्थित विभाजनकारी शक्तियों द्वारा संचालित 'मेड़बन्दी' के दायरे से भी दूर रखा। एक साक्षात्कार में एक प्रश्न—'आपके काव्य में ग्राम्य-जीवन, कृषक-जीवन तथा लोक-जीवन की विविधतामय रंगत देखने को मिलती है। मौजूदा समय में जब दुनिया सूचना-प्रौद्योगिकी की ओर तेज़ी से गतिशील है। ऐसे समय में आपके काव्य की क्या भूमिका है?'—के उत्तर में अष्टभुजा कहते हैं : "...बहुत पहले संस्कृत काव्य में भी ये सवाल उठते रहे हैं। ...संस्कृत में आचार्यों यानी आज की शब्दावली में आलोचकों ने कविता की कई कोटियाँ बनाई थीं—ग्राम्या, नागरिका, उपनागरिका। यानी जो ग्रामीण संवेदना की कविता थी उसे ग्राम्या, नागर संवेदना की कविता को नागरिका तथा क़स्बाई या उपनगरों की कविताओं को उपनागरिका कहा जाता था। ...आज के सूचनातंत्र-बहुल समय में, प्रौद्योगिकी के विस्फोट के दौर में लोक-जीवन की सार्थकता का सवाल

तथाकथित मुख्यधारा के साहित्य में शामिल लोग उठाते हैं। वे ये सवाल इसलिए उठाते हैं कि लोक-जीवन, लोक-संवेदना को चित्रित करने वाले कवियों को यह कह दिया जाता है कि ये ग्राम्य-संवेदना या कृषक-संवेदना को चित्रित करते हैं और इस तरह एक मेड़बन्दी कर दी जाती है कि आप वहीं रहिए। प्रौद्योगिकी ने दुनिया को सहज-सुगम बनाया है, लेकिन इसे कविता से जोड़ने की ज़रूरत नहीं; क्योंकि कविता शर्तों पर नहीं चलती, उसकी अपनी आन्तरिक शर्त होती है।"

कविता की आन्तरिक शर्तों और ज़रूरतों का ख़याल रखते हुए अष्टभुजा के कवि ने लोक-संवेदना के साथ छन्द जैसी लोकप्रिय शैली को भी बख़ूबी साधा है। परमानन्द श्रीवास्तव के शब्दों में : "छन्द उनके समूचे काव्य-मुहावरे का अभिन्न तत्त्व है।" यह तत्त्व अब तक बरक़रार है :

खाकर फूले जैसे ढोल
जाने कैसे खुल गई पोल
बिल में कैसे घुसड़ें बोल
बढ़ई भइया पुट्ठे छोल [चूहे]

व्यापक हिन्दी जन क्षेत्र में कविता की कोटियों में क़ैद न होते हुए अपनी मूल काव्य-आचारिकता की रक्षा करने में सम्प्रेषण के संकट भी प्राय: उत्पन्न होते रहते हैं। अष्टभुजा शुक्ल की कविता-सृष्टि की शब्दचर्या पर चर्चा करते हुए सहृदय आलोचक ओम निश्चल अपने एक आलेख में कहते हैं : "अष्टभुजा के लिए खेती-किसानी के बिम्ब केवल सौन्दर्यधायी भाषिक भंगिमा के लिए ही टाँके नहीं गए हैं, बल्कि वे किसानी जन-जीवन की उपज हैं। *मोहकड़े, दोरते, कुकुरोंधी, पेड़ी, करइल, भुइयाँलोट, उखारबेंट, भोरहरी, पखुरे, घटतौली, अल्लाहट, पगहा, उदन्ता, हौदी, खुरकुच, खेताही, मजूरी, परसन्तापी, पिंपियाने, हुड़कने, मुंहदूबर, कुलच्छिनी, चपरहा, पागुर, फेंचकुर, कोयलाँसी, गोजई, सतंजा, निछान, भिन्नहीं, कइनों, छुच्छी, चिरकुट, धराऊँ, उपराती, कलौंस और शितियाए*—जैसे शब्दों के अलावा अनेकानेक तत्सम शब्द, यथा—*गुरुनितम्बा, स्पर्शशील, पयस्विनी, निभृत, सशंक, दिक्-सूचक, गणमैत्री...* आदि भी उनकी जिह्वा पर संस्कृतज्ञ होने के नाते टकराते हैं। इस तरह तद्भव और तत्सम का फ़्यूजन उनके यहाँ देखते ही बनता है।"

यह फ़्यूजन देखते भले ही बनता हो, लेकिन पढ़ने में यह पाठकीय प्रविधि में बहुतों के लिए एक असम्प्रेषणीय काव्य-व्यवहार की तरह है। जब उर्दू और फ़ारसी के मुश्किल शब्दों के अर्थ हिन्दी में लिखने या पेश किए जाने वाले शाइरों की हर ग़ज़ल और नज़्म के नीचे दिए जा सकते हैं, तो संस्कृतनिष्ठ और लोक से आए कठिन शब्दों के अर्थ हिन्दी कवियों की कविताओं के अन्त में क्यों नहीं दिए जा सकते? यह स्थिति पाठकीय सीमाओं के सम्मान और ख़याल का अनुशासन है।

अष्टभुजा की शब्दचर्या पर चर्चा करते हुए उनकी कविता-सृष्टि में बार-बार पाए जाने वाले जिन शब्दों को ओम निश्चल ने पूरी निश्चलता से एक क्रम में रखा है, उनके बारे यह कहने में कि उनके अर्थ नहीं पता, हिन्दी कविता के सीमित; लेकिन विभिन्न स्थानीयताओं में उपस्थित आस्वादकों-पाठकों-श्रोताओं को कोई शर्म नहीं आनी चाहिए... क्योंकि अष्टभुजा शुक्ल की कविता के पाठक बस्ती से बाहर भी हैं या हो सकते हैं, वैसे ही जैसे बाँदा में कविता लिख रहे केशव तिवारी के पाठक बुन्देलखंड और अवध से बाहर भी हैं या हो सकते हैं, वैसे ही जैसे वैशाली-हाजीपुर में कविता लिख रहे राकेश रंजन के पाठक बिहार से बाहर भी हैं या हो सकते हैं, वैसे ही जैसे करौली में कविता लिख रहे प्रभात के पाठक राजस्थान से बाहर भी हैं या हो सकते हैं, वैसे ही जैसे दरभंगा में कविता लिख रहे मनोज कुमार झा के पाठक मिथिलांचल से बाहर भी हैं या हो सकते हैं, वैसे ही जैसे पिथौरागढ़ में कविता लिख रहे महेश चन्द्र पुनेठा के पाठक उत्तराखंड से बाहर भी हैं या हो सकते हैं...। इस प्रकार के कुछ और उदाहरण भी प्रस्तुत किए जा सकते हैं, लेकिन विस्थापन के विवशता में बदल जाने के बाद कवियों की स्थानिकता और भाषा और उसमें प्रयुक्त शब्दचर्या भी बदल गई है। यह भी एक तथ्य है कि इस घटनाक्रम में सम्प्रेषण की समझ भी विकसित हुई और कई लोकवादी कवियों ने लोक-जीवन को दर्ज करने के लिए उसकी बोली/भाषा को अपने काव्य-व्यवहार के लिए अनिवार्य नहीं माना। इस प्रकार के सारे हिन्दी कवि अपने मूल निवास या कहें लोक से भौतिक रूप से दूर थे। हालाँकि इस प्रकार के कवियों के प्रसंग में इस तथ्य को भी एक विशिष्टता की तरह उकेरा जाना चाहिए कि इन कवियों ने छद्म लोकवादी कवियों की तरह—जिनका ज़िक्र यहाँ पूर्व में हो चुका है—ख़ुद को अभिव्यक्त नहीं किया।

यहाँ आकर अष्टभुजा शुक्ल की शब्दचर्या पर चर्चा को थोड़ा और बढ़ाया जा सकता है और उस समस्या को भी जिसका ज़िक्र गए अनुच्छेद में हुआ। *घेंचकड़ा, सरगपताली, लमगोड़ा, भुभुली, विखौधे, गोरसहा, छकरा, गुड़छार*—जैसे शब्दों से सम्पन्न अष्टभुजा शुक्ल की कविताओं को पढ़ने वाले और दिल्ली, ग़ाज़ियाबाद, नोएडा, गुरुग्राम, फ़रीदाबाद, करनाल, कुरुक्षेत्र, चंडीगढ़, अम्बाला, जालन्धर, लुधियाना, मोहाली, शिमला, कुल्लू, श्रीनगर, हरिद्वार, देहरादून, नैनीताल, हैदराबाद, बेंगलुरु, भोपाल, इन्दौर, जबलपुर, मुम्बई, पुणे, नागपुर, जयपुर, जोधपुर, बीकानेर, अजमेर, अहमदाबाद, सूरत, राँची, कोलकाता, गुवाहाटी जैसी स्थानीयताओं में जन्मने-पलने-बढ़ने वाले हिन्दी-कविता-प्रेमियों को इन शब्दों के अर्थ जानने के लिए क्या बस्ती या पूर्वांचल की यात्रा करनी होगी या यह एक प्रकाशकोचित, सम्पादकोचित, कवियोचित ज़िम्मेदारी है कि वह इन शब्दों के अर्थ कविताओं के साथ जारी करे? इस प्रश्न के उत्तरवंचित रहे आने के कई दुःखद पक्ष हैं, लेकिन

उनमें से सबसे दु:खद यह है कि जब हिन्दी कवि कविता लिख रहा होता है; तब दूर-दूर तक पाठक नाम की कोई व्यवस्था उसके मन-मस्तिष्क में नहीं होती। हिन्दी कविता के सम्पादकों और प्रकाशकों के लिए भी पाठक एक जीवन्त व्यक्ति नहीं, एक अमूर्त बिम्ब की तरह है।

इस दृश्य में बोलियाँ आगे बढ़ नहीं सकीं और भाषा वह बन नहीं सकी जो बोली जा सके, यह मौजूदा हिन्दी कविता का स्थायी दुर्भाग्य है। व्यापक हिन्दीभाषी संसार में हिन्दी कविता का 'अबूझमाड़' तैयार करने में इस दुर्भाग्य की महत्त्वपूर्ण भूमिका है। अष्टभुजा की एक कविता 'जवान हो चुकी है दुनिया' के अन्य पाठ भी सम्भव हैं, लेकिन अगर इसे हिन्दी कविता के विकासक्रम की सूचनात्मक रपट के तौर पर पढ़ा जाए तो यह एक निहायत ही आशावादी पाठ होगा। इस पूरी कविता को यहाँ उद्धृत करना प्रसंग में ही बने रहने की प्रक्रिया का एक अंग माना जाना चाहिए :

तीत मीठ खट्टा नमकीन कसैला चखकर
साग पात मूली गाजर कच्चा पक्का भक्ष्याभक्ष्य खाकर
पानी दूध पसावन काढ़ा छाछ पना रस पीकर
खाल छाल पत्ता बल्कल सूती फूती पहनकर
घाम बतास आँधी बौंखा जाड़ा पाला सहकर
रखाई है अपनी देह

घमौनी करके मज़बूत की अपनी हड्डियाँ
मेहनत करके उन्नत की अपनी छाती
और पतली की अपनी कमर
ज़मीन पर सोकर कड़ा किया अपना शरीर
बिछिया झुककर
सूरज के किरणों की सुई अपनी पलकों से उठाती हुई
लचीले किए अपने अंग-प्रत्यंग
हल्दी लेपकर निखारी अपनी कान्ति

काजल और किरकिरी बनाने लगी लोगों को
प्रणय-निवेदन या अपशब्द सुनकर
जब-तब सुर्ख़ हो जाता है इसका मुखड़ा
अब पूरी जवान हो चुकी है दुनिया
बस, एक प्रसव की देर है
दूध अपने आप निकलने लगेगा इसके तन से

यहाँ तक आते-आते अष्टभुजा शुक्ल अच्छे कवि क्यों हैं, इसकी पड़ताल लगभग सम्पन्न हो जाती है। उनके कवि के अतीत में जाने और उसके विकासक्रम के बाधित, सीमित और लुप्त होने की वजहों का पता लगाने की प्रक्रिया में यह निष्कर्ष खुलता है कि लोक से किसी दूसरे ही लोक में ले जाने वाली मादकता अष्टभुजा शुक्ल पर अब तलक चढ़ नहीं पाई है। युवा अष्टभुजा ने अपनी एक कविता में लोक को एक रास्ता माना, एक ऐसा रास्ता जिस पर चलकर आगे की यात्राएँ तय की जा सकें :

आकाश की ओर
चढ़ाई करने को उद्यत ताड़ीवान
हाथों का फन्दा
डालता तो है अपने गले में
लेकिन समझता है
कि पैरों में डाल रहा है [ताड़ीवान]

आगे की यात्रा में अष्टभुजा बहुधा लोक-हित, राजनीतिक विषयों और प्रचलित विमर्शों को क्रमशः वाग्-दंड, सरलीकरण, अनाधुनिकता, अधकचरेपन, गँवई मूर्खताओं, मर्दवादी दम्भ और शोर के समीप ले गए :

एक हाथ में पेप्सी-कोला
दूजे में कंडोम
तीजे में रमपुरिया चाक़ू
चौथे में हरिओम् [भारत घोड़े पर सवार है]

और :

नीचा, दम्भी, पतित, पातकी जैसा भी था भान रहा
अष्टभुजा को अपनी जड़ताओं पर भी अभिमान रहा [पद-38]

यह जानते हुए भी कि लिखी हुई कविता से जीवन हमेशा आगे निकल जाता है, अष्टभुजा ने सूचनाग्रस्त होकर तात्कालिक हस्तक्षेप की कई कविताएँ लिखीं। कविता जब ख़बरों के आतंक या दबाव में पूर्ण होती है, तब वह कविता कम किसी दैनिक अख़बार के सम्पादकीय पृष्ठ पर प्रकाशित एक प्रतिबद्ध या प्रायोजित लेख की तरह ज़्यादा लगती है... परवर्तित समकाल रोज़ इस तरह भी पकड़ से छूटता है :

परेशान उपभोक्ताओं की
परेशानी से परेशान हो गया है
भारत संचार निगम

अपने से जोड़े रहने के लिए
बनाने में मशग़ूल है नई-नई योजनाएँ
कि कैसे कम से कम पैसों में
अधिक से अधिक बात कर सकें
देश के सम्मानित ग्राहक
कि कैसे घटे दर और कैसे बढ़े समय

[भारत संचार निगम लिमिटेड]

अष्टभुजा शुक्ल के कवि की और आगे की यात्रा उनकी कविता-सृष्टि को कहाँ ले जाएगी यह समय तथा संसार की तरह ही अनिश्चित है, फ़िलहाल वह अपने विकासक्रम से वंचित होकर फ़तेह की जा चुकी ऊँचाइयों पर ही रुकी हुई है।

सन्दर्भ

यहाँ प्रस्तुत आलेख प्रथमत: 'पहल' के 102वें अंक (जनवरी 2016) में प्रकाशित हुआ जिसमें अष्टभुजा शुक्ल के तब तक प्रकाशित चार कविता-संग्रहों—रामकृष्ण प्रकाशन, विदिशा से प्रकाशित 'चैत के बादल' (1999) और राजकमल प्रकाशन, नई दिल्ली से प्रकाशित 'दु:स्वप्न भी आते हैं' (2004), 'इसी हवा में अपनी भी दो चार साँस हैं' (2010), 'पद-कुपद' (संस्करण : 2012) के साथ-साथ 'पहल' के 93वें अंक में प्रकाशित उनकी कविताएँ, रामकृष्ण प्रकाशन, विदिशा से ही प्रकाशित उनके ललित निबन्ध-संग्रह 'मिठउवा' (1999), 'तहलका' में प्रकाशित अंकित अमलतास से उनकी बातचीत को आधार की तरह प्रयोग किया गया है। 'इसी हवा में अपनी भी दो चार साँस है' की आशीष मिश्र द्वारा की गई समीक्षा विनोद तिवारी द्वारा सम्पादित 'पक्षधर' के 16वें अंक में प्रकाशित हुई और ओम निश्चल का आलेख 'शब्दों से गपशप : अज्ञेय से अष्टभुजा शुक्ल' शीर्षक से प्रकाशित उनकी पुस्तक में शामिल है। परमानन्द श्रीवास्तव और कपिल देव को उद्धृत करने के लिए क्रमश: 'चैत के बादल' की भूमिका और 'इसी हवा में अपनी भी दो चार साँस है' के ब्लर्ब को ध्यान से पढ़ा गया है।

कृत्रिमता का आलोक

कुमार अम्बुज की कविता-सृष्टि पर एकाग्र

कुमार अम्बुज का कवि-व्यक्तित्व हिन्दी कविता की व्यावहारिक राजनीति में पर्याप्त चर्चावान् और स्वीकृत है। इस अस्तित्व पर आपत्तियाँ भी लगभग नहीं हैं। एक लिखित व्यवहार में यह निर्विवाद सुख कुमार अम्बुज को बीसवीं सदी के नवें दशक की हिन्दी कविता का एक प्रमुख हस्ताक्षर मान लेने के लिए बहुत है। लेकिन इस प्रगति को प्राप्त उनकी कविता-सृष्टि के इस 'प्रकट' के समानान्तर एक 'स्वगत' भी जारी है। इस स्वगत का स्वर शिकायताना है, लेकिन वह अतर्कसंगत नहीं है। वह प्रमाणपुष्ट है, लेकिन प्रकट के बहुमत से भयभीत है।

"किसी ऐसी बात से कोई वास्ता न रखो जिसे तुम्हारे अतिरिक्त कोई और करता ही न हो!" लुडविग विट्गेन्सटाइन के इस उद्धरण को हिन्दी साहित्य के सामूहिक विवेक के सन्दर्भ में लागू किया जा सकता है। यह विवेक इस तरह की मान्यताओं से संचालित है कि दृश्य को समस्याग्रस्त करके देखने से और समस्याएँ उत्पन्न होती हैं। लिहाज़ा वह रहा आता है—जड़ और उदासीन। यह स्वीकृति को प्रकट और असहमति को स्वगत बना देने वाली 'ऐतिहासिक महत्त्व' की कला है!

कुमार अम्बुज का वास्ता हिन्दी कविता की जिस पीढ़ी से है, उसमें देवी प्रसाद मिश्र को छोड़कर लगभग सारे कवि स्वीकृत होते ही सेवानिवृत्त हो गए। इस दृश्य में यह तथ्य एक सबक़ की तरह नुमायाँ हुआ कि एक हिन्दी कवि के जीवन में स्वीकृति इस बात की सूचना है कि अब आपसे कविता में विशेष कुछ होगा नहीं। यहाँ स्वीकृति को कुछ स्पष्ट कर देना चाहिए—महत्त्वपूर्ण पत्रिकाओं में महत्त्व के साथ प्रकाशन, पुरस्कार, बड़े प्रकाशनों से कविता-संग्रह और उन पर समीक्षाएँ-चर्चाएँ तथा गोष्ठियाँ, फ़ैलोशिप, नौकरी, संस्थाओं-अकादमियों-विश्वविद्यालयों में आवाजाही, अन्य साहित्यिक विधाओं में भी दख़ल, कुछ और आवाजाही, कुछ और किताबें और कुछ और पुरस्कारों की प्रतीक्षा... यह स्वीकृति है और इस सबके लिए किसी भी हद तक गिर जाने की सामर्थ्य, इस स्वीकृति का हासिल है। यह

संयोग नहीं है कि इस पीढ़ी में अपनी कविता को वे ही कवि विकसित कर पाए हैं जिन्हें लेकर समकालीन काव्य-विमर्श में अस्वीकृति, असहमति और कुचर्चाएँ हैं।

कुमार अम्बुज की कविता-सृष्टि हिन्दी साहित्य संसार में व्याप्त स्वीकृति के इसी प्रदूषण के एकदम बीच है। उनकी कविता इस वजह अशक्त, शैथिल्यग्रस्त और रुग्ण नज़र नहीं आती है तो इसका एक और एकमात्र कारण उसका अपनी 'बनावट' के प्रति बहुत सावधान होना है। वह अपने को इतना खुला नहीं छोड़ती कि वेध्य हो जाए। इस कोशिश में कुमार अम्बुज अपने से ठीक पहले के कवि और समकालीन काव्य-विमर्श में उनके समानधर्मी मंगलेश डबराल और राजेश जोशी के नज़दीक हैं। मंगलेश की कारुणिकता या कहें मंगलेशियत से उन्होंने ख़ुद को तब ही अलग कर लिया था, जब वह 'किवाड़' खोलकर 'क्रूरता' तक आए थे। बाद में 'नींद' और 'स्त्रियों' और 'तानाशाह' पर तय हुईं उनकी कविताओं में ही यह असर दीखता है। लेकिन राजेश जोशी की यांत्रिकता, फ़ॉर्मूलेबाज और फ़ैशनेबल जनपक्षधरता और 'आइडियाज़' को बरतने के तकनीकी कौशल से वह अब तक पूर्णतः मुक्त नहीं हो पाए हैं। जनपक्षधरता एक व्यापक मूल्य है, अगर उसे जड़ता से बचाया जाए तब। ग़रीब और पिछड़े हुए मुल्कों की कविता में जनपक्षधरता बहुत सरलता से एक कवि और उसकी कविता को स्वीकृत बनाती है। हिन्दी में भी अगर इस तत्त्व के साथ कोई कवि कविता बनाना जान ले तो कोई उसका कुछ नहीं बिगाड़ सकता। कभी-कभी शाब्दिक भंगिमाओं और अनावश्यक स्फीति से सम्पन्न जनपक्षधर कविता को कवि के जीवन से जोड़कर देखने पर इस यक़ीन को मज़बूती मिलती है कि कविता कोई स्वतःस्फूर्त या प्रेरणा-आधारित वस्तु नहीं है। वह अपने निर्माता को प्रायः सबवर्सिव नहीं, एक सुधीर चरित्र में ढालती है। इस तरह देखें तो कविता भी उसे वैसा ही बना रही होती है, जैसा वह कविता को—कृत्रिम।

कृत्रिमता—रचना में—कोई रचनाविरोधी, अशक्त, अप्राकृतिक, अनैतिक, आपराधिक मूल्य नहीं है। वह भी रचनाकार की साधना का एक अंग है। वह अन्तर्वस्तु की विवशता है। इस अभिप्राय में देखें तो कुमार अम्बुज की कविता-सृष्टि प्रेरणा से नहीं, कृत्रिमता से आलोकित है। उम्बेर्तो ईको ने अपने एक व्याख्यान में 'प्रेरणा' को एक बहुत बुरा शब्द माना है। इसे देखते हुए कुमार अम्बुज के एक वक्तव्य में उनका यह स्वीकार प्रासंगिक है : "मैं यह मानता हूँ कि अनुभूति का, विवेक और बुद्धि से गहरा सम्बन्ध होता है।" अपनी अनुभूतियों को विवेक के सहारे विचार के रास्ते विकसित करती हुई कुमार अम्बुज की कविता सभ्यता को टीलों में तब्दील होने से बचाने के उपक्रम से प्रारम्भ और प्रकाशित हुई थी। यह वर्ष 1990 के आस-पास का प्रयास है। एक विध्वंसकारी समय नए बदलावों और बनावट के साथ उदय होने को था। 'आवारा पूँजी' हिन्दी साहित्य में विमर्श का विषय बनने लगी थी। दृश्य पर कॉर्पोरेट हावी था। इसके बारे में कवि ने आगे वर्ष

2010 के दिनों की अपनी डायरी में दर्ज किया : “दरअसल, हम सब अब किसी न किसी कॉर्पोरेट की अधीनता में रहते हैं—प्रत्यक्षत: या परोक्ष रूप से—हमारा सब कुछ किसी कॉर्पोरेट की परिधि में है। यह घर, इसमें रहने वाले लोग, यह कॉलोनी, बाहर का पूरा दृश्य, ये नए लगाए गए पेड़, यह कार, यह भिखारी, यह प्रधानमंत्री और यह मेरी परछाईं, सब कुछ निजी संस्थानों के नियंत्रण में है। बल्कि उनकी इच्छा और दया पर है। सरकार और न्यायालयों की परिधि से यह सब बाहर है, क्योंकि उनकी अनुमति और नियमावली के तहत वे हैं। अधिकतम यह हो सकता है कि वे कॉर्पोरेट्स के पक्ष में ही कोई अधिसूचना, निर्णय या संशोधन ज़ारी कर दें।”

ये स्थितियाँ आने-आने को ही थीं, जब नए सिरे से भाषाओं और कलाओं में रचनाकारों के सरोकारों को जाँचने का दौर चल रहा था। उनकी स्त्री-दृष्टि और उत्पीड़ितों, वंचितों, दलितों, आदिवासियों और अल्पसंख्यकों के बारे में उनका नज़रिया परखा जा रहा था। वैश्विक क्रूरता, भूमंडलीकरण और बेतरह फैलते जा रहे बाज़ार के बीच यह जाँच-पड़ताल सहज ही रचनाकार की राजनीतिक और वैचारिक दृष्टि का पता उजागर कर देती थी। सोवियत संघ के पराभव के पश्चात् यह प्रक्रिया ज़रूरी भी हो उठी थी। लेकिन बहुत सारे शातिर रचनाकार इस स्कैनिंग से बच निकले और अपनी रचनाओं से बाहर एक दोहरा जीवन जीते रहे। यह विचलन समाज और भाषा के सिलसिले में कोई नई बात नहीं थी, लेकिन प्रत्येक उद्घाटन के साथ इसकी विचलित कर देने की सामर्थ्य और बढ़ती जाती थी।

वर्ष 1990-95 के मध्य एक कविता ‘क्रूरता’ में कुमार अम्बुज कुछ भविष्यवाणियाँ करते हैं। दुर्भाग्य से ये आगे सच सिद्ध होती हैं। आशंका में डूबी हुई ‘प्रिकॉसिटी’ सदा ही कवि को ज़िम्मेदारी में और समाज को मुसीबत में लाकर छोड़ देती है। इस कविता में क्षमाभाव के समाप्त होने, विलाप के निरर्थक होने और पड़ोसी के सान्त्वना नहीं एक हथियार देने के बाद एक ऐसी क्रूरता के आगमन की बात थी जो आत्मा को आहत नहीं करेगी। वह भावी इतिहास की लज्जा की तरह आएगी और सारी करुणा और सारा श्रृंगार सोख लेगी। ‘क्रूरता’ (1996) की भूमिका में कवि कहता है : “सामाजिक जीवन में, संविधान में और निजी दिनचर्या में लगातार संशोधन किए जा रहे हैं ताकि नए जीवन से तालमेल बिठाया जा सके। इस नए में बेहतर क्या है और कितना है, यह विचार करने का समय इस आपाधापी में जैसे किसी के पास नहीं रह गया है। जो रुककर सोचता है, वह हास्यास्पद हो जाता है। संस्कृति अब राज्य की वस्तु है। विकल्प की सुविधा और असहमति की स्वतंत्रता लगातार कम हो रही है।”

यहाँ से कुमार अम्बुज की कविता एक सजग गतिशीलता में नागरिक-पराभव के दृश्य दर्ज करती चली जाती है। वह अपने यथार्थ में इतनी प्रतिबद्ध, अपने विन्यास में इतनी सुघड़ और प्रभावित करने की क्षमता में इतनी ज़्यादा कुशल होती जाती है

कि उसे अस्वीकृत करने का अवकाश ही उत्पन्न नहीं होता। वे सारे शब्द, विचार और भंगिमाएँ एक अविचलित और बेहद सधे हुए शिल्प में एक अभ्यासगत दृढ़ता के साथ कुमार अम्बुज की कविता में मौजूद हैं जो समकालीन कविता-विमर्श में उन्हें बहुत दूर तक प्रासंगिक बनाए रखेंगे। लेकिन बतौर कवि यह उनके लिए संकट नहीं तो और क्या है कि इस मामले में वह अकेले नहीं हैं, एक क़तार-ए-मुसलसल है जो ऐसी ही प्रासंगिकता की चाह में समकालीन कविता-विमर्श में सक्रिय है :

मेरे पक्ष में केवल एक सम्भावना थी
कि मैं अपनी हरकतों में
अकेला नहीं था

[सम्भावना]

कुमार अम्बुज के पहले कविता-संग्रह 'किवाड़' के ब्लर्ब पर केदारनाथ सिंह ने स्थानीयता को तब तक कोई काव्य-मूल्य नहीं माना है, जब तक कि उसका किसी गहरी दृष्टि या वृहत्तर बोध में विलयन न हो। यह ब्लर्ब लगभग 25 वर्ष प्राचीन है, लेकिन अब तक प्रासंगिक है। एक दैनिक अपराधबोध और कृतज्ञता के साथ 'स्थानीयता' कुमार अम्बुज की कविता-सृष्टि में अब तक एक काव्य-मूल्य है। दृष्टि-बोध की व्यापकता और वैचारिक प्रतिबद्धता इस काव्य-मूल्य के विकास-क्रम में सहायक रहे हैं... इस तरह हिन्दी कविता में उपस्थित बहुत सारी शहीदाना, रुदनवादी और रद्दी स्थानीयता के बरअक्स कुमार अम्बुज ने यथार्थवादी, कर्त्तव्यनिष्ठ और मूल्यवान् स्थानीयता अर्जित, निर्मित और व्यवस्थित की है :

हम बहुत दूर निकल आए हैं
सूर्योदयों, सूर्यास्तों, श्रम भरी दुपहरियों से
खेतों-खलिहानों से, नदियों से, पहाड़ों से
अलाव से और रात में चमकते सितारों से

अब हम गीत नहीं बनाते

अब कुछ दूसरे लोग हैं जो बाक़ी काम नहीं करते
सिर्फ़ गीत बनाते हैं
वे दूसरे अलग हैं जो उसे ढालते हैं संगीत में
कुछ और लोग भी हैं जो सिर्फ़ गाते हैं गीत
और फिर ढोल-ढमाके के साथ
आता है दुनिया में वह गीत

हम तो यहाँ सुदूर परदेस में
खोजते हैं रोजी-रोटी
भूल गए हैं अपना जीवन-संगीत

अब हम गीत नहीं बनाते [अब हम गीत नहीं बनाते]

स्थानिकता से सम्पृक्त यह काव्य-विवेक अपने पढ़ने वाले के साथ एक बेचैनी भरा सम्बन्ध बनाता है। इस विवेक की स्मृत्यात्मकता, गत्यात्मकता और व्यापकता इसे अपने असर में गहरा और स्थायी रखते हैं। यहाँ विष्णु खरे को उद्धृत करना होगा : "कुमार अम्बुज विशिष्टत: निम्न-मध्यवर्ग; लिहाज़ा गाँव, क़स्बे, छोटे शहर या लघुनगर के, और इस तरह इस देश के बहुमत के कवि हैं। उनकी जड़ें उसी में हैं। उनके यहाँ क़स्बों-शहरों के अनेक चित्र हैं, उनकी हर क़िस्म की यादें हैं, वह बार-बार वहाँ लौटते हैं, यह जानते हुए भी कि वह भी बदल रहे हैं और वे भी बदल रहे हैं। यही वजह है कि उनका अतीत-राग रुग्ण नहीं रहता, एक चिन्ता-भरी स्नेह-भावना में बदल जाता है। अम्बुज की उपलब्धि अपने हर शहर-क़स्बे को एक ऐसी सार्विकता देने की रही है कि हमें भी अपने कैशोर्य-युवावस्था के घर-मोहल्ले, रास्ते, बाग़, पेड़, पुलिया, वीरान इलाक़े, आवाज़ें, सारे पहर, रंग, गन्ध, इमारतें, बाशिन्दे, यार-दोस्त, दिलकुशा मुहब्बतें वग़ैरा बेसाख़्ता याद आने लगते हैं।"

कुमार अम्बुज के यहाँ स्थानिकता का प्रकटीकरण इतना ज़मीनी और सख़्त है कि उसमें ईश्वर, प्रार्थना, अनन्त, अध्यात्म, वैभव, संगीत, सौन्दर्य, केलि...जैसे शब्दों का प्रवेश स्वत: ही वर्जित होता चला जाता है : *(धूल का संगीत वैभव के सन्नाटे में गूँजता है)* इस स्थानिकता का नागरिक एक भारतीय मध्यवर्गीय सन्ताप से ग्रस्त नागरिक है : *(अपना दु:ख अवसर देखकर ही प्रकट करना था)* उसके स्मृतिलोक की अभिव्यक्ति का स्वर आलोचनात्मक है : *(थकान/जो गुज़र गए समय का वज़न है)* वह स्मृतिग्रस्त नहीं हुआ है : *(अन्यथा विस्मृतियाँ चुपचाप नष्ट कर देतीं मुझे/जिस तरह किया स्मृतियों ने)* वह एक नए रास्ते के लिए व्यग्र है : *(पुराने सम्बन्ध इतनी जल्दी हो गए इतने पुराने)* उसकी मुठभेड़ रहस्य, रोमांच और रूमानियत से नहीं एक करुण, क्रूर और कठिन यथार्थ से है : *(क्षय होती हुई सभ्यता में/असभ्यता चुपचाप कर रही है अपना काम)* एक मात खाए हुए विचार से घायल यथार्थ में वह अब बहुत इंक़लाबी नहीं है : *(एक क्रान्तिकारी छिपा रहा है खुद को/तानाशाह की निगाहों से)* पर वह नष्ट भी नहीं हुआ है : *(यह थकान, यह हताशा, यह मलबा, यह पराजय/कुछ भी अन्तिम नहीं है)* एक संरचनात्मक सघनता वाले रचनात्मक विन्यास में वह मौजूदा वक़्त के सबसे बड़े ख़तरों को अभिव्यक्त

करने के दायित्व से भरा हुआ है : *(इस नए समय में किसी भी स्वप्न के टूटने की आवाज़/नहीं जाएगी बहुत दूर तक)* वह जोखिम उठाना चाहता है : *(अँधेरे में भरते हुए आवाज़ों का प्रकाश)* एक गहन चुप में वह सबसे ज़्यादा हलचलों और आवाज़ों को याद करता है : *(कि कहीं कुछ हो/कैसे भी हो मगर एक आवाज़ हो)* वह इसे एक सूत्र की तरह सौंपता है कि जोखिम से बचा नहीं जा सकता : *(सिर्फ़ सम्पत्तियाँ उत्तराधिकार में नहीं मिलेंगी/ग़लतियों का हिसाब भी हिस्से आएगा)* दृश्य में उपस्थित अपसंस्कृति से वह ख़ुद को बचाता है : *(मैं किसी स्पर्धा में शामिल नहीं/मैं सिर्फ़ कर रहा हूँ अपना काम)* वह दुनियादारी से ख़ुद को दूर रखता है : *(डर सबसे पहले/दुनियादार आदमी के हृदय में प्रवेश करता है)* बावजूद इसके उसका अपने मूल से एक अटूट लगाव है : *(छूटता ही नहीं शहरों से मेरा प्रेम)* यह लगाव सतत एक असहायताबोध के समानान्तर है : *(मुझे शर्म आती है/अपनी समकालीन कायरता पर)* वह इसके निष्कर्ष भी जानता है : *(मुझे बचाया भी नहीं जा सकता कि मेरे पक्ष में/सिर्फ़ मेरी गवाही है)* लेकिन इस सबके मध्य भी उसके विपथगामी न होने की मूल वजह उसकी वह दृष्टि और उसकी रचनात्मकता का वह व्यक्तार्थ है : *जहाँ निराशाएँ अपनी गतिशीलता में आशाएँ हैं...*

यह करुण, क्रूर और कठिन यथार्थ ही है जो कुमार अम्बुज को उन प्रमुख हिन्दी कवियों में से एक बनाता है, जिनके यहाँ अलग से प्रेम-कविताएँ नहीं हैं। उनके यहाँ प्रेम सब कुछ से अलग नहीं है, वह सब कुछ के साथ है और सब कुछ के बीच है। वह अपने जटिल आयामों में है :

एक और सपने में उसने मुझसे कहा—
मुझे नहीं पता
तुम बीसवीं सदी के नवें दशक के कवि हो
या अन्तिम दशक के
मुझे पता है लेकिन
तुम उस समय के कवि हो
जब लड़की से कहा जाता था—'प्रेम करो'
और लड़की के मना करने पर
गोली मार दी जाती थी

[पन्द्रह साल पहले बिछड़ गई शहनाज़ के लिए कुछ कविताएँ]

लेकिन...

एक उद्दाम निराशा, स्थगित अवसाद
उठा हुआ झाग [प्रेम]

ऊपर उद्धृत कविता एक पूरी कविता है। इस तरह की छोटी कविताएँ (शब्द-संख्या के लिहाज़ से) कुमार अम्बुज ने अब तक अपने किसी संग्रह में शामिल नहीं की हैं। इन्हें 'अमीरी रेखा' (2011) में रखा जा सकता था, क्योंकि ये संख्या में 23 थीं और वर्ष 2005 के आख़िरी दिनों में 'पहल' में प्रकाशित हुई थीं। इन कविताओं में कुमार अम्बुज का कवि अपनी स्वीकार ली गई छवि से बाहर नज़र आता है। सम्भवत: इसलिए ही इन कविताओं का स्वर 'अमीरी रेखा' के साथ ही कवि के अब तक प्रकाशित किसी कविता-संग्रह के स्वर से मेल नहीं खाता है। हिन्दी कविता की मीडियाक्रिटी छोटी कविताओं पर बहुत मौक़ूफ़ रही आई है, बग़ैर इस हक़ीक़त और हिकमत को समझे कि इनकी तामीर लम्बी कविताओं से भी ज़्यादा मुश्किल है। अत्यन्त वरिष्ठ कवियों में नरेश सक्सेना ने—जो पेशे से इंजीनियर रहे आए—इस शैली में कुछ अच्छी नज़ीरें पेश की हैं। इस प्रसंग में विष्णु नागर का नाम भी उल्लेखनीय है। लेकिन कुमार अम्बुज का संयम अपनी छोटी कविताओं को लेकर न सिर्फ़ उन्हें संग्रह में शामिल न करने तक है, बल्कि वह उनके द्वारा उन्हें लिखे जाने और लिखने के बाद उनमें दिखने तक क़ाबिल-ए-ग़ौर है :

तुम जो चकित नहीं हो पाते
और जानना चाहते हो कवि का पता! [नामुमकिन]

कुमार अम्बुज की छोटी कविताएँ प्रतीक-योजना और बिम्बात्मकता से पूर्ण होने के बावजूद प्रदर्शनमूलकता और आत्म-रत्यात्मकता से दूर हैं। साहित्य के नोबेल पुरस्कार से सम्मानित ऑस्ट्रियाई साहित्यकार एल्फ्रीडे येलिनेक अपनी औपन्यासिक कृति 'पियानो टीचर' में कहती हैं : "अधिकांश के लिए कला का मुख्य आकर्षण किसी ऐसी वस्तु को पुन: पहचानने में है, जिसके बारे में वह सोचते हैं कि वे उसे पहचानते हैं।" इस उद्धरण के उजाले में कहें तो कह सकते हैं कि कुमार अम्बुज अपनी छोटी कविताओं में पहचानी गई वस्तुओं को पुन: एक नई बनत में पहचानते हुए नज़र आते हैं—नदी, वसन्त, परीक्षा-परिणाम, प्रार्थना, राष्ट्रीयता, उम्मीद, असाधारणता, लोकतंत्र, सत्ता, कला, प्रेम, आमंत्रण, आयु, अन्याय, वृक्ष, कविता, पत्थर, भविष्य, स्थापत्य, स्त्री, आसमान, बौद्धिकता, निराशा...कवि का अचूक शब्द-संयम कई स्थलों पर इन्हें अपने अभिलषित अर्थ में अभिव्यक्त करता है।

कुमार अम्बुज की इस प्रकार की कविताएँ अगर उनके अब तक प्रकाशित कविता-संग्रहों में शरीक होतीं तो निश्चित ही वे इन संग्रहों में एक हद तक मौजूद एकरसता को भंग करने में कारगर होतीं। यह यों ही नहीं है कि कवि ने अपनी डायरी में आलोचना के उस दृश्य को करुण हास्य से भरा हुआ बताया है जिसमें आस्वाद के स्तर पर एकरसता की ज़िद शामिल है। यहाँ एक ऐसे पत्रकार की याद आती है जिसने ईंटों पर सोए हुए एक मज़दूर की तस्वीर इसलिए खींच ली थी

कि वह मज़दूर दिवस पर काम आएगी। हालाँकि मज़दूर दिवस आने में अभी कई दिवस शेष थे, क्योंकि आस-पास वसन्त था। यहाँ यह भी याद कर लेना चाहिए कि कुमार अम्बुज ने अपने एक निबन्ध में श्रमिक को एक मनुष्य के रूप में अवकाश दिलाने के लिए बड़ी तर्कसंगत व्याख्याएँ प्रस्तुत की हैं। ख़ैर, वह पत्रकार आगे बढ़ गया था और अब उसके पास एक ऐसी तस्वीर थी जो मज़दूर दिवस पर काम आ सकती थी। वह पत्रकार भी मज़दूर के किसी काम आ सकता है, यह ख़याल तक उसे नहीं आ रहा था; जबकि वह लगभग रोज़ सुबह नए नगरीकरण की अनैतिकता में फैले औद्योगिक क्षेत्रों में मज़दूरों को फ़ैक्ट्रियों की ओर जाते और रोज़ शाम उन्हें अपने डेरे पर लौटते हुए देखता था। वे उसे बीच राह में भी रोज़ बनती हुई दुनिया को बनाने में लगे धूल से सने हुए दिखाई देते थे। वे समूहों में होते थे और उस पत्रकार की कोशिश होती थी कि वह उनमें मिल जाए, लेकिन वह कहीं से भी मज़दूर नहीं लग सकता था, न चेहरे से और न ही चेतना से... जबकि वह बहुत पैदल चलता था और चप्पल पहनता था और प्राय: यह कहता हुआ नज़र आता था, "मैं मज़दूरों के बीच काम कर रहा हूँ।"

हिन्दी आलोचना के एक बहुत बड़े भाग ने हिन्दी कविता के बीच कुछ ऐसे ही काम किया है, जैसे इस पत्रकार ने मज़दूरों के बीच। पत्रकार (कवि) के मज़दूर (प्रतिबद्धता) की तस्वीर (कविता) लेकर आगे बढ़ जाने में सहृदय आलोचना जनवादिता की दूरगामिता का दृश्य देख सकती है। उसे क़तई गवारा नहीं होगा कि उसके इस आस्वाद से अलग कोई और पाठ निर्मित होकर उसकी विवेकशून्यता में ख़लल पैदा करे। वह इसे स्वागत-योग्य और स्वीकार्य नहीं मानने की दैनिक ख़ुशी में मस्त रहेगी। लेकिन वह चप्पल (विचारधारा) पहनकर बहुत पैदल चलते हुए (हिन्दी विभागीय अकादमिक श्रम) मज़दूरों के समूहों (कविता की दुनिया) में कितना ही क्यों न मिल जाए या घूमे, वास्तविक यथार्थ से बहुत पृथक प्रतीत होती है।

कभी उनकी आँखों में एक कौंध दिखी थी
उसी ने बाँधे रखा हमें बरसों
कि बाक़ी अँधेरे, हम सोचते रहे
कि एक दिन उस चमक से काफ़ूर हो जाएँगे
या निकल आएगा उनका कोई उज्ज्वल समाधान

लेकिन जैसा कि कहा गया है
पत्थर हमेशा पत्थर की तरह जीवन जीना चाहता है
और चींटी चींटी की तरह
जैसे एक सच्चा चित्रकार या गायक

चित्रकार और गायक की तरह
फिर एक दिन हम ही इस इन्तज़ार से थक जाते हैं
कि आख़िर वह कब तक बाज़ नहीं आएगा
और तुमसे वैसा प्यार या बर्ताव करेगा
जिसकी उम्मीद उस कौंध से पैदा हुई थी

[कई जन मित्र नहीं रह पाते हैं]

कुमार अम्बुज का कवि-कर्म एक समग्रता में मुक्तिबोध की दुर्बोधता, रघुवीर सहाय की प्रयोगधर्मिता, विष्णु खरे की गद्यात्मकता और मंगलेश डबराल की कारुणिकता से प्रत्यक्षतः बहुत कुछ सीखता हुआ कवि-कर्म है। संसार के दूसरे बड़े कवियों का असर भी सामयिक और सजग कविता पर कहीं ज़ाहिर कहीं निहाँ रहता ही है। कुमार अम्बुज का कवि भी इससे अछूता कहाँ रहा होगा/है! ख़ुद उन्होंने रचनाशीलता में मौलिकता को एक मिथ मानते हुए कहा है : "जिस तरह अपने आपमें अद्वितीय होने की सम्भावनाओं के बावजूद, एक मौलिक मनुष्य असम्भव है; उसी तरह एक मौलिक रचना नामुमकिन है।" वह मौलिकता को एक अवस्थिति भर मानते हैं और नए संयोजन को महत्त्वपूर्ण। इसमें शब्द मोहरे हैं और विचार, संयोजन की आधारशिलाएँ हैं, कारक हैं। इस बयान के साथ उनकी कविता-सृष्टि के 'प्रकट' के समानान्तर जारी उस 'स्वगत' पर आते हैं, जिसका ज़िक्र प्रस्तुत आलेख के प्रथम अनुच्छेद में हुआ है। यह स्वगत इस कविता-सृष्टि में कृत्रिमता का आलोक कुछ इस क़दर पाता है कि बग़ैर इस आलोक के इसमें कुछ भी देखा, खोजा और पाया नहीं जा सकता। यहाँ संयोजन इतना प्रबल है कि शेष सब कुछ उसके पीछे रहा आता है। संयोजन के डगमगाने से यह विचारगर्भित सृष्टि डूबती है। उसका वर्णपट धुँधला पड़ता है। इसे संयोजन न कहना चाहें तो कवि के ही शब्दों में इसे अपना सन्तूर बजाने की कला कह सकते हैं, जो इस क़दर रियाज़ और साध से समृद्ध है कि बार-बार सही सुर लग जाता है। अपनी एक कहानी में कवि कह गया है : "मैं उनसे कहना चाहता हूँ कि तुम नहीं जानते यह किस क़दर ख़ूबसूरत बात है तुम शब्दों को आरोह-अवरोह के साथ उनकी सम्पूर्णता में सम्प्रेषित कर सकते हो, उन्हें उस तरह बोल सकते हो जिस तरह बोले जाने के लिए वे बने हैं और रोज़ बन रहे हैं, उन्हें तुम एक वाक्य के सुन्दर विन्यास में पेश कर सकते हो, उनकी पूरी ताक़त के साथ, उनके पूरे रोमांच के साथ! शब्द को जब तुम किसी घन की तरह पटकना चाहो तो पटक सकते हो...।"

इसके आगे 'प्रत्याशित चीज़ों को अप्रत्याशित के खाते में और साधारण बातों को अजीब के खाते में डालने' का हुनर भी हाथ लगता है, और कवि की इच्छाएँ इसमें स्वप्न और संस्मरण भरती हैं। यहाँ देवी प्रसाद मिश्र की एक कविता-पंक्ति—'कवि

इच्छा और स्वप्न के संस्मरण हैं'—याद आती है। 'इच्छाएँ' कुमार अम्बुज के रचना-लोक में एक प्रतिनिधि चरित्र की तरह उभरकर आती हैं, कथा-कविता वे दोनों में परस्परव्यापी हैं... जबकि वक़्त कुछ इस क़दर है कि *'इच्छाओं का गुम हो जाना सबसे मामूली बात है...'*

जब संसार की एक बहुत बड़ी आबादी के लिए गर्म दुपहरों में सब कुछ जलता हो। तब अगर अचानक बदली छा जाए, हवाएँ कुछ तेज़ हो जाएँ, वृक्षों से पत्ते झरने लगें और हल्की-हल्की बूँदें पड़ने लगें तो दृश्य के प्रति कृतज्ञ होना चाहिए। एक दूभर और डरावने कोलाहल के बीच यकायक परिवर्तन के लिए प्रकृति के प्रति कृतज्ञ होना चाहिए। कुछ इस तरह ही एक पाठ के पश्चात् उस कविता के प्रभाव के प्रति कृतज्ञ होना चाहिए जिसकी बुनियाद में किसी परिवर्तन का स्वप्न हो।

यहाँ अब इस प्रभाव को प्रस्तुत कर देना चाहिए कि कुमार अम्बुज की कविता-सृष्टि में इस प्रकार की कृतज्ञता से भरने वाली एक नहीं अनेक कविताएँ हैं। प्रस्तुत आलेख के प्रारम्भ में उल्लिखित 'स्वगत' को 'प्रकट' कर देने के बाद उनकी कविता-सृष्टि में जो समस्या नज़र आती है, वह दरअसल हिन्दी कविता के विकास और उसकी व्यावहारिक राजनीति में कोई समस्या है ही नहीं; बल्कि वह बहुत अभ्यासपूर्वक समकालीन कविता-विमर्श में प्रगतिशील, प्रभावी और प्रासंगिक होने का प्रयास है। यों इस निष्कर्ष के साथ यह आलेख असफल हो जाता है और आलेखकार कुमार अम्बुज से अन्ततः उनके ही गद्य के एक उद्धरण के साथ सार्वजनिक रूप से माफ़ी चाहता है :

"मैं अपने होने को अनुभव करता हूँ और आस-पास के जीवन से, और घटनाओं से, दृश्यों से मेरा एक सम्बन्ध है। शायद यही कविता लिखने का मेरे पास अपना एक सच्चा कारण है। इस संसार में मैं जितनी भी जगह घेरता हूँ, मेरी आवाज़ जितनी भी हवा को कम्पित करती है और भाषा में जितनी भी जगह मैं ले पाता हूँ, मैं इस न्यूनतम के प्रति भी विश्वास करता हूँ और जानता हूँ कि कोई किसी का स्थानापन्न नहीं होता। इसलिए जो भी, जैसा भी काम मैं अपनी जगह कर पा रहा हूँ, वह कमतर हो सकता है, अपर्याप्त हो सकता है; लेकिन वह मेरे हिस्से का काम है। मैं जानता हूँ : मुझे अपने हिस्से का कण ढोना है, अपने हिस्से का शहद बनाना है। फिर यह सहज आदत और लत की तरह होता जाता है, ज़िद की तरह भी। और फिर असहायताबोध से मुक्त होने की तरह भी कि शायद मैं यही कुछ कर सकता हूँ।"

सन्दर्भ

यहाँ प्रस्तुत आलेख प्रथमतः 'पहल' के 103वें अंक (अप्रैल 2016) में प्रकाशित हुआ जिसमें कुमार अम्बुज के तब तक प्रकाशित पाँच कविता-संग्रहों—आधार प्रकाशन,

पंचकूला से प्रकाशित 'किवाड़' (1992) और राधाकृष्ण प्रकाशन, नई दिल्ली से प्रकाशित 'क्रूरता' (1996), 'अनंतिम' (1998), 'अतिक्रमण' (2002), 'अमीरी रेखा' (2011) और भारतीय ज्ञानपीठ, नई दिल्ली से प्रकाशित कहानी-संग्रह 'इच्छाएँ' (2008) को आधार बनाया गया है। इससे अलग 'पहल' के 71वें अंक में प्रकाशित उनकी डायरी 'अपना सन्तूर बजाते हुए' और 'पहल' के ही 100वें अंक में प्रकाशित कविताओं के साथ-साथ 'तद्भव', 'कथादेश', 'वागर्थ', 'पाखी', 'दृश्यांतर', 'सदानीरा', 'पुस्तक वार्ता', 'उर्वर प्रदेश', 'शुक्रवार' और 'पब्लिक एजेंडा' में समय-समय पर प्रकाशित उनकी कविताओं, कहानियों, डायरी, वक्तव्यों, टिप्पणियों और दख़ल प्रकाशन, ग्वालियर से प्रकाशित पुस्तिका 'मनुष्य का अवकाश' (2013) से भी पर्याप्त मदद ली गई है। शब्द-संख्या के लिहाज़ से जिन छोटी कविताओं का आलेख में उल्लेख है, वे 'पहल' के 81वें अंक और वेब पत्रिका 'प्रतिलिपि' में शाया हुईं। विष्णु खरे का उद्धरण राजकमल प्रकाशन, नई दिल्ली से प्रकाशित कुमार अम्बुज की 'प्रतिनिधि कविताएँ' (2014) की भूमिका 'प्रतिबद्ध बहुआयामी सृजनशीलता' से साभार है। आलेख का अन्तिम उद्धरण किताबघर प्रकाशन, नई दिल्ली से प्रकाशित कुमार अम्बुज की चुनी हुई कविताएँ—'कवि ने कहा' (2012) की भूमिका 'एक शैवाल, एक मछली, एक सीप' से उतारा गया है।

असहमति का आयतन

संजय चतुर्वेदी की कविता-सृष्टि पर एकाग्र

हिन्दी साहित्य संसार के संकीर्ण समूह कैसे अपने से असहमतों और अपवादों को किनारे करते हैं, संजय चतुर्वेदी की कविता-सृष्टि इसके साक्ष्य की तरह उपस्थित है। हालाँकि बहुत विश्लेषण में जाने से पूर्व ही इस निष्कर्ष को उद्घाटित कर देना चाहिए कि 'असहमति का आयतन' दोनों तरफ़ ही संक्षिप्त है और आत्मीयता के योग्य यह सचमुच नहीं है। यहाँ प्रस्तुत कथ्य की एकाग्रता के विस्तार पर मुक्तिबोध की कविता 'अन्त:करण का आयतन' की छायाएँ नज़र आएँगी।

संजय चतुर्वेदी का काव्य-व्यवहार आक्रोश को अवसाद में बदल देने वाले हुनर में यक़ीन नहीं रखता है। एक कहीं न ले जाने वाली करुणा, एक जीवन की सघन अनुभूतियों की समरसता, एक खाया-अघाया अपराध-बोध, एक सहमत पक्षधरता, एक शुतुरमुर्ग़ीय उम्मीद... उनकी कविता की आवाज़ नहीं है। मुक्तिबोध के बाद वह हिन्दी कविता के सर्वाधिक ख़तरनाक, बेपरवाह और जोखिम उठाने वाले कवि हैं। मुक्तिबोध से पूर्व उनका काव्य-विवेक कबीर से जाकर जुड़ता है। बहुतों की नज़र में उन्होंने अपने कवि-व्यक्तित्व को बर्बाद किया है। बहुतों की नजर में उनमें वामपंथ के प्रति घृणा है। बहुतों की नज़र में उनका वाम-विरोध अलोकतांत्रिकता के स्तर तक चला जाता है। बहुतों की नज़र में उनकी कविता प्रतिक्रियावाद और दक्षिणपंथ को मदद पहुँचा सकती है। बहुतों की नज़र में उनके जैसा असहमत कवि आज तक खड़ी बोली हिन्दी में हुआ ही नहीं है। बहुतों की नज़र में वह एक भुला दिए गए कवि हैं। बहुतों की नज़र में उनके साथ अन्याय हुआ है। ...ये कुछ तथ्य और कथ्य हैं जो संजय चतुर्वेदी की कविता-सृष्टि पर एकाग्र होने की तैयारी में सामने आते हैं।

संजय चतुर्वेदी के प्रारम्भिक और संकलित काव्य-व्यवहार में विज्ञान के दर्शन और उसके समाजशास्त्र के प्रति एक विशेष आकर्षण लक्षित किया गया था। सामाजिक और राजनीतिक विकृतियाँ उसमें बेहद गैर रूमानी ढंग से अभिव्यक्त

हुई थीं। स्वीकार्य कविता से दूरी बनाने की कोशिश उसे विसंगतिबोध, व्यंजना और अराजकता के समीप ले गई थी। उसमें एक भविष्य-दृष्टि थी और उम्मीद भी और दुनिया को सपनों के मुताबिक़ बना पाने की जिद्द-ओ-जहद भी। उसमें थोड़ा कम कहते हुए बहुत अधिक को बरतने का कौशल विद्यमान था। वहाँ बाक़ी लोग सभी लोगों से बहुत ज़्यादा थे :

ये देश सभी लोगों के लिए है
ये दुनिया सभी लोगों के लिए है
हम क्या करें अगर बाक़ी लोग हैं
सभी लोगों से ज़्यादा
बाक़ी लोग अपने घर जाएँ [सभी लोग और बाकी लोग]

बाद इसके संजय चतुर्वेदी की कविता-सृष्टि अव्यवस्थित और संकलनबाज़ी से दूर रहकर विकसित होने का मार्ग चुनती है :

रामदास इस कविता की बाबूगीरी में
कभी सहज हो नहीं सका था
शायद उसे शुरू से डर था
अपने ऊपर लिखी जा रही कृतियों से पिछले दशकों में
इसलिए वह उदासीन था
शायद उसने देख लिया था
कृतिकारों के माथे पर ही लिखा हुआ है
आख़िर उसकी हत्या होगी

[संकलनबाज़ी के अलक्षित परिणाम]

संजय चतुर्वेदी की कविता-सृष्टि में दर्ज सामाजिक-सांस्कृतिक-साहित्यिक संकट अपनी लिखत में दो-ढाई दशक से भी ज़्यादा प्राचीन हैं। एक प्रतिबद्ध प्रहारात्मकता के बावजूद इस प्राचीनता का बराबर प्रासंगिक बने रहना एक संकट है। *'तमाम लड़ाइयों को ख़त्म कर देने वाली लड़ाइयों के बाद भी शोषण का युग लम्बा ही होता जा रहा है।'* विष्णु खरे ने जिसे सहायोत्तर पद्य कहा है—संजय चतुर्वेदी की कविता-सृष्टि उसका दस्तावेज़ है कि—उसने रघुवीर सहाय की कविता 'रामदास' की विडम्बना को ठीक से समझा नहीं है। वह अब तक उसकी हत्या के आगे न सिर्फ़ मौन और निहत्था है, बल्कि बाज़ दफ़ा उसमें भागीदार या उसका समर्थक भी है। संजय चतुर्वेदी की कविताओं में 'रामदास' कई बार लौट-लौटकर आता है। इसकी शुरुआत होती है : नवें दशक में हुई एक हत्या और उस पर संजय चतुर्वेदी के मार्फ़त छेड़ी गई बहस से। यह कोई काव्यात्मक बहस नहीं है, लेकिन कविता

के मज़मून इसमें निहाँ हैं। उस दौर की अख़बारी कतरनों से पता चला चलता कि वर्ष 1989 के पहले दिन दिल्ली से सटे साहिबाबाद के झंडापुर गाँव में ग़ाज़ियाबाद नगरपालिका चुनाव के दौरान जन नाट्य मंच द्वारा सफ़दर हाशमी के निर्देशन में नुक्कड़ नाटक 'हल्ला बोल' का प्रदर्शन किया जा रहा है, तभी जन नाट्य मंच के ग्रुप पर कांग्रेस (आई) से जुड़े कुछ लोग हमला कर देते हैं। इस हमले में सफ़दर बुरी तरह ज़ख़्मी होते हैं और उसी रात सिर में लगी भयानक चोटों की वजह से उनकी मृत्यु हो जाती है। रामबहादुर नामक उस नेपाली मज़दूर की भी गोली मारकर हत्या कर दी जाती है, जिसने जन नाट्य मंच के सदस्यों को आश्रय देने का दुस्साहस किया। इस घटना के चौदह साल बाद ग़ाज़ियाबाद की एक अदालत दस लोगों को हत्या के मामले में आरोपी क़रार देती है। इसमें कांग्रेस पार्टी के सदस्य मुकेश शर्मा का भी नाम शामिल रहता है।

इस सबके दरमियान ही सफ़दर हाशमी के आदर्शों की लड़ाई जारी रखने के लिए सफ़दर हाशमी मेमोरियल ट्रस्ट (सहमत) की स्थापना हुई और सफ़दर की हत्या को पहले शहादत में और बाद में अमरता में बदलकर बहुत गौरवपूर्ण ढंग से दिल्ली के सांस्कृतिक भद्रलोक में मूल्यांकित किया गया और प्रतिवर्ष किया जा रहा है। 'सहमत' पर पूँजीवादी चढ़ावों के तथ्य एक अलग विस्तार की माँग करते हैं, लेकिन यह दर्ज कर देना ज़रूरी है कि प्रत्येक वर्ष के पहले दिन अगर सफ़दर की स्मृति में होने वाले 'सहमत' के आयोजन में सच्चे अर्थों में जनसरोकार से वास्ता रखने वाला कोई रचनाकार चला जाए तो या तो उसे उल्टी हो जाएगी या वह एक लम्बे अरसे के लिए अवसादग्रस्त हो जाएगा। यह अलग बात है कि इस आयोजन में हमारे दौर के कई विशिष्ट कवि शरीक होते रहे हैं और हो रहे हैं। यह भद्रलोक बदीउज़्ज़माँ की कहानी 'क्रान्ति के सौदागर' या महेश एलकुंचवार के नाटक 'पार्टी' के जैसा भद्रलोक है जिसे गोविंद निहलानी ने सिनेमा में और गए वर्षों में रंजीत कपूर ने रंगमंच में जीवन्त किया। वास्तविक संघर्षों से दूर एक वातानुकूलित रोमांटिसिज़्म में जीता हुआ यह वर्ग अपने पूरे शब्दाडम्बर में उस मज़दूर रामबहादुर का नाम तक नहीं लेता, जिसकी हत्या भी सफ़दर के साथ ही की गई। वामपंथ की बुनियाद में अपरिग्रह भी है, यह भूलकर यह वर्ग 'रामदास' को बहुत पीछे छोड़ देता है; क्योंकि रामदास पर या कहें रामबहादुर पर बात करना एक मध्यवर्गीय वामपंथी कारोबार के प्रतिकूल पड़ता है।

जो साहित्य को रामदास की सत्ता मानते थे
उनकी सभा से उनका रामदास अपमानित करके निकाला गया
लेकिन उनको ख़बर नहीं हो पाई

[रामदास का शाप]

इस दुर्घटना के बाद इस सांस्कृतिक पाखंड और विचलन के विरुद्ध हस्तक्षेप करने की प्रक्रिया में संजय चतुर्वेदी की कविताएँ हिन्दी कविता में 'रामदास' को फिर से लाती हैं। वह जैसे 'अँधेरे में' के काव्य-नायक की तरह संजय चतुर्वेदी की कविता-सृष्टि में भटकता है। जनचेतना से लैस परम्पराएँ यों दशकों के आर-पार जाती हैं :

विकास इतना हुआ
कि कारोबार के समीकरणों को साधने वाले
महाकवि हो चले
वे कला की तरह स्वायत्त हुए
न मंत्रियों की ज़रूरत रही
न कविता की
और उन्हें ध्यान भी नहीं रहा
कि आज सारी चीज़ें फ़तह कर लेने के बाद
उन पर रामदास का शाप था
और शहरी बियाबान में आकाशवाणी थी
कि सदी के मोड़ पर
अरबपतियों के यहाँ मुफ़्त की पीते-पीते
तुम रचनाकार दो कौड़ी के हो चुके हो

[रामदास का शाप]

महज़ एक नज़र अपने पर भी मारने से 'कॉस्मिक कॉन्शसनेस' से भरी हुई संजय चतुर्वेदी की कविता वाम-विरोधी हो जाती है और बहुतों को लगता है कि उन्होंने आगे से जाकर राइट ले लिया है। लेकिन जिनका सारा जीवन अवैध यू-टर्न लेकर की गई यात्राओं से भरा रहा है, वह आख़िर किस मुँह से वामपंथ के एक सिंपेथाइजर को राइट विंग का कहते हैं। दरअसल, यह उस व्यवहार या कहें व्यापार की आलोचना से उत्पन्न असुविधा है जो हिन्दी पट्टी में फैले वामपंथ के अनैतिक सांस्कृतिक कारोबार को उजागर करती है। संजय चतुर्वेदी की कविता का विकास-क्रम इस बात की ज़मानत है कि सांस्कृतिक अवमूल्यन में वामपंथ की भूमिका को दर्ज करना हिन्दी साहित्य संसार में एक अपघाती क़दम है।

सच बोलने से कविता नष्ट होती थी
और झूठ बोलने से निष्ठा
लेकिन कविता के नष्ट होने से सारा खेल ही नष्ट हो जाता
इसलिए कविता झूठ बोल रही थी
और साहित्य से धीरे-धीरे निष्ठा नष्ट हो रही थी

सच इतनी तेज़ी से बदलता था
कि जड़भट्ट और पेशेवर
उसमें सघन अनुभूतियों का अभाव पाते थे
और झूठ इतना स्थिर था
कि उसमें अनुभूतियों समेत सब कुछ सघन था
और यहीं सारा खेल था
सघन अनुभूतियों की हिफ़ाज़त का [सघनतंत्र]

इस प्रकार की सघन अनुभूतियों की सर्वानुमति वाले इलाक़े या कहें सहमतों के 'गढ़कुंडार' में संजय चतुर्वेदी की कविता सिलसिलेवार धमाकों की तरह है—अमर्ष और आक्रोश से उत्पन्न। इस बाग़ी काव्य-स्वर की जाँच की गई, इसे दोषी पाया गया; इसे सज़ाएँ दी गईं... धमाकों से हुए नुक़सान की भरपाई की गई और दोषी को भूलने की कोशिश की गई। लेकिन संजय चतुर्वेदी की ही एक कविता के एतबार से बात करें तो ये आवाज़ें लौट रही हैं। जीवन भर कांग्रेस की ग़ुलामी करने वाले, उसके भयानक अमानुषिक कृत्यों का बचाव या उनकी अनदेखी करने वाले, केन्द्रीय सत्ता-परिवर्तन के बाद इन दिनों प्रतिरोध के सबसे बड़े प्रतीक हैं। दरअसल, यह लड़ाई फ़ाशिज्म से नहीं है। यह कला-संस्कृति की दुकानें बन्द हो जाने का मामला है। वे जिनके जीवन भर की कमाई उनके बदचलन होने में नज़र आती है, उन्हें क्यों हमने उस प्रतिरोध का सबसे बड़ा और बिंदास मॉडल बना दिया जो हमारा केन्द्रीय आख्यान और बपौती हुआ करता है और जिसका ढोल पीटने की ज़रूरत हमें हर शासन-तंत्र में पड़ती रही? क्यों हमने उस ढोल को एक कथित कलावादी/रूपवादी के गले में लटका दिया और स्वयं उसके पिछलग्गू हो गए? वे जो धूप में दो मिनट भी खड़े नहीं रह सकते, प्रतिकारों को सेमिनारों तक सीमित कर देते हैं। मौजूदा वक़्त एक बार फिर यह प्रमाणित कर रहा है कि नाख़ून कटाकर क्रान्तिकारी बनने का मुहावरा कभी अप्रासंगिक नहीं होता है।

बड़े चैन से ज़िन्दगी कट रही थी
सदा व्रत, पंजीरी घणी बँट रही थी

सभी मालिकों से बड़ी बन रही थी
रुसूखों की लस्सी वहीं छन रही थी

वो कल्चर का शेवा ग़िज़ा-माल-मेवा
वो अफ़सुर्दा शामों की साहित्य-सेवा

ये जाने कहाँ से जनादेश आया
ये मरदूद परजा का सन्देश आया
ये आधी सदी का जतन फोड़ डाला
मैं कहता हूँ सारा वतन तोड़ डाला

[हमें जो ग़लत बोलता है वो ग़लत है]

उदय प्रकाश एक बातचीत में संजय चतुर्वेदी को समकालीन कविता में एक गहरी प्रखर अन्तर्दृष्टि और बिल्कुल भिन्न काव्य-संरचना वाला कवि मानते हुए कहते हैं : "लगभग एक राग, एक काव्य-विन्यास, एक लहजे और उन्हीं काव्य-मुहावरों में वृन्दगान करते समकालीन कवियों के एकरस मजमे से बिल्कुल अलग उनकी कविताएँ दिखाई देती हैं।" इस काव्य-स्वर तक आने के लिए संजय चतुर्वेदी ने भरपूर जोखिम उठाए हैं। इस प्रक्रिया में यह देखना दिलचस्प है कि अपने से ठीक पहले की कविता उनके लिए क़तई असरअन्दाज़ नहीं है। उनमें एक भयानक निहिलिज्म है—एक उल्लेखयोग्य अस्वीकार और अपना मार्ग सारी समकालीन स्वीकृत रचनाशीलता से अलग कर लेने की बेचैनी। वह हिन्दी साहित्य संसार के आन्तरिक विरोधाभासों को देख और उन्हें व्यक्त कर पाने में बेहद सारस्वत ढंग से समर्थ हैं और इसलिए ही उसके अंडरवर्ल्ड के एकमात्र प्रवक्ता हैं। वह अब तक की हिन्दी कविता में निन्दा के सबसे बड़े कवि हैं। इस प्रसंग में उनके पास असीम ऊर्जा है और जड़ीली, राँगट, रसमय, बर्बर, बातूनी हिन्दी का सौन्दर्य भी। स्वयं को हिन्दी कविता एक मतदाता कहने वाले संजय चतुर्वेदी के पास कविता से बाहर बयानबाज़ी का हुनर भी है। वह अपने साक्षात्कारों और वक्तव्यों में भी बेहद मुखर हैं। उनके बयान उनके कवि को सही ठहराते हैं और उनका कवि उनके बयानों को। यहाँ वह अन्तर्विरोध नहीं है जिसे शमशेर बहादुर सिंह के विषय में विजयदेव नारायण साही ने 'शमशेर की काव्यानुभूति की बनावट' में दर्ज किया था : "वक्तव्य उन्होंने सारे प्रगतिवाद के पक्ष में दिए, कविताएँ उन्होंने बराबर वे लिखीं जो प्रगतिवाद की कसौटी पर खरी न उतरतीं।"

यहाँ कविता से बाहर संजय चतुर्वेदी के कुछ बयान ध्यान देने योग्य हैं :

- *ये कवियों के सुनहरे और कविता के काले दिन चल रहे हैं।*
- *कविता लिखी नहीं लिखवाई जा रही है।*
- *ज़्यादातर जनवादी किसी बोधिवृक्ष के नीचे एक महन्त की तरह बैठे हुए लगते हैं।*
- *समय ने यह साबित कर दिया है कि पुरस्कार और सम्मान किसी भी रचनाकार की सच्ची कहानी नहीं कहते।*
- *मेरी समझ से कविता मूलतः एक स्ट्रीट बिजनेस है।*

- *आधुनिकतावादी की हालत उस पाकिस्तान की तरह है जिसकी समझ में नहीं आता कि वह इस्लाम से पहले के अपने इतिहास का क्या करे।*
- *हिन्दी की समूची कविता में आप भक्तिकाल और रीतिकाल को बचा लीजिए, उर्दू शाइरी को और इसके साथ छायावाद को बचा लीजिए, और इसके बाद के सारे काव्य को आप उठाकर हिंद महासागर में फेंक दीजिए हिंदुस्तानी जनता को इससे होने वाली क्षति नगण्य होगी—और बड़ा भारी मलबा साफ़ हो जाएगा।*
- *वह कविता जो निहत्थे नागरिक को सच्चा मताधिकार देकर लोकतंत्र को दुरुस्त करती थी; आज अफ़सरों, प्रकाशकों और साहित्यिक भड़ुओं के बीच की ललित कला बन चुकी है।*
- *हमने बार-बार अपनी परम्परा को अपमानित किया है। ...इस देश की 90 प्रतिशत जनता न्यूट्रल है, वह हमें भी देख रही है और हमलावरों को भी देख रही है। प्रश्न उठता है कि साम्प्रदायिक हमलावरों ने उस 90 प्रतिशत जनता में क्यों जगह बना ली? उस सर्वहारा में क्यों जगह बना ली, जिसे हमारे साथ होना चाहिए था।*
- *हिन्दी के पुस्तक-पुरस्कार माफ़िया के तमाशे में मुजरा करती क्लास से और इस बायोडेटा पर पनपने वाले सिफ़ारिशी और बाबू-बुद्धि महाकवियों से किसी बड़ी कविता की उम्मीद या तो बेवक़ूफ़ी है या शरारत।*

"भयंकर बात मुँह से निकल आती है। भयंकर बात स्वयं प्रसूत होती है। तिमिर में समय झरता है, व उसके गिर रहे एक-एक कण से चिनगियों का दल निकलता है।" (गजानन माधव मुक्तिबोध/अन्त:करण का आयतन) ...संजय चतुर्वेदी की कविता-सृष्टि में मैं की जगह हम, घर-परिवार या उसकी स्मृतियों या उसके बिम्बों की जगह भारतीय राजनीतिक-सामाजिक-सांस्कृतिक यथार्थ, सार्वकालिकता की जगह तात्कालिकता, अमूर्तन की जगह अभिधा, गद्यात्मकता की जगह छन्द, वाक्-चातुर्य की जगह रेहटरिक, करुणा की जगह क्रोध, किताबी जनपक्षधरता की जगह वामपंथ की ज़मीनी और ज़रूरी निन्दा, सुन्दरता की जगह उग्रता, कोमलता की जगह क्रूरता का बाहुल्य है। इस मैं-हीनता में प्रेम-कविता और प्रेमपत्र की जगह उनका उपहास और उन पर व्यंग्य है :

स्त्रियों से ज़्यादा उसे चिन्ता है अपने प्रेमपत्र की
प्रेमपत्र बचा तो स्त्रियाँ बचेंगी

[माई आज तौ बधाई बाजै]

'वामपंथ जब नहीं रहेगा, तब स्वातंत्र्योत्तर हिन्दी कविता के एक बड़े और चर्चित हिस्से का क्या होगा...' यह प्रश्न कई महानुभावों को स्थायी रूप से बेचैन

करता रहता है। इस जमीन पर बिखरा 'गन्दे कागजों का मुन्सिपल कचरा' भी अलग से एक बेचैनी सबब है। 'उभरकर उमड़कर दल बाँध उड़ते आ रहे हैं गिद्ध। पृथ्वी पर झपटते हैं। निकालेंगे नुकीली चोंच से आँखें कि खाएँगे हमारी दृष्टियाँ ही वे।' (गजानन माधव मुक्तिबोध/अन्त:करण का आयतन)

एक समर्थ रचनाकार की तात्कालिकता में भी एक ऐसी भविष्य-दृष्टि काम कर रही होती है, जिसमें बदलाव का साक्षी हो जाने के संकेत अन्तर्स्यूत रहते हैं। वह अपने तात्कालिक प्रतिरोध को बहुत जल्द अप्रासंगिक होते हुए देखना चाहता है। पारस्परिक रूप से असहमत होते हुए भी दुर्भाग्य से स्वातंत्र्योत्तर हिन्दी कविता के एक बड़े और चर्चित हिस्से के कवियों और संजय चतुर्वेदी के साथ इस तरह नहीं हुआ। लेकिन दोनों में फ़र्क़ यहाँ पैदा होता है कि एक हिस्सा इस पर ही पनप रहा है और दूसरा उसके वैचारिक स्वार्थों से पैदा कदाचारों और करतूतों की गवाही दे रहा है। एक गवाह के तौर पर संजय चतुर्वेदी का कविता-कर्म और उनके बयान इतने खूँ-ख़्वार ढंग से अब तलक प्रासंगिक हैं कि एक स्थायी प्रासंगिकता की चाह रखने वाले तमाम रचनाकारों को उनसे रश्क हो सकता है, जबकि संजय चतुर्वेदी के कवि-व्यक्तित्व की पगडंडियों ने स्थायी प्रासंगिकता के स्रोतों तक जाने और उन्हें अपना हासिल बनाने की कोशिश अब तक नहीं की है। फ़िलहाल यह लिखते हुए आँखें सजल होती हैं कि हिन्दी साहित्य के इतिहास में संजय चतुर्वेदी की तात्कालिकता बहुत देर तक ठहरने वाली लग रही है। यह एक ऐसी प्रासंगिकता है कि कोई भी परिवर्तनकामी रचनाकार कभी इसका वरण करना नहीं चाहेगा। यह यों ही नहीं है कि यह एक ऐसे कवि के खाते में आई है जिसकी केन्द्रीय अस्मिता अस्वीकार और निषेध से संचालित है।

गए अनुच्छेद की पुष्टि के लिए या उसे कुछ तथ्यात्मक तथा प्रामाणिक बनाने के लिए एक घटना को यहाँ याद कर लेना चाहिए। सन् 2000 की बात है, साहित्य अकादेमी द्वारा आयोजित केदारनाथ अग्रवाल की शोकसभा में संजय चतुर्वेदी कहते हैं : "मैं चाहता हूँ इस कुरूसभा में कोई प्रतिभा और हिम्मत का धनी खड़ा होकर गालियाँ बकना शुरू कर दे।" यहाँ तक पहुँचने से पहले वह 1980-2000 के बीच की हिन्दी कविता की ख़ामियों और उसकी असुविधाजनक सचाइयों, हिन्दी साहित्य में व्याप्त करियरिज्म, रामविलास शर्मा-केदारनाथ अग्रवाल, शील-रहबर, नागार्जुन-मुक्तिबोध के साथ हिन्दी की रूलिंग-क्लास के बर्ताव के प्रति अपना ग़ुस्सा ज़ाहिर करते हैं : "आज हममें से कितने हैं जो श्रद्धांजलि के बाद कुछ दूर इनके रास्ते पर चलना चाहेंगे। हम तो इस पुस्तक-पुरस्कार माफ़िया के शीलवान अभिनेता हैं, जिनके दम से आज हिन्दी किताबों का कारोबार संसार के कुछ सर्वाधिक अनैतिक कारोबारों में से एक है।"

इन सवालों को हुए सोलह से ज़्यादा सावन गुज़र गए हैं और अब ये एक उमंगों भरी उम्र लिए नई मंडियों में हैं। क़ायदे से इनके जवाब मिल जाने चाहिए

थे, लेकिन यह नहीं हुआ और यहाँ तक आते-आते हिन्दी साहित्य करियर ही नहीं, करियर बनाने के बाद के बचे हुए काम में बदल गया है। नए संचार माध्यम और उनकी पहुँच रोज़ इस काम के मायने बदल रही है। ये घटनाएँ हिन्दी साहित्य में सक्रिय प्रमुख तत्त्वों को अगर बेचैन नहीं कर रही हैं तो इसके नितान्त साहित्येतर कारण हैं। औसत से भी कमतर लेखक, सम्पादक, पत्रकार, बिचौलिए, मॉडरेटर्स और मैनिपुलेटर्स आज हिन्दी को चमकाने का दावा कर रहे हैं। इनका कहना है कि वे एक नई हिन्दी बना रहे हैं।

इन दिनों पहले से बनी हुई पहचान के दम पर हिन्दी साहित्य में पहचान ख़रीदी जा रही है। यह इतने बड़े पैमाने पर हो रहा है कि इससे सीधे-सीधे वे प्रतिभाएँ प्रभावित या हताश हो रही हैं जो हिन्दी साहित्य में पहचान ख़रीदने नहीं अर्जित करने के लिए संघर्षरत हैं। ये ख़तरे हिन्दी के लिए बहुत नए हैं और इनसे लड़ने के तरीक़े बहुत पुराने। ये बात बहुत भावुकतापूर्ण लग सकती है, लेकिन सच है कि हिन्दी साहित्य ही जिनके लिए जीने का ज़रिया है, करियर बनाने के बाद का बचा हुआ काम नहीं; उनकी मुश्किलें अब बिल्कुल बदल चुकी हैं। हिन्दी साहित्य की जो मुख्यधारा अब तक स्वीकृत रही आई, उसे हिन्दी में नई उत्पन्न की गई चमक के आगे अवमूल्यित करने की कोशिशें जारी हैं। यह जानकर अचरज होता है कि इस मुख्यधारा के प्रतिनिधि इन गतिविधियों से बिल्कुल नावाक़िफ हैं। वे इसे दिल्ली की चैतन्य बेवक़ूफ़ियों में शुमार करते हैं और उस दीवार को और मज़बूत करने की बात करते हैं, जिसे लाँघकर ही कोई रचनाकार साहित्य के गम्भीर इलाक़ों और सरोकारों से वाक़िफ़ हो पाता है। इस दीवार को लाँघने की तैयारी करियर बनाने के बाद के बचे हुए वक़्त में मुमकिन नहीं है। यहाँ इस पर भी ज़रा ध्यान दीजिए कि अब तक हिन्दी साहित्य में किसी को करियरिस्ट कहना उसे गाली देने के बराबर माना जाता रहा है।

हिन्दी के शीर्ष और प्रतिष्ठित प्रकाशन पैकेजिंग और ब्राडिंग के खेल में असल हिन्दी साहित्य को धुँधला और चर्चा से बाहर करने के क्रम में सबसे आगे हैं। यह अपनी बुनियाद से जफ़ा करने सरीखा है। हिन्दी साहित्य की वास्तविक मुख्यधारा के समानान्तर एक प्रायोजित मुख्यधारा को क़ाबिज़ करने के मामले में ये प्रकाशन एक-दूसरे से होड़ लेते हुए नज़र आ रहे हैं।

गए कुछ वर्षों में हिन्दी में खड़े किए गए नए सेलेब्रिटीज लेखक और उनके प्रकाशक हिन्दी साहित्य को निष्क्रिय, जड़ और जन-पहुँच से दूर घोषित कर औसत से भी गए-गुज़रे के उत्सव में लगे हुए हैं। उनके पास सब कुछ ख़रीदा हुआ है—भाषा, प्रकाशन, प्रचार, पुरस्कार, आयोजन, चर्चा और पहचान... ऐसे में हिन्दी का वह रचनाकार क्या करेगा जो इनमें से कुछ भी नहीं ख़रीद सकता, क्या उसकी शर्म हिन्दी की शर्म नहीं है? क्या उसके पास इस शर्म में बेपहचान डूब मरने के सिवा और कोई विकल्प नहीं है?

जनता दई निकाल सो अब मनमर्ज़ी होय
मन्द मन्द मुस्काय कवि कविता दीन्ही रोय

[सरबत सखी जमावड़ा]

अब तक का हिन्दी साहित्य मसिजीवियों, प्राध्यापकों, वकीलों, अफ़सरों और पत्रकारों का रहा आया है। इनके संख्यातीत धत्-कर्मों के बावजूद हिन्दी साहित्य का मूल स्वर जनपक्षधरता और एक मूलगामी और आदर्शमूलक विद्रोहशीलता से संचालित प्रतीत होता रहा है। उसकी पहुँच के सीमित होने के सूत्र संकीर्ण लेखकीय दायरे के साथ-साथ सामाजिक संरचना और प्रकाशन-व्यवस्था में भी ढूँढ़े जाने चाहिए। इधर रचनाशील व्यक्तित्व एक नैतिक आत्म-निर्वासन में शरण खोज रहे हैं और उधर ख़रीदी गई पहचान हिन्दी साहित्य में घुसपैठ कर रही है।

हिन्दी साहित्य के समकालीन विमर्श पर फ़िलहाल एक ऐसा नया ताक़त-तंत्र प्रभावी और हावी होने की कोशिश में लगा हुआ है जिसके पास पहले से अपनी एक तयशुदा पहचान है। हिन्दी साहित्य इसके लिए करियर बनाने के बाद का बचा हुआ काम है। यह काम तब और भी सरलता और शीघ्रता से हो सकता है, जब करियर बन चुका हो और बचा हुआ काम कम और वक़्त ज़्यादा हो; लेकिन हिन्दी साहित्य अपने सीमित संसार में अपने सीमित संसाधनों से अपनी तमाम भूमिगत और समाज से कटी लगने वाली कार्यवाहियों के बावजूद अब भी एक पूरी पृथ्वी की तरह उपस्थित है। यक़ीनन यह पृथ्वी उस पृथ्वी से अलग नहीं है जहाँ हम रहते हैं, इसलिए इस पृथ्वी (हिन्दी साहित्य) के साथ आदिवासियों-सा बर्ताव हो रहा है। इसके जल (करुणा), जंगल (संघर्ष), ज़मीन (परम्परा) पर घुसपैठियों और बाज़ार की नज़र है। वे इसकी शर्तें और क़ायदे बदलना चाहते हैं। इसे जनता से जोड़ने, इसकी पहुँच बढ़ाने के नाम पर इसका संघर्ष और प्रकृति नष्ट करना चाहते हैं। वे इसे विकृत कर विकसित करना चाहते हैं। इसमें अब भी संजय चतुर्वेदी जैसी ईमानदारियाँ बची हुई हैं जिन्हें बर्दाश्त करना मुश्किल होता है। इसमें अब तक अपनी शर्तों पर जीने और मरने की सम्भावनाएँ बची हुई हैं। इसके अपने अंधविश्वास, पूर्वग्रह और देवता हैं। इसके पास अपने ख़ज़ाने और संसाधन हैं जिन्हें ये नए घुसपैठिए लूटना और बर्बाद करना चाहते हैं—बाज़ार के लिए। वे घुसे चले आ रहे हैं कहीं से भी अपने लक़-ओ-दक़ कपड़ों, चमकदार चेहरों, महँगी गाड़ियों और अंगरक्षकों के साथ। वे हिन्दी में प्रवेश, प्रकाशन और प्रसिद्धि को आसान बनाना चाहते हैं; लेकिन इसकी पक्षधरता, इसकी वास्तविक अभिव्यक्ति और शक्ति को बदलकर। संजय चतुर्वेदी की कविता-सृष्टि यहाँ एक पाठ की तरह प्रयुक्त हो सकती है :

जूतों की अन्तरराष्ट्रीय प्रदर्शनी के आयोजकों से
क्या रिश्ता हो सकता है एक मोची का

एक कवि का क्या रिश्ता हो सकता है
पुस्तक मेलों से [जनगणित]

हिन्दी साहित्य की वह भाषा जो इन दिनों उचक्कों और लफ़ंगों के निशाने पर है, वह बहुत उल्लेखनीय और अभूतपूर्व संघर्षों के बाद यहाँ तक पहुँची है। इसके लिए इसके हिन्दी-पूर्वजों ने बहुत यातनाएँ सही हैं। क्या इस पृथ्वी में प्रवेश के लिए कम से कम इतनी योग्यता भी नहीं होनी चाहिए कि इन संघर्षों की ठीक-ठाक समझ हो? क्या इसके बग़ैर इस भाषा में चला आया लेखक अपनी वास्तविक भूमिका और ज़िम्मेदारी समझ सकता है? क्या इसके बग़ैर उसमें इतनी अक़्ल होगी कि वह इस भाषा के शत्रुओं, आक्रमणकारियों और घुसपैठियों को पहचान सके?

नई किताबें नया आदमी बना सकें तो ठीक बात है
नया आदमी अधिक सभ्य हो ये थोड़ी बारीक बात है
नई किताबें मेहनत करके नए रास्तों को पहचानें
और उन्हें धनवान बनाएँ स्मृतियों में गड़ी किताबें
न हों ज्ञान से बड़ी किताबें [पुस्तक मेले]

मुझसे भागते क्यों हो, सुकोमल काल्पनिक तल पर, नहीं है द्वन्द्व का उत्तर। तुम्हारी स्वप्न-वीथी कर सकेगी क्या! बिना संहार के सर्जन असम्भव है। समन्वय झूठ है। सब सूर्य फूटेंगे व उनके केन्द्र टूटेंगे। उड़ेंगे—खंड, बिखरेंगे गहन ब्रह्मांड में सर्वत्र, उनके नाश में तुम योग दो!! (गजानन माधव मुक्तिबोध/अन्त:करण का आयतन) ...बीते वक़्तों के दरवेश कवियों की ज़मीन और आवाज़ रखने वाले संजय चतुर्वेदी ने बेशुमार केन्द्रीय बौद्धिक घपलों के शोर वाले एक समकालीन दृश्य में कई बेदर्ज और अनसुनी आवाज़ों को अपने कविता-संसार में गूँजने की जगह दी है। असहमति के संक्षिप्त आयतन के बावस्फ़ यह जगह एक समुद्र सरीखी लगती है—एक अकेले समुद्र सरीखी। दृश्य में पतनशीलता के पनाले सारे रास्तों पर इस क़दर नजर आते हैं कि आत्मीयता के लिए पहाड़ों, जंगलों और रेगिस्तानों से होते हुए समुद्र की ओर जाने को मन करता है; लेकिन मानसून का समुद्र बहुत आत्मीय नहीं होता है। वह इस क़दर उफान पर होता है कि दृश्य में मौजूद ख़बरें, कार्यसूचियाँ और मौसम विभाग मछुआरों को चेतावनी देता है—समुद्र के निकट न जाने की। लेकिन वे जाते हैं—कई फ़ुट ऊपर उठती समुद्री लहरों से खेल जाने का मन बनाकर। अगले रोज़ उनके आभ्यन्तर का कोई विमर्श उपलब्ध नहीं होता। दृश्य में मौजूद ख़बरें, कार्यसूचियाँ और मौसम विभाग सिर्फ़ इतना बताते हैं कि जाल लेकर निकले कई मछुआरे लापता हैं...।

प्रस्तुत आलेख की रचना के दरमियान मुक्तिबोध की कविता 'अन्त:करण का आयतन' के अतिरिक्त इन चार उद्धरणों से बहुत मदद मिली :

[1]

क्या सोवै गफलत के मारे, जागु जागु उठि जागु रे।
और तेरे कोइ काम न आवै, गुरु चरनन उठि लागु रे॥
उत्तम चोला बना अमोला, लगत दाग पर दाग रे।
दुइ दिन का गुजरान जगत में, जरत मोह की आग रे॥
तन सराय में जीव मुसाफिर, करता बहुत दिमाग रे।
रैन बसेरा करि ले डेरा, चलन सबेरा ताक रे॥
ये संसार विषय रस माते, देखो समुझि विचार रे।
मन भँवरा तजि बिष के बन को, चलु बेगम के बाग रे॥
केंचुलि करम लगाइ चित्त में, हुआ मनुष ते नाग रे।
पैठा नाहिं समुझ सुख सागर, बिना प्रेम बैराग रे॥
साहिब भजै सो हंस कहावै, कामी क्रोधी काग रे।
कहै कबीर सुनो भाइ साधो, प्रगटे पूरन भाग रे॥

[2]

...कहने की शैली हमारी जो भी हो, बहुत गम्भीर अर्थ में किसी कृतिकार या युग को 'समझना' उसकी वन्दना करने से ज़्यादा बड़ा काम है और सचमुच बड़ा लेखक, अगर उसमें कुछ भी दम है तो अभिनन्दित होने से अधिक 'समझा जाना' पसन्द करेगा। अभिनन्दन की प्यास दिमाग़ी दुकड़ेपन की द्योतक है। कहने की जरूरत नहीं कि 'समझने' की एक (एकमात्र नहीं) अनिवार्य प्रक्रिया सीमा-रेखा का निर्धारण है।

—विजयदेव नारायण साही

[3]

I am not an artiste, nor am I a cinema artiste. cinema is no art form to me. It is only a means to the end of serving my people. I am not a sociologist, and hence, I do not harbor illusions that my cinema can change the people. No one film-maker can change the people. The people are too great. They are changing themselves. I am not changing things, I am only recording the great changes that are taking place. Cinema for me is nothing but an expression. It is a means of expressing my anger at the sorrows and sufferings of my people. Tomorrow, beyond cinema, man's intellect may probably rear something else that may express the joys, sorrows, aspirations, dreams and ideals of the people with a force and immediacy stronger than that of the cinema. That would then become the ideal medium.

—Ritwik Ghatak

[4]

When you start to write everybody is wishing you luck, but when you're going good, they try to kill you.

—Ernest Hemingway

सन्दर्भ

यहाँ प्रस्तुत आलेख प्रथमत: 'पहल' के 104वें अंक (जुलाई 2016) में प्रकाशित हुआ जिसमें आधार प्रकाशन, पंचकूला से प्रकाशित संजय चतुर्वेदी के तब तक मान्य एक और एकमात्र कविता-संग्रह 'प्रकाशवर्ष' (1993) के साथ-साथ गए तेईस वर्षों 'पहल', 'हंस', 'कथादेश', 'पल-प्रतिपल', 'वर्तमान साहित्य', 'वसुधा', 'नया ज्ञानोदय', 'इंद्रप्रस्थ भारती', 'उद्भावना', 'वागर्थ', 'साक्षात्कार', 'विपाशा', 'अन्तर्दृष्टि', 'आजकल', 'कल के लिए', 'बहुमत', 'उर्वर प्रदेश', 'दिनमान', 'साप्ताहिक हिंदुस्तान', 'इंडिया टुडे साहित्य वार्षिकी', 'स्वाधीनता साहित्य वार्षिकी', 'समय चेतना', 'दूसरा शनिवार', 'चौथी दुनिया', 'जनसत्ता', 'लोकमत समाचार', 'अमर उजाला', 'हिंदुस्तान', 'नवभारत टाइम्स' जैसे पत्र-पत्रिकाओं के विभिन्न अंकों में समय-समय पर प्रकाशित उनकी कविताओं, टिप्पणियों, वक्तव्यों और साक्षात्कारों से भरपूर मदद ली गई है। 'कविता-कोश', 'हिन्दी समय' और 'कबाड़ख़ाना' जैसे वेब-लिंक्स भी संजय चतुर्वेदी की कविताओं तक पहुँचने में ख़ासे मददगार रहे। उदय प्रकाश को कैसे उद्धृत किया गया यह जानने के लिए उनके साक्षात्कारों के संग्रह 'अपनी उनकी बात' के 118वें पृष्ठ को खोला जा सकता है।

स्वप्न का अनुकरण

सविता सिंह की कविता-सृष्टि पर एकाग्र

हिन्दी समकालीनता में वरिष्ठ कवि-मंडल में शोभायमान स्वीकृत सविता सिंह की कविता-सृष्टि के रहस्य अब बहुत हद तक अनावृत हैं! शीर्षस्थानीय व्यक्तित्वों से लेकर प्रथम श्रेणी के टिप्पणीकारों तक ने उनके कविता-कर्म को विश्लेषित करने की कोशिश और जुरअत की है। इन कोशिशों और जुरअतों के समानान्तर एक सेतु पर कुछ आस्वादकनुमा आवारा भी गुज़रते रहे हैं। इस कविता-सृष्टि पर कुछ कहने के लिए पर्याप्त वैचारिक उपकरण न होने का रोना इस कविता-सृष्टि में आँखें खोलते ही रोया जाता रहा है। यह उस सद्य:जात शिशु का शिल्प है जो प्रसव नहीं समझता। जन्मने-रचने की पीड़ा-प्रक्रिया नहीं समझता। यों विश्लेषण की विकासशीलता वाली सविता सिंह की कविता-सृष्टि आवाजाहियों से गुलज़ार रही है। लेकिन यह चहल-पहल मचाती चेष्टाएँ अन्तत: शाब्दिक भंगिमा भर में ग़र्क़ होकर रह जाएँगी, इसका अनुमान कैसे हमारी इस स्त्री-कवि ने अपनी एक प्रारम्भिक कविता में ही लगा लिया था, यह जानने के लिए उस कविता से ही कुछ पंक्तियों को यहाँ उद्धृत करना प्रासंगिक होगा :

कविता रही है गुमसुम
अपनी परिचित असहायता में
छल-छद्म से बुने जा रहे शब्दों के तंत्र में
इन नगरों के साथ निर्मित की गई एक स्त्री भी
जिसकी आत्मा बदल गई उसकी देह में [परम्परा में]

प्रस्तुत उद्धरण के बाद यह स्पष्ट हो जाना चाहिए कि 'शोख़ी-ए-तहरीर' को समझने में कभी-कभी काग़ज़ी पैरहन उतर भी जाते हैं। वे खुल जाते हैं, लेकिन कुछ खोल नहीं पाते—न द्वार, न लक्ष्य, न रूप, न अर्थ, न मर्म। आलोचनात्मक विश्लेषण के ध्येय से सविता सिंह की कविता-सृष्टि की तरफ़ एकाग्र होना जोखिम

से शुरू करके एक तनाव वाले विस्तार की तरफ़ बढ़ना है। ये राहें आस्वादक या विश्लेषक का—अगर वह ईमानदार है तो—स्त्रीकरण करती हैं। रात यहाँ यथार्थ है। नींद यहाँ जागरूकता है। स्वप्न यहाँ संघर्ष है, और इस सबसे गुज़रती स्त्री अपनी मुक्ति का घोषणापत्र है। बहुत तटस्थता यहाँ कोई सूत्र उपलब्ध नहीं करवाती, क्योंकि सविता सिंह का चुनाव बहुत प्रतिबद्ध है।

[1]

चुनाव

> *कविता-कर्म एक जीवन जीने की तरह है। यह नहीं कि वह जीवन का हिस्सा है। वह जीवन ही है। सुख-दुःख, हार-जीत, यातनाएँ और निराशाएँ सब इस वजह से ही हैं। कविता का अन्तिम पुरस्कार त्रासदी है और यह मुझे मिला है। ...मैंने अपनी कविताओं को पुकारा कि मेरे पास आओ। मेरे संसार में अपनी उपस्थिति ज़ाहिर करो। यह जीवन जो मैं जी रही हूँ—एक उपनिवेशात्मक अर्थ-व्यवस्था और एक पितृ-सत्तात्मक समाज में—अगर इसमें तुम्हारा सहयोग न मिला तब जीना मुश्किल है।*

सविता सिंह के पहले कविता-संग्रह 'अपने जैसा जीवन' का आगमन हिन्दी कविता संसार में एक नई तरह की कविता के जन्म की सूचना की तरह लिया गया। वह इस सदी का बिल्कुल शुरुआती वक़्त था और योगेन्द्र आहूजा की एक कहानी 'स्त्री-विमर्श' के इशारे से बात करें तब कह सकते हैं कि औरतों के बारे में एक जाली और वृथा विमर्श अंसारी रोड, दरियागंज, दिल्ली से धूल की तरह उठकर हमारी भाषा को गँदला कर रहा था। इस प्रकार के स्त्री-विमर्श का एकांगीपन और छल हिन्दी पर ज़ाहिर हो चुका था। इस दृश्य में 'कैसे मुक्त होऊँ' जैसे एक ज़रूरी प्रश्न के साथ एक स्त्री-कवि का संसार कैसा हो सकता है, इसकी जानकारी सविता सिंह की कविताओं ने एक बहुत ही नायाब ढंग-ढब-ढाँचे में दी। केवल स्त्री की देह ही पितृसत्ता के जाल में नहीं है; बल्कि उसकी मनःस्थितियाँ, उसकी भाषा, उसकी सामाजिकता, उसकी दार्शनिकता, उसकी अर्थ-व्यवस्था, उसकी जीवेषणा, उसका सब कुछ पितृसत्ता के जाल में है... इस सत्य की अभिव्यक्ति के लिए सविता सिंह का काम मौजूदा स्त्री-भाषा से नहीं चला। कविताओं की उनकी पुकार उन्हें एक नई स्त्री-भाषा के अन्वेषण तक ले गई। इस चुनाव का मार्ग बहुत जटिल था और मानचित्र बहुत धुँधला। इसमें न समझे जाने के संकट भी अनुस्यूत थे।

हंसल मेहता की फ़िल्म 'अलीगढ़' (2015) का नायक एक जगह कहता है : "कविता शब्दों में कहाँ होती है! कविता शब्दों के अन्तराल में मिलती है—साइलेंसेज में, पॉजेज में—फिर लोग अपने-अपने हिसाब से अपना-अपना अर्थ निकालते रहते हैं—एकॉर्डिंग टू दि एज, मैच्योरिटी...।"

सविता सिंह की कविता-सृष्टि में 'रात', 'नींद', 'नीला' और 'स्वप्न' जैसे शब्द अपनी आवृत्तियों में अर्थ के कई संस्तरों के साथ आते हैं। इनका दुहराव आस्वादक में एक ऊब भी उत्पन्न कर सकता है, कवि को इसका कोई डर नहीं है; क्योंकि यहाँ कविता इन शब्दों के अन्तराल में है। यहाँ कविता इन शब्दों से निर्मित प्रतीक-योजना में है। यहाँ कविता अन्तर्वस्तु की सघनता और उसके संस्पर्श में है। यों इस विनिर्मिति में कविता सोचने का स्थान बनती है—कुछ इस प्रकार का स्त्री-केन्द्रित, कठिन-कठोर और सुचिन्तित स्थान—जहाँ 'मनोकामनाओं जैसी स्त्रियाँ' हैं :

मैं पहचानती हूँ आख़िर उनका वह झुरमुट
जिसमें मैंने भी चुना है अपना एक कोना
जहाँ जाकर ठहरती हैं पृथ्वी से लौटी उन्मुक्त हवाएँ
ऋतुएँ जहाँ जाकर सोचती हैं अपना होना

[मनोकामनाओं जैसी स्त्रियाँ]

कुसुम, सुप्रिया, विमला, फ्रेंचेस्का, रोज़मरी, रूथ, एलेन की दोस्त, सिल्विया प्लाथ, ललिता, सुमन, नीता, शिल्पी, नसरीन... ये उन स्त्रियों के नाम हैं जिनकी कथाएँ सविता सिंह की कविताएँ कहती हैं। ये कविताएँ इन स्त्रियों के यातनामय इतिहास और आकुल यथार्थ को एक नई गत्यात्मकता और स्वप्नमयता में विन्यस्त करती हैं :

याद रखना नीता
एक कामयाब आदमी समझदारी से चुनता है अपनी स्त्रियाँ
बड़ी आँखों सुन्दर बाँहों लम्बे बालों सुडौल स्तनों वाली प्रेमिकाएँ
चुपचाप घिस जाने वाली सदा घबराई धँसी आँखों वाली मेहनती
कम बोलने वाली पत्नियाँ

कामयाब आदमी यूँ ही नहीं बनता कामयाब
उसे आता है अपने पूर्वजों की तरह चुनना
भेद करना
और इस भेद को एक भेद
बनाए रखना

[याद रखना नीता]

‘अपने जैसा जीवन’ की कविताओं में मौजूद ‘विमर्शमूलकता’ पर ख़ासा ज़ोर देते हुए सुधीश पचौरी बेहद गहन अर्थ में सविता सिंह की कविता को स्त्रीत्व की राजनीति की कविता बताते हैं जो अपने स्वत्व और पहचान की स्थापना चाहने से आगे उसे साक्षात् सम्भव करती है। विष्णु नागर के शब्दों में : “सविता सिंह की कविता यह अहसास सबसे पहले कराती है कि यह एक स्वाधीन होती स्त्री की कविता है, न कि ठेठ हिन्दी के ठाठ की कविता। लेकिन यह स्वाधीन स्त्री भारतीय समाज की स्थिति से बेख़बर नहीं है, बल्कि उसी में बन रही स्त्री है। इसलिए सविता सिंह अपनी कविता में बहुत-सी स्त्रियों को चीन्हती हैं जो उनकी कविता की स्त्री की स्थिति में नहीं हैं, जो संघर्ष और पीड़ा की विभिन्न स्थितियों से गुज़र रही हैं। इसमें 70-75 साल की भी स्त्री है जो साथ में रेल में सफ़र कर रही है और जो सविता सिंह की कविता की स्त्री से पूछती है कि वह किसकी औरत है।”

सविता सिंह की कविताओं में स्त्री-यातना के वे तमाम आयाम हैं जो एक प्रचलित राजनीतिक और सामाजिक यथार्थ में स्त्रीवादी नज़रिये के साथ बहुत कम अभिव्यक्त होते आए हैं। इन कविताओं में वैचारिक ताप एक सामूहिक पीड़ा की अनुभूति से उत्पन्न होता है। मुक्ति का सौन्दर्य सविता सिंह की कविता-सृष्टि का स्वप्न है। स्त्री-मुक्ति तो इसमें शामिल है ही, लेकिन महज़ वही नहीं। अस्तित्व का उल्लास इन कविताओं का बुनियादी द्वन्द्व है। दरअसल, इनकी कवि का चुनाव कविता में एक ऐसी स्त्री को केन्द्रीयता देने का चुनाव है जो ‘पूर्वजों के शाप और अभिलाषाओं से दूर पूर्णतया अपनी’ है।

[2]
मार्ग

> *मुझे वह संसार चाहिए जो एक स्त्री-कवि का संसार हो सकता है। यह वह संसार नहीं है जिसे हम बहुत ऑब्जेक्टिविली जीते हैं। एक बहुत तरल और नीला-नीला-सा वह संसार है। उस संसार में उतरना यानी एक ऐसे अँधेरे में उतरना जिससे आपका परिचय अवचेतन के स्तर पर है। कविता के लिए वह बहुत उर्वर प्रदेश है। उसे व्यक्त करने के लिए एक दूसरी ही भाषा दरकार थी—एक उपयुक्त भाषा। मैं यह तो नहीं कहूँगी कि मैंने इस भाषा को गढ़ा, लेकिन यह ज़रूर कहूँगी कि मैंने इस भाषा का अन्वेषण किया।*

सविता सिंह की कविता-सृष्टि का रंग नीला है। नीला जन्मों-जन्मों की यातनाओं का रंग है। इस रंग को इस रूप में प्रथमत: सविता सिंह की कविता-सृष्टि में ही

पहचाना गया है। अवचेतन-संसार में मौजूद यातनाओं का संचित-कोष अवचेतन-संसार में ही एक क्रमबद्ध बिम्बात्मकता की रचना करता चलता है। सविता सिंह की कविताओं का नीला संसार इस अवचेतन-संसार के समानान्तर गति करता है। एक भाषा में अब तक अकथित स्त्री-आकांक्षाओं की अभिव्यक्ति के लिए यह एक नए स्त्रीवादी सौन्दर्यशास्त्र का निर्माण है। गई सदी के नवें दशक तक इस बाबत सोचना भी कुफ्र था, जैसा कि यहाँ पूर्व-कथ्य में भी दर्ज किया गया कि आठवें दशक की हिन्दी कविता में किसी प्रमुख स्त्री-हस्ताक्षर का न होना भी स्त्री-अनुभवों और आकांक्षाओं को एक पुरुष-भाषा में व्यक्त करने की पितृ-सत्तात्मक साज़िश का ही निष्कर्ष है। नवें दशक में इस संरचना के विखंडित होते ही हिन्दी कविता में स्त्री-हस्ताक्षरों के अभाव का द्वार टूटता है। वय-संचालित तथ्यों को परे कर दें और इस बहाव में शुभा को भी शरीक करें जिनकी कविताएँ नवें दशक और बीसवीं सदी के अन्तिम दशक में ही सामने आईं तब कह सकते हैं कि कम-से-कम दस प्रमुख स्त्री-हस्ताक्षर—शुभा, कात्यायनी, गगन गिल, अनीता वर्मा, अनामिका, नीलेश रघुवंशी, निर्मला गर्ग, तेजी ग्रोवर, अजन्ता देव और सविता सिंह—इस अर्थ में नवें दशक की हिन्दी कविता को एक झटके में आठवें दशक की कविता से ज़्यादा वैधता, विविधता और वैशिष्ट्य प्रदान करते हैं। लेकिन जैसे कि गगन गिल ने अपनी एक कविता में कहा है : "एक उम्र के बाद माँएँ/खुला छोड़ देती हैं लड़कियों को/उदास होने के लिए!" कुछ इस तरह ही एक उम्र के बाद नवें दशक की हिन्दी कविता ने इनमें से कई स्त्री-कवियों को बर्बाद होने के लिए खुला छोड़ दिया। इस बर्बादी के पीछे अपनी-अपनी राजनीतिक, आध्यात्मिक, सामाजिक, शारीरिक, मानसिक, साहित्यिक और असाहित्यिक वजहें थीं। एक उम्र के बाद अपनी कविता को एक उल्लेख-योग्य और प्रासंगिक विकासक्रम की राह में बनाए रखना एक चुनौतीपूर्ण कार्यभार है, दु:खद है कि नवें दशक की कुछ प्रमुख स्त्री-कवि इसमें कामयाब नहीं हो पाईं। इस वैफल्यग्रस्त प्रमुखता से बचकर सविता सिंह ने एक बहुत मूलगामी राह ली। यह राह मुक्ति के स्वप्न के अनुकरण की राह है :

एक अद्वितीय दृश्य था वह
एक औरत अपनी जगह द्रुत गति से गोल-गोल घूम रही थी
जैसे यह उसका अपना कोई विशेष नृत्य हो
उसके शरीर से लगातार कुछ झर रहा था
शायद वे मान्यताएँ जिनसे वह निर्मित हुई थी [अद्वितीय नाच]

इस विशिष्ट नृत्य में प्रकृति का वह ऐतिहासिक मंथन उपस्थित है जिसमें अपनी प्राचीन, परम्परागत और रूढ़ छवि से स्वतंत्र होकर निरन्तर नई होती जाती स्त्री है। रात और नींद से निर्मित सविता सिंह का मार्ग एक नीले विस्तार में अपने

मुक्ति के सामूहिक स्वप्न के अनुकरण में सतत है। यह स्वप्न जागरूकता के लिए है, प्रचलित और स्वीकृत अर्थ वाली नींद के लिए नहीं। इस प्रकार की नींद में तो यह बाधा है, क्योंकि इस प्रकार की नींद तो पितृसत्ता को संज्ञायित करेगी। 'अंधकार की परखनली' और 'अस्तित्व की नीली खाई' में मुक्ति के लिए सतत संघर्ष इस स्वप्न का अन्तर्निहित कार्यक्रम है। इस कार्यक्रम के लिए नए आयुध और नए सौन्दर्यशास्त्र का अन्वेषण और उसकी रचना सविता सिंह की कविता-सृष्टि को एक दार्शनिकता प्रदान करता है।

[3]

संघर्ष

> *...'स्वप्न-समय' तक आते-आते कविता मेरी वासना बन चुकी थी। ...और वासना का कोई एक ही अर्थ तो है नहीं। लेकिन यह भी नहीं कि वह अर्थ यहाँ नहीं है। लैंगिकता यहाँ ज़रूर है। हमारी लैंगिकता हमें अवश करती है। इस क़दर हम उसकी गिरफ़्त में आ जाते हैं कि अगर हम उस प्रवाह में न जाएँ, जो वह चाहती है अगर हम उसे न प्राप्त करें तो यह मृत्यु के समान है। मेरी एक कविता है—'सुन्दर मृत्यु'। पोएटिक डेथ एक ब्यूटीफ़ुल डेथ है। जब कविता समाप्त होती है, तब आप कैसे मर जाते हैं...इसका अनुमान भी बाहर के लोग नहीं लगा सकते। वासना एक इस प्रकार की सघनता है जो मृत्यु तक ले जाती है। कोई नहीं जानता कि मैं अभी कहाँ जा रही हूँ, लेकिन अगर इस धार से मैंने हटने की कोशिश की; बीच नदी अपनी नाव रोककर रेत पर उतरने की कोशिश की तो यह मेरे लिए बहुत घातक होगा। जैसा कि कार्ल मार्क्स कहते हैं कि अब तक हमने जो भी कहा, जो भी उत्पादन किया या संस्कृति बनाई वह मनुष्य की, सभ्यता की प्री-हिस्ट्री है। हिस्ट्री तो तब शुरू होगी जब हम कम्युनिज्म को स्टैब्लिश कर लेंगे। वैसे ही मुझे लगता है कि अभी तक मैंने जो भी किया वह मेरी कविताओं का पूर्वार्द्ध है, प्री-हिस्ट्री है।*

सविता सिंह की एक शुरुआती कविता का शीर्षक है—'रात, नींद, सपने और स्त्री'। यह शीर्षक उनकी समग्र कविता-सृष्टि का भी शीर्षक हो सकता है; क्योंकि इस कविता-सृष्टि को इसमें उपस्थित स्वप्नमयता ही सँभाले हुए है। यों भी कह सकते हैं कि स्वप्नमयता इस कविता-सृष्टि की रीढ़ है। यह इसका संगीत भी है और केन्द्रीय तत्त्व भी। यथार्थ इसके इर्द-गिर्द परिक्रमारत है। इसमें बहुत सजग

होकर प्रवेश करना पड़ता है—बहुत ध्यानपूर्वक। बक़ौल आशुतोष कुमार : "सविता सिंह के यहाँ स्वप्न एक बार-बार दुहराया जाने वाला विषय है। ...सपने से वंचित 'स्त्री' के लिए सपना देखना मुक्ति की रणनीति है।" स्वप्न पर एक अटूट यक़ीन और उसका मुक्त प्रकटीकरण सविता सिंह की कविताओं में साहस का सर्जनात्मक प्रसार करता है :

मैं ख़ुश हूँ कि
मेरे साथ चलते हैं मेरे सपने
शामिल मेरी ख़ुशी में
हताशा में मेरी
थकान में भी अनवरत एक चिन्ता से
बताते मुझे नक्षत्रों में घूमती आत्माओं के रहस्य
समझाते पृथ्वी पर जन्म लेने के दायित्व

मैं ख़ुश हूँ कि
मैं समझ सकती हूँ यह सभी कुछ
और यह भी कि सपने
सच से ज़्यादा सुन्दर होते हैं
और वे प्राय: स्त्री के साथ होते हैं [नींद में रुदन]

यहाँ आकर सविता सिंह की कविताएँ स्त्री-मन के मौलिक विमर्श की कविताएँ बनती हैं। ये मुखौटों और एकायामी होने से बचकर मुमकिन हुई हैं। स्त्री-विमर्श का मूल संघर्ष, संशय और प्रतिध्वनियाँ इस कविता-सृष्टि के केन्द्र तक आ रही हैं, उस देह-केन्द्रित शोर को अनसुना करती हुईं जो अपने विवादमय होने की वजह से बहुत सरलता से स्त्री-विमर्श में गति कर गया। सम्भवत: इसलिए ही विजय कुमार सविता सिंह को लिखे एक पत्र में सविता सिंह के द्वारा देह को एक बुनियादी मेटाफर बनाए जाने की बात करते हैं, "और उसी के आधार पर तमाम तरह के रहस्यों, पार्थिव कामनाओं, गतिशीलताओं, द्वन्द्वों, ऐहिकताओं, जकड़नों, स्वप्नों, मुक्ति की अभीप्साओं, राग-विराग की सघनताओं को रचना, ठहरना, उनका गहन पर्यवेक्षण और उनके पार चले जाने की विकलता। सदियों से स्त्री ने अपनी इस देह के ऑब्सेशन को कला में रचा है, क्योंकि इसी से गुज़रकर वह वास्तव में देहहीन हो जाना चाहती है।"

इस तरह देखें तो सविता सिंह की कविता अपने ही बनाए गुप्त-मार्गों में फँसती हुई कविता नहीं है। वीर भारत तलवार ने अपने एक वक्तव्य में हिन्दी में मौजूद स्त्री-विमर्श के विचलनों की तरफ़ इशारा करते हुए कहा है कि वह महज़ कुछ

स्त्रियों के अपने पूर्वग्रहों, विश्वासों और माँगों का विस्फोट बनकर रह गया है। यहाँ यह कहने में कोई गुरेज़ नहीं होना चाहिए कि सविता सिंह की कविताएँ इस विस्फोट के विलाप की कविताएँ नहीं हैं, वे इस विस्फोट के प्रतिकार की कविताएँ हैं—'एक दीर्घ प्रतीक्षित प्रतिकार' की।

विश्व-बाज़ार में नई स्त्री कैसे एक उत्पाद में तब्दील हो रही है और उसकी देह की मुक्ति का छद्म कैसे स्त्रीत्व के मूल संघर्ष को विपथगामी बना रहा है, सविता सिंह इस सारे कार्य-व्यापार को भेदती हैं। इस छल को बदरंग और बेहिस करती हैं :

कुछ लोग अब समझ रहे हैं
नारी-मुक्ति के हैं कुछ फ़ायदे भी
कहते हैं देखिए किस तरह ढो रही हैं औरतें
पहले से आठ गुना भार
पैदा कर रही हैं पाल रही हैं बच्चे अकेले ही
चला रही हैं देश और समाज
कमा रही हैं खा रही हैं अपना
मुक्त कर चुकी हैं पुरुषों को अपने से पहले ही

सोचकर लगता है कि कितना निरर्थक था
बाँधकर उन्हें रखना गायों की तरह
और ख़ुद मरते रहना दाना-पानी के लिए सबके
वैसे भी कब चाहिए थीं औरतें प्रेम के लिए किसी को
जिनके साथ करना पड़ता था साझा तन से ज़्यादा धन का
अच्छा है मुक्त हो रही हैं मिल सकेंगी स्वच्छन्द सम्भोग के लिए अब
एक समय जैसे मुक्त हुआ था श्रम पूँजी के लिए

[मुक्ति के फ़ायदे]

सविता सिंह की कविता-सृष्टि की अन्तर्योजना उस संघर्ष से संचालित है जिसकी मूल प्रतिज्ञा उन विमर्शों की भयावहता को उजागर करना भी है जो 'फ़ेमिनिन' होने का दावा करते हैं, लेकिन पितृ-सत्तात्मक और सामन्ती प्रभावों से मुक्त नहीं हैं और इसलिए इस प्रकार के सब विमर्श महज़ भ्रम हैं। यह संघर्ष इस प्रकार परम्परा और आधुनिकता दोनों में ही 'पौरुष' की दृश्य-अदृश्य मौजूदगी की पड़ताल का संघर्ष भी है। शमशेर बहादुर सिंह की प्रसिद्ध कविता 'टूटी हुई बिखरी हुई' का सविता सिंह कृत स्त्रीवादी पाठ भी इस संघर्ष का ही एक अंश प्रतीत होता है, जहाँ वह रीटा फ़ेलस्की की पुस्तक 'बियोंड फ़ेमिनिस्ट एस्थेटिक्स' के हवाले से कहती हैं : "स्त्रीवाद सामाजिक यथार्थवाद को पूरी तरह ख़ारिज नहीं करना चाहता, जिस तरह

मॉडर्निज्म ने किया, न ही वह आधुनिकतावादी दौर के उस परिवर्तनकारी प्राप्य को ही गँवाना चाहता है जो उसने अपने अतिवादी दौर में पैदा किया। वैसे चूँकि ये सारे कलात्मक कार्य पितृसत्ता की जकड़नों पर कभी पूरी गहराई से प्रहार नहीं कर सके इसलिए हम जूलिया क्रिस्तेवा और तमाम बाक़ी पोस्टमॉडर्न फ़ेमिनिस्टों के सन्दर्भ में यही कह सकते हैं कि परम्पराओं को तोड़ना भी एक परम्परा बन सकती है।"

[4]

मुक्ति

...अवचेतन के संसार का जो धुँधलका है, वह मुझे बहुत नीला-नीला दिखता है। इस नीले में बहुत सारा लाल भी है। इसमें काला और सफ़ेद भी है। इसमें नीले के भी कई शेड्स हैं। नीले रंग का मतलब है एक दूसरी दुनिया, एक अलग सम्भावना—जीवन के लिए, भाषा के लिए, संस्कार के लिए, संस्कृति के लिए, प्रेम के लिए... कोई क्या सोच भी सकता है कि प्रेम का एक बहुत अलग रूप भी हो सकता है जिसमें स्त्री-पुरुष का होना ही सबसे केन्द्रीय बात न हो। वह बिल्कुल दूसरी ही तरह की भावनाओं पर आधारित हो और जहाँ हमारी लैंगिकता बिल्कुल चूक जाए। उसके लिए कोई विशिष्ट जगह न हो। जैसे फूलों की महक की क्या लैंगिकता है? मैं कुछ इस तरह महसूस करती हूँ कि आने वाले वक़्त में सम्बन्ध कुछ इस तरह के होंगे कि उनका प्रभाव, उनकी व्याप्ति, उनका लक्ष्य और उनकी प्राप्ति इस वक़्त से कुछ अलग होंगे। बहुत मुमकिन है कि उसमें पुरुष का कोई रेफ़रेंस ही न हो। एक अलग स्वायत्त दुनिया हो।

सविता सिंह का तीसरा कविता-संग्रह 'स्वप्न समय' अपनी पूरी बनत में मुक्ति के लिए एक नए सौन्दर्यशास्त्र के प्रस्ताव सरीखा है। यहाँ आकर यह भी लगता है कि इन कविताओं ने अब वह कर दिखाया है जिसका स्वप्न इनकी पूर्ववर्ती कविताओं ने देखा था :

आख़िरकार अपनी भाषा में हूँ सुकून से
मुझे खोजने आ सकते हैं मेरे प्रेमी
मैं मिलूँगी भी अब शायद उन्हें सजी-धजी
उनका स्वागत करती
अब मुझमें कोई संशय नहीं
न भीरुता पहले वाली

ज़रा भी रहस्यमय नहीं रहूँगी अब मैं
जैसे मैं थी जब नहीं समझती थी भाषा के तिलिस्म को
उसके विस्तार को [नया एकान्त]

इस संग्रह में पूर्वानुभव और पूर्वानुमान की अचरज में डाल देने वाली कविताएँ भी हैं। एक स्वप्नकाल में सम्भव ये कविताएँ अपना सत्य साथ लेकर आई हैं। 'सपने और तितलियाँ', 'शैटगे : जहाँ ज़िन्दगी रिसती जाती है', 'चाँद तीर और अनश्वर स्त्री' और 'स्वप्न के ये राग' जैसी चार लम्बी कविताओं में मौजूद यथार्थ पारिवारिक, सामाजिक, सांस्कृतिक और वैश्विक स्तर पर भविष्य में घटा या घटेगा यों प्रतीत होता है। यह घटनात्मकता ही सविता सिंह की कविता-सृष्टि की वह राजनीति है जो मुक्ति के स्वप्न का अनुकरण करती है :

इस स्वतंत्र देश में
यह आवाज़ उनकी है
जिनकी आवाज़ बद से बदतर होती गई है

इस आवाज़ में एक रोष है... [स्वप्न के ये राग]

यहाँ तक आते-आते सविता सिंह की कविताएँ अन्ततः उन यातनाओं के पार चली जाती हैं जिनका स्वप्न उन्होंने अपने ही एक शीर्षक 'रात का दरवाज़ा' में देखा था। यह पारगमन शक्ति-विमर्श को ख़ारिज कर स्त्री-स्वातंत्र्य की स्थापना करता है। इस स्वायत्त संसार में पुरुष का रेफ़रेंस न होने की जो बात सविता सिंह ने ऊपर की है, वह प्रेम के संसार को मृत्यु से आक्रान्त मानते हुए की गई है और प्रेम के मध्य में मौजूद हिंसा से उत्पन्न ऊब का निष्कर्ष है।

सविता सिंह की कविता-सृष्टि में प्रेम मुक्ति में बाधा की तरह उपस्थित है। वह स्त्री के लिए परतंत्रता के प्रमाणपत्र सरीखा है। उसमें उपस्थित प्रतिज्ञा-दुर्बलता, अकारण बन्धुत्व, सभ्य चरित्रहीनता और संघर्षशून्यता की वजह से सविता सतत अपनी काव्य-स्त्री को प्रेम से सचेत करती हुई चलती हैं। 'नींद थी और रात थी' की कुछ कविताओं से कुछ पंक्तियाँ यहाँ इस बात को थोड़ा और स्पष्ट करेंगी :

क्रूरता को कोमलता के लिहाफ़ में छिपाने की कला भी
एक कला है
यातना की कविता प्रेम की कविता के बरअक्स तभी
खड़ी कर दी जाती है
ताकि पता न चले प्रेम करने वाला
यातना देने वाला है या ख़ुद पाने वाला [प्रेम और यातना की कविता]

कितना कठिन है उस स्त्री के जीवन का रास्ता
जो किसी पुरुष से कहे—
'मेरा जन्म ही तुमसे प्रेम करने के लिए हुआ है'

[वह ख़ुद तक पहुँचे]

यह सच है पुरुषों के हमेशा काम आई हैं औरतें
आज भी प्रेम के बहाने उन्हें ले जाया जा सकता है अँधेरों में

[मुक्ति के फ़ायदे]

कितना मिलता-जुलता है झूठ भी सच से आख़िर
मृत्यु ज्यों प्रेम से

[पसन्द की जाने वाली स्त्री]

प्रेम को एक द्वन्द्वात्मकता में बरतती हुई सविता सिंह की कविताओं में मौजूद स्त्री-मुक्ति का एजेंडा किसी विचारधारा से आक्रान्त प्रतीत नहीं होता है। संसार में वास्तविक परिवर्तन के लिए विश्व भर के सर्वहारा के स्त्रीकरण पर ज़ोर दिया गया है। अस्तित्वगत जीवन की स्त्री-विवशताएँ एक संवेदनशील मस्तिष्क को स्त्रीधर्मी या स्त्री-पक्ष बनने के लिए बाध्य करेंगी ही। साम्यवादी विचारधारा से इस मस्तिष्क का प्रकटत: कोई विरोध मुमकिन नहीं है, लेकिन फिर भी "सविता सिंह की कविता किसी एक सूझ या निर्दिष्ट 'आइडिया' की कविता नहीं है" प्रभात त्रिपाठी की इस बात से असहमति की गुंजाइश नहीं है, तब तो और भी नहीं जब वह इस बात को आगे यों विश्लेषित करते हैं : "वह वस्तु-जगत की सदेह उपस्थिति को एक विशिष्ट व्यक्ति के स्तर पर जानती हैं, और जबरन के आत्म-विस्तार के चक्कर में भाषिक दौड़ लगाने के बजाय आत्म के उस रूप को देखती हैं जो प्रकृति के विस्तार में, उसकी जीवन्त उपस्थिति में, आत्मेतर से एक अधिक गहरा रिश्ता बनाती है। शायद यह किसी भी सच्ची-खरी और आत्मस्थ कविता की बुनियादी शर्त है। इसलिए जब हम उनकी कविता में स्त्री की आवाज़ की बात करते हैं तो उसे प्रकृति की और कविता की आवाज़ से अलगाकर पढ़ना, उसकी संश्लिष्टता से ही नहीं; उसकी मूलभूत वेदना से भी कट जाने जैसा है। शुरू से ही स्त्री-पक्ष की कविता लिखते हुए उन्होंने अपनी आत्मस्थता को पूरी ईमानदारी से लिखा है, और उनका सामान्य सहज अर्थ ही यह सूचित करता है कि स्त्रियों को मुक्त 'कराने' या उन्हें मुक्ति की सिर्फ़ प्रेरणा देने के इरादे से, या फिर किसी ऊँचाई से लिखी गई भाषा यह नहीं है।"

सविता सिंह की वर्गीय स्थिति उनकी कविता-सृष्टि को सीमित नहीं करती है। यह कविता-सृष्टि इस बोध से युक्त है कि मुक्ति अकेले में नहीं है। प्रेम को सतत द्वन्द्व की निगरानी में रखने के बावजूद यह कविता-सृष्टि 'सौन्दर्य का आश्चर्यलोक' लगती है, क्योंकि इसके केन्द्र में मुक्ति के स्वप्न का अनुकरण है। सविता सिंह की

असंकलित कविताएँ भी उनके इस अनुकरण का विस्तार करती हैं। इन कविताओं में भाषा पर आ रही आपदाओं और व्यक्तिगत यातनाओं की अभिव्यक्ति एकमेक होकर उम्मीद और साहसिकता से भरे स्वर को रच रही है :

तुम्हें सामन्तों को सामन्त
और दमन को दमन ही कहना है
भूलना नहीं है अपना कठिन व्याकरण

हम इस दुनिया को बदल सकते हैं
अपनी इस सख़्ती से
हमें किसी के पाँवों पर गिरने की क्या ज़रूरत [हिन्दी मेरी भाषा]

अब तलक अवसाद के तीरे-तीरे चलती हुई इन कविताओं में इस वसुधा की नई रंगतें हैं। मुक्ति को एक संदिग्ध शब्द और ताक़त को वास्तविक मुद्दा मानने वाले संसार में अवसाद का साथ न छूटना, मनुष्यता और मुक्ति के स्वप्न का साथ नहीं छूटने जैसा ही है।

...बस कुछ और वाक्यों के बाद एक कविता-सृष्टि में एक एकाग्रता भंग होगी। एक अलंघ्य प्यास को लाँघने का एक स्त्री-स्वप्न एक अपूर्णता में टूटेगा। संशय होगा उस स्पष्टता के सन्दर्भ में जो इस कथ्य की आकांक्षा है कि स्वप्न और स्त्री इस कविता-सृष्टि में एक ही हैं। स्वप्नातीत यहाँ कुछ भी नहीं है। सब कुछ स्वप्नवत है। संसार को बदलने का स्वप्न यहाँ ईश्वर की भूमिका से नहीं, स्त्री की कामना से गतिशील है। स्त्री जो स्त्री-कवि की भाषा में रात में स्वप्न है—एक नीला विस्तार, अज्ञात है जिसका ज़्यादातर हिस्सा...

सन्दर्भ

यहाँ प्रस्तुत आलेख प्रथमत: 'पहल' के 105वें अंक (नवम्बर 2016) में प्रकाशित हुआ जिसमें सविता सिंह के तब तक राधाकृष्ण प्रकाशन से प्रकाशित तीन कविता-संग्रहों—'अपने जैसा जीवन' (2001), 'नींद थी और रात थी' (2005), 'स्वप्न समय' (2013) को आधार बनाया गया है। इससे अलग 'संवेद' (जुलाई-2013) और 'जनसत्ता' (13 मार्च, 2016) में प्रकाशित उनकी असंकलित कविताओं और 'उद्‌भावना' के शमशेर विशेषांक के शेषांक में प्रकाशित उनके आलेख 'शमशेर बहादुर सिंह का काव्य-रहस्य और सौन्दर्य के भयावह फूल : टूटी हुई बिखरी हुई का एक स्त्रीवादी पाठ', 'आलोचना' में प्रकाशित उनके आलेख 'हिन्दी साहित्य में स्त्री आलोचना : आरम्भिक प्रयास' के साथ-साथ विभिन्न पत्र-पत्रिकाओं में और इंटरनेट पर मौजूद उनके वक्तव्यों और टिप्पणियों से भी पर्याप्त

मदद ली गई है। इस आलेख के प्रत्येक खंड के प्रारम्भ में प्रस्तुत उद्धरण सविता सिंह से इन पंक्तियों के लेखक से हुई एक अन्यत्र अप्रकाशित बातचीत (रिकॉर्डेड) के चुनिन्दा अंश हैं। यह बातचीत इस आलेख की रचना के दरमियान ही मुमकिन हुई। सुधीश पचौरी को उद्धृत करने के लिए 'जनसत्ता' (17 जून, 2001) में प्रकाशित समीक्षा 'वह किसकी औरत है', विष्णु नागर को उद्धृत करने के लिए 'पहल' में प्रकाशित 'अपने जैसा जीवन' पर केन्द्रित समीक्षात्मक आलेख 'पिछली सदी के अन्त से बनती हुई औरत की कविता', आशुतोष कुमार को उद्धृत करने के लिए tirchhispelling.wordpress.com पर 4 जनवरी, 2015 को प्रकाशित आलेख 'यथार्थ का दुस्स्वप्न और आखेटक स्त्री', विजय कुमार को उद्धृत करने के लिए streekaal.com पर 28 जनवरी, 2015 को प्रकाशित पत्र और प्रभात त्रिपाठी को उद्धृत करने के लिए उनकी पुस्तक में 'तुमुल कोलाहल कलह में' शामिल प्रदीर्घ आलेख 'सविता सिंह का स्वप्न समय' को पढ़ा गया है। इसके अतिरिक्त गए 15 बरस में सविता सिंह के कविता-संग्रहों और उनके कविता-संसार पर केन्द्रित प्रथम श्रेणी के टिप्पणीकारों की तमाम टिप्पणियों को भी नज़र में लाया गया है, यह अलग बात है कि प्रयोग में नहीं...।

स्वर का पथ

अनीता वर्मा की कविता-सृष्टि पर एकाग्र

[1]

गायन शुरू करने से पहले मैं अपने ईश्वर, अपने गुरु का स्मरण करता हूँ। मैं प्रार्थना करता हूँ : 'मैं तो कुछ भी नहीं हूँ। मुझे शक्ति दीजिए। मैं तो कुछ भी नहीं हूँ।'

...और तब आपकी रगों में शक्ति का संचार होने लगता है और आप अनुभव करने लगते हैं कि आपका अन्तर्जगत प्रकाश से भरने लगा है।

—भीमसेन जोशी

बीसवीं सदी के आख़िरी वर्षों में हिन्दी कविता में अपनी काव्य-अस्मिता अर्जित करने वाली अनीता वर्मा की कविता-सृष्टि का विकास-क्रम विलम्बित के वैभव में विन्यस्त रहा आया है। शारीरिक और मानसिक वजहों से वह अपने समवयस्क कवियों के मुक़ाबले नियमित और बहुत अधिक कविताएँ नहीं लिख पाई हैं। इस तथ्य के प्रकाश में अनीता वर्मा की कविताएँ प्रदीर्घ अन्तरालों का आयत्त राग प्रतीत होती हैं। यह अन्तराल अगर बुझते नहीं हैं तो इसकी एकमात्र वजह इनके बाद सम्भव होने वाली रागात्मकता का इन्तज़ार है। इस प्रसंग में उनके अब तक आख़िरी और दूसरे कविता-संग्रह 'रोशनी के रास्ते पर' की आख़िरी कविता का शीर्षक 'स्थिर बिम्ब' याद आता है। बाहर के देखे हुए को अनीता ने अपनी कविताओं के भीतर एक स्थिर बिम्बात्मकता दी है :

मेरे बाहर रहता है मेरा भीतर
मेरे भीतर मेरा बाहर [पहाड़ नदी जंगल]

भीतर को बाहर और बाहर को भीतर करती हुईं अनीता वर्मा की कविताएँ एक संगीतात्मक असर लिए हुए हैं। उनके पहले कविता-संग्रह की पहली ही कविता में

भेद के भीतर जाने की आकांक्षा प्रकट हुई है। रहस्य के घुँघराले केश हटाकर उसका मुख देखने की बात भी इसी कविता में है और ज्ञान से दूर जाने की भी। ज्ञान से यह दूरी यहाँ इसलिए आकांक्षित है, ताकि एक निर्बोध निस्पन्दता तक जाया जा सके :

अनुभूति मुझे मुक्त करो
आकर्षण मैं तुम्हारा विरोध करती हूँ
जीवन मैं तुम्हारे भीतर से चलकर आती हूँ [प्रार्थना]

अब तक प्रकाशित दो कविता-संग्रहों के बाद की नई कविताओं में भी अनीता वर्मा से उनका 'बाहर' छूटा नहीं है। यह भी क़ाबिल-ए-ज़िक्र है कि व्यापक मानवता पर पूर्ण विराम लगाकर अन्तर्मुखी अध्यात्म का नया वाक्य शुरू करने वाली रचनाकार अनीता वर्मा अब तक नहीं हुई हैं। उनकी काव्य-स्त्री अब तक अपना जीवन-वाद्य और उसका स्वर सँभाले हुए है :

इसी बीच धीरे-धीरे विकास की हवा चलने लगी
ग़ायब होने लगे नीम, आँवले और बेल के पेड़
बड़ी-बड़ी इमारतें मिट्टी के भीतर से उग आईं
गौरैयों ने बदल ली अपनी जगह
न जाने कहाँ चली गईं किसी छाँव की खोज में
मकान और बाज़ारों ने धीरे-धीरे घेर ली सारी जगह
अब अमरूद और बेर घर-घर नहीं बँटते
कोई किसी का दुख भी नहीं बाँटता
कभी-कभी अचानक कोई गन्ध भूले से चली आती है
जंगल, मिट्टी और घास की याद दिलाती हुई
चेहरों से जा चुकी है पानी और हवा की नमी
उन्हें खोजना एक पुरानी सुरंग से गुज़रने जैसा है [मेरा बाहर]

इस सदी के प्रारम्भिक वर्षों में जब अनीता वर्मा की कविताएँ एक किताब की शक्ल में 'एक जन्म में सब' शीर्षक से प्रकाशित होकर आई तब उन्हें एक ऐसी स्त्री-कवि के तौर पर पहचाना गया जो आत्म-मोह और आत्म-रति के परे अपनी अंदरूनी दुनिया के अन्वेषण में संलग्न है। विष्णु खरे के शब्दों में : "अनीता वर्मा को 'आत्मा', 'प्रेम', 'शून्य', 'चुम्बन', 'यातना', 'विषाद', 'पवित्र', 'उजास', 'दुख', 'देह', 'रूप', 'मृत्यु', 'निराशा', 'स्पन्दन', 'अनन्त', 'वृंत', 'सिहरन', 'एकान्त', 'छाया', 'स्पर्श', 'उदासी', 'प्राण', 'बेसुध', 'स्निग्ध' ...जैसे आज की कविता से लगभग निर्वासित प्रत्ययों के हठीले और दुस्साहसिक इस्तेमाल से कोई गुरेज़ नहीं है।"

यह हठीला और दुस्साहसिक इस्तेमाल अनीता वर्मा की कविता-सृष्टि का एक संगीतमय पक्ष निर्मित करता है। इस पक्ष में कोमल स्वरों का बाहुल्य है। यहाँ

यह भी ध्यान देने योग्य है कि हिन्दी कविता संसार में अनीता वर्मा की कविताओं के स्वर को 'राग मंगलेश' में निबद्ध माना गया है। 'राग मंगलेश' से यहाँ आशय बीसवीं सदी के आठवें दशक के सर्वाधिक महत्त्वमय और विशिष्ट कवियों में से एक मंगलेश डबराल के कविता-संसार के असर में सम्भव हुई कविताओं से है। हिन्दी कविता में 'राग मंगलेश' में निबद्ध कविताएँ दृश्य में उपस्थित उपद्रव को मद्धम स्वर में अभिव्यक्त करती हैं :

प्रभु मेरी दिव्यता में
सुबह-सवेरे ठंड में काँपते
रिक्शेवाले की फटी क़मीज़ ख़लल डालती है [एक और प्रार्थना]

संगीत को सुनते हुए उसकी कुशलता और सहजता पर बात करने का चलन है, लेकिन हिन्दी में रचना की कुशलता (स्वरूप) और सहजता (प्रभाव) से ज़्यादा उसके मनोनिवेश पर बात करने की प्रवृत्ति हावी रही आई है। बहरहाल, संगीत की शास्त्रीयता का अगर कोई राजनीतिक पक्ष है; तब वह अनीता वर्मा की कविताओं के स्वर में सुना जा सकता है। यह इसलिए सम्भव होता है, क्योंकि इस स्वर का पथ जीवन के प्रति विमर्श का पथ है। एक मध्यवर्गीय ग्लानि और नैतिक पश्चाताप—दोनों मिलकर—इस स्वर को बेहद मानवीय बनाते हैं :

बहुत पहले घर नहीं थे
तब लोग विश्वास का घर बनाते थे
पेड़ों के भी हुआ करते थे घर
फिर एक कल्पना ऐसी आई
कि घर नदी किनारे बना होगा
उसके पीछे पहाड़ होंगे कुछ चिड़ियाँ बोलेंगी
एक नाव नदी में दूर जाती दिखेगी
अब हमने इस घर की तस्वीर बना ली है
जो अपनी जड़ता में दीवारों पर सोती है
बच्चे अक्सर चित्रांकन की शुरुआत में इसमें रंग भरते हैं
जो धीरे-धीरे भूरे या काले रंग में बदलता जाता है [घर]

एक स्त्री-कवि होते हुए भी अनीता वर्मा ने घर को स्त्री-दृष्टि से नहीं एक मानवीय निगाह से देखा है। कविता में स्त्री-दृष्टि के अधिमूल्यन वाले एक वक़्त में इस निगाह से देखना एक ग़ैरस्त्रीवादी तरीक़े के अन्तर्गत माना जा सकता है। लेकिन अनीता वर्मा की अब तक प्रकाशित कविता-सृष्टि इस तरीक़े से ही संचालित है। प्रेम के लिए प्रकृति के पास जाती हुई स्त्री (प्रेम), प्रेम के भीतर एक व्यर्थ होती

हुई स्त्री (व्यर्थ), बाज़ार को अपने क़दमों में झुकाती हुई स्त्री या सामान कोई भी हो हमेशा बेची जाती हुई स्त्री (इस्तेमाल), साँस लेने और मुक्त होने के बीच फ़र्क़ करती हुई स्त्री (स्त्रियों से), एक लाख के मुआवज़े पर बेतहाशा रोती हुई स्त्री (एक दुर्घटना और), महँगी शॉल ओढ़कर ठंड में काँपते रिक्शेवाले के प्रति प्रायश्चित से भरी हुई स्त्री (एक और प्रार्थना); चमकीले लिबास, सस्ते पाउडर-पुते चेहरे, उलझे-चिकने केश और काजल की मोटी रेखा लिए दूर से ही दिखती कठपुतलियों जैसी स्त्री (बूढ़ानाथ की औरतें), प्रेम में भी भर दिए गए भय की रखवाली करती हुई स्त्री (भय), मिलावट के महादृश्य से अनजान रोज़ शाम दूध लेने जाती हुई स्त्री (आश्वस्त), अनाथों-निराश्रितों को घर की छाया देती हुई स्त्री (माँ का हाथ : मदर टेरेसा के लिए), पुरुष जिसमें अपने चेहरा देख सके उस आईने की तरह नज़र आती हुई स्त्री (स्त्री का चेहरा) और डॉक्टर बनकर बच्चों और स्त्रियों को अच्छा करती हुई आदिवासी स्त्री (रोशनी) को अनीता वर्मा की कविताओं में पाकर कौन कहेगा कि उनकी कविताएँ समकालीन स्त्री-दृष्टि से सम्पन्न नहीं हैं। लेकिन यों कहा जाता रहा है और इस प्रकार कहा जाता रहा है कि जैसे यह कोई दोष हो, और स्त्री-दृष्टि का दावा करतीं सारी कविताएँ बहुत निर्दोष हों। 'रोशनी के रास्ते पर' में शामिल एक कविता से इस स्थिति की विडम्बना को समझा जा सकता है :

जब मैं पैदा हुई तो मुझमें दोष था
क्योंकि मैं लड़की थी
जब थोड़ी बड़ी हुई तब भी दोषी रही
क्योंकि मेरी बुद्धि लड़कों से ज़्यादा थी
थोड़ी और बड़ी हुई तो दोष भी बड़ा हुआ
क्योंकि मैं सुन्दर थी और लोग मुझे सराहते थे
और बड़ी होने पर मेरे दोष अलग थे
क्योंकि मैंने ग़लत का विरोध किया
बूढ़ी होने पर भी मैं दोषी रही
क्योंकि मेरी इच्छाएँ ख़त्म नहीं हुई थीं
मरने पर भी मैं दोषी रही
क्योंकि इन सबके कारण असम्भव थी मेरी मुक्ति [दोष]

समकालीन स्त्रीवाद की एक कठोर आलोचक के रूप में चर्चित क्रिस्टीना हॉफ़ सॉमर्स ने आइरिश मर्डोक के उन्हें लिखे एक निजी पत्र को अपने एक लेख में इस्तेमाल करते हुए कहा है : "स्त्री अध्ययन का अर्थ यही हो सकता है कि आमतौर पर मानवता की महान् किताबों की बनिस्बत मात्र औरतों द्वारा लिखी गई औसत और गौण किताबों को पढ़ने के लिए आगे आना... यह एक अंधी गली है,

एक ऐसा ख़तरा जो मनुष्य प्रजाति के मुख्यधारा चिन्तन से औरतों को काटने की साज़िश से जुड़ा हुआ है।"

इस उद्धरण के आलोक में कहें तब कह सकते हैं कि अनीता वर्मा की कविता-सृष्टि इस साज़िश को समझते हुए प्रगतिशील रही आई है और इस वजह केवल स्त्री-राग से उसने अपने स्वर का रसायन निर्मित नहीं किया है। ...और न ही सिर्फ़ इस राग को पाने की इस स्वर में कोई चाह नज़र आई है, और न ही इस चाह या अचाह को प्रमाणित करने के लिए इसकी संरचना में कोई शब्दापव्यय उजागर हुआ है। इसलिए इस स्वर को इसकी समग्रता में ही समझा जा सकता है। यह समग्रता मानव-द्वेषी शक्तियों के प्रतिकार से सम्भव हुई है—जैसा कि यहाँ पूर्व में भी कहा गया कि अनीता वर्मा की कविताएँ एक संगीतात्मक असर लिए हुए हैं—कुछ इस प्रकार का संगीतात्मक असर जिसकी शास्त्रीयता का अपना एक राजनीतिक पक्ष भी है। इस संगीत को समझने के लिए भी वैसे ही प्रयत्न काम आएँगे, जैसे संगीत को समझने के लिए ज़रूरी हैं। एक-एक स्वर को अलग-अलग समझने के प्रयत्न यहाँ कामयाब नहीं होंगे, क्योंकि अकेले स्वर का कोई संगीत नहीं होता है। अकेला स्वर संगीत का अंग है, लेकिन वह संगीत नहीं है। अनेक स्वरों के मिलने से संगीत पैदा होता है। स्वरों को समझकर संगीत को नहीं समझा जा सकता। इस स्पष्टता के साथ कहें तब कह सकते हैं कि अनीता वर्मा की कविताओं को स्त्री-कविता की तरह नहीं पढ़ा जा सकता है। उनकी कविताएँ इस इंची टेप से परे हैं या कहें स्त्री-कविता का फ़ीता अनीता वर्मा के काव्य-विस्तार के आगे छोटा पड़ता है। यह विस्तार संवेदना और आशावाद का विस्तार है तथा एक समग्र राजनीतिक विवेक से सम्पन्न है। इस अर्थ में अनीता वर्मा की कविताएँ स्त्री-कविता के संसार को सीमित करने वाली कविताएँ नहीं हैं। इनमें उपस्थित रुदन व्यापक है और प्रतिकार बहुआयामी। वह शब्दातिशयता इनमें नहीं है जिससे गुज़रकर तमाम स्त्री-कविताएँ 'एक ही फ़ैक्ट्री से निकलीं असेंबली लाइन कविताएँ' बन जाती हैं। ये कविताएँ बहुत लोकतांत्रिक ढंग से मुक्ति को आत्म-संचयन नहीं एक सामूहिक आकांक्षा और उसके लिए जारी प्रयत्नों को एक सामूहिक कार्यवाही मानती हैं। इस गतिविधि में ये अपने आस्वादक का स्त्रीकरण करने पर आमादा नहीं हैं।

दरअसल, हिन्दी में मौजूद बहुत सारी स्त्री-कविता बग़ैर तैयारी के ही प्रदर्शित हो गई हैं। वह एक लिहाज़ में खुलेआम 'हूट' नहीं हुई है, वरना अब तक तो वह काफ़ी लज्जित हो रियाज़ के सख़्त और साध्य संसार में लौट गई होती।

यहाँ कहने का आशय यह है कि जो कुछ नेपथ्य में करना चाहिए, वह हिन्दी की अधिकांश स्त्री-कविता मंच पर कर रही है... जैसे कोई गायिका सुनने को प्रस्तुत सभागार के सम्मुख आधे घंटे तक अपना तानपूरा ही मिलाती रहे और उसके

साज़िन्दे (यहाँ पढ़ें : समीक्षक) तबले पर हथौड़ी पीटते रहें। इस दृश्य में अनीता वर्मा की कविता-सृष्टि का संगीत अपनी सार्वजानिकता में बहुत परिपूर्ण नज़र आता है। कहीं थोड़ी-सी भी दुर्बलता इस स्वर में नहीं है :

सब कुछ देख लेने से रहस्य ख़त्म हो जाता है
और सब कुछ दिखाया नहीं जा सकता
इसलिए मंच के पास होता है नेपथ्य
आवाज़ें फैलती हैं दर्शक-दीर्घा में
दृश्य थम जाता है
कोई क्रूरता, प्यार या चमक
वहाँ पूरे नहीं अँटते
उनकी आत्माएँ तैरती रहती हैं आस-पास [मंच]

[2]

उस्ताद के गायन में मैंने पूरी दिव्यता और वैभव के साथ राग को विकसित होते हुए देखा। षड्ज के साथ निषाद के विद्रोही योग को देख मैं मानो उन्मत्त-सा हो गया। मध्यम से षड्ज की सघन मींड असाधारण थी। हर स्वर अगले स्वर को बाँहें पसार बुला रहा था और यों वे एक-दूसरे में घुल रहे थे। साँस और संगीत एक-दूसरे में उस सीमा तक घुल गए थे जहाँ दोनों में अभेद हो जाता है।

—मल्लिकार्जुन मंसूर

हर्बर्ट स्पेंसर ने The Origin and Function of Music शीर्षक अपने प्रबन्ध में इस प्रकार के दिनों की कल्पना की है, जब हम संगीत में ही बातचीत करेंगे। सभ्यता जब इतनी उन्नत होगी कि हमारे हृदय की अंगहीन, रुग्ण, मलिन वृत्तियों को फिर सशंकित भाव से छुपाकर नहीं चलना पड़ेगा। वे परिपूर्ण, स्वस्थ और सुमार्जित हो उठेंगी। स्पेंसर के इस कथ्य के प्रकाश में देखें तो अनीता वर्मा की कई कविताएँ संगीत का आचरण लिए हुए हैं। ये 'पथभूली' कविताएँ नहीं हैं, क्योंकि ये अपने आलाप से ही अपने स्वर का पथ जानती हैं। संगीत के साथ-साथ इनमें रंगों का भी आचरण है। यह यों ही नहीं है कि अनीता ने क्लासिक चित्राकृतियों और चित्रकारों पर कुछ बहुत स्मरण-योग्य कविताएँ लिखी हैं :

मुझे यातना देते रहे मेरे अपने रंग
इन लकीरों में अन्याय छिपे हैं

यह सब एक कठिन शान्ति तक पहुँचना था
पनचक्कियाँ मेरी कमज़ोरी रहीं
ज़रूरी है कि हवा उन्हें चलाती रहे

[वॉन गॉग के अन्तिम आत्मचित्र से बातचीत]

अनीता वर्मा की कविता-सृष्टि में चित्रमयता और बिम्ब-निर्माण के विशेषत्व वाली कई कविताएँ हैं। इन कविताओं में आईं पंक्तियाँ पूरी कविता में कभी-कभी यों लगती हैं—जैसे एक बड़े कैनवास पर—निर्वासित तूलिकाघात। यह आघात कैसे अपनी बढ़त और लयकारी का विवेक सँभाले हुए है, इस सिलसिले में यहाँ अलग-अलग कविताओं से कुछ पंक्तियों को उद्धृत करना प्रासंगिक होगा :

एक सुन्दर जीवन अपनी यातना कह नहीं सकता

[रात के तारे]

इस संसार का यात्री होना कठिन काम है

[चेतना]

महानताएँ भी अन्ततः बढ़ाएँगी क्षुद्रताओं को

[महज़ एक उम्र]

हँसी को भी अपना भय छिपाने की जगह बना लेती हैं स्त्रियाँ

[भय]

खोती हुई चीज़ें हमेशा सुन्दर होती हैं

[वहाँ क्या है]

यथार्थ को आईना दिखाता है यथार्थ

[चेतना]

रात की तरह मृत्यु की परछाईं नहीं होती

[अस्पताल डायरी]

घृणा एक राजनीतिक निर्णय है

[निर्णय]

दूसरा आँसू भी पहले आँसू की तरह नहीं बहता

[मंच पर]

कहते हैं कि सन्तूर में सौ तार होते हैं और प्रत्येक तार सौवें तार तक दूसरे तार को जाग्रत करता चलता है। यह भी कहते हैं कि सन्तूर का शान्त संगीत मानव-शरीर की सारी कोशिकाओं को छूकर क्षतिग्रस्त कोशिकाओं में बहुत सीमा

तक सुधार कर सकता है। इससे पीड़ा वास्तव में कम हो सकती है। यहाँ ऊपर उद्धृत एक-एक कविता-पंक्ति सन्तूर के एक-एक तार सरीखी है। अनीता वर्मा की कविताओं में दर्द के व्यापक संसार का यह पंक्तिकरण आस्वाद को झंकृत करती हुई आहतव्यता रचता है।

[3]

मेरे लिए संगीत में सबसे महत्त्वपूर्ण प्रक्रिया है—अन्तर्मुखी होना। सन्तूर बजाना मेरे लिए मनोरंजन भर नहीं है, यह मुझे अन्तर्मुखी बनाता है। यह संगीत की आध्यात्मिक विशेषता है। शैली केवल माध्यम है। इससे ऊपर उठकर अपने आपको अभिव्यक्त करने में ही उपलब्धि है।

—शिव कुमार शर्मा

अनीता वर्मा ने 'हृदय' शीर्षक अपनी एक कविता में हृदय की भाषा को सपनों की भाषा कहा है। यह हृदय दूसरे हृदयों की खोज में अदृश्य खिड़कियाँ खोलता है और दुख की छाया में बैठकर सुस्ताते हुए हवा में रोशनी के फूल पिरोता है। यह हृदय ब्रह्मांड से एकाकार हो भीतर कहीं समय की तरह बजता है—टिक-टिक टक-टक... यह हृदय अचानक टेबल पर रख दिया जाता है—भीतर से बाहर और अलग, कुछ अनजान हाथों में—दिल के माहिर रफ़ूगरों के बीच। उसकी धड़कन दूर कहीं ब्रह्मांड में चली गई है, कविता के अन्त में जिसे वह वहाँ से भेजता है। यह एक कविता का सार नहीं, अनीता वर्मा की कविताओं के स्वर का पथ है। इस पर चलना नीरव प्रतिबद्धता का निर्माण करना है। इस अनुच्छेद के ऊपर उद्धृत प्रख्यात सन्तूरवादक शिव कुमार शर्मा के अनुभव के आश्रय से कहें तब कह सकते हैं कि इस निर्माण को स्पर्श करना अनीता वर्मा की कविताओं की आध्यात्मिक विशेषता है। यह नीरवता एकान्त के रूढ़ अर्थों का निरसन करते हुए सम्भव हुई है और इसने सृजन, देह, घर, प्रेम, नींद और बाज़ार को उनकी समग्र अर्थ-उत्तेजनाओं के साथ अभिव्यक्त किया है। इस पथ पर सब कुछ देकर पाई हुई रिक्तता का अंकन देखा जा सकता है :

मैंने आवाज़ हवा को दी
वह बह सके
रूप जंगल को दिया
वह कुछ कह सके
साँसें समुद्र को दीं
वह रहे तरंगित

पंख पहाड़ों को दिए
वे आएँ सपनों में चलकर
प्रेम को दी आत्मा
इस तरह हुई मैं रिक्त [रिक्त]

कुमार गंधर्व अक्सर अपने पुत्र और शिष्य मुकुल शिवपुत्र से कहते थे कि बग़ैर छन्द के फूल नहीं खिलता है। इस नज़र से देखें तो अनीता वर्मा की कविता-सृष्टि में लय के फूल खिले हुए नज़र आते हैं। ये कविताएँ लयहीनता के लिए प्रस्तुत ही नहीं हैं। यह कोशिश इन्हें एक ज़रूरी सन्तुलन देती है। असर की तान बचाने के लिए ये कविताएँ लय को अगोरती चलती हैं :

सात बूँदों के सात स्वर बजते हैं
पहाड़ों की पुरातन छाया में
आज जलती रहती है
पिघलता है तटों पर चन्द्रमा
एक झरना गिरता है बच्चों की नींद पर
जंगल की एक आवाज़ पसरती जाती है [समुद्र का गीत]

ललित कार्तिकेय के शब्दों में इन कविताओं को पढ़ना एक पवित्र और निष्पाप आलोक में घिरने जैसा अनुभव है। इन कविताओं में पुरानेपन से जो एक लगाव है, वह इन्हें बहुत दूर के नहीं बहुत निकट के इतिहास से जोड़ता है :

जो नियम सभ्यता ने बनाए हैं उनका इतिहास है
तुम खोज सकते हो उनका तर्क
कुछ के प्रमाण भी कि वे क्यों बने होंगे इसी तरह
वे शक्ति और अधिकार के खेल हैं
उनके नीचे कुचला हुआ आता है जीवन [नियम]

अनीता वर्मा की कविता-सृष्टि में आए 'सितार' के रूपक से कहें तो इस स्वर के लिए हिन्दी कविता के घर में एक कोना सुरक्षित है। शेष घर की तुलना में यह कुछ ऊँचा और कुछ पवित्र है। यह स्वर दूसरी इस्तेमाल की जा चुकी चीज़ों की तरह नहीं, एक बहुमूल्य सम्पत्ति की तरह है। उँगलियों का स्वप्न देखते हुए यह अपने खोल के भीतर सो रहा है। जब कभी वह रोता है तो उसके आँसू बाहर नहीं निकलते। बाहर सिर्फ़ धूल जमती रहती है जिसे रोज़ थोड़ा होशियारी से झाड़-पोंछ दिया जाता है।

सन्दर्भ

यहाँ प्रस्तुत आलेख प्रथमत: 'पहल' के 106वें अंक (जनवरी 2017) में प्रकाशित हुआ जिसमें अनीता वर्मा के तब तक प्रकाशित दो कविता-संग्रहों—'एक जन्म में सब' (2003) और 'रोशनी के रास्ते पर' (2008) और 'शुक्रवार' के दीपावली विशेषांक-2016 और 'पहल' इस अंक में ही प्रकाशित कविताओं को आधार बनाया गया। भीमसेन जोशी का कथ्य 'इंडिया टुडे' (6-20 अप्रैल 1997) में उनकी तस्वीर के साथ प्रकाशित है। शिव कुमार शर्मा का कथ्य भारतीय ज्ञानपीठ से प्रकाशित 'सन्तूर : मेरा जीवन संगीत' (लेखक : शिव कुमार शर्मा और ईना पुरी, अनुवादक : शैलेन्द्र शैल) शीर्षक पुस्तक से और मल्लिकार्जुन मंसूर का कथ्य सूर्य प्रकाशन मन्दिर से प्रकाशित उनकी आत्मकथा 'रसयात्रा' (कन्नड़ से अँग्रेज़ी अनुवाद : राजशेखर मंसूर, अँग्रेज़ी से हिन्दी अनुवाद : मृत्युंजय) से लिया गया है। क्रिस्टीना हॉफ़ सॉमर्स का उद्धरण आधार प्रकाशन से प्रकाशित पुस्तक 'गूँगे इतिहासों की सरहद पर : पश्चिम का समकालीन स्त्री-चिन्तन' (चयन एवं अनुवाद : सुबोध शुक्ल) से है। विष्णु खरे और ललित कार्तिकेय को उद्धृत करने के लिए अनीता वर्मा के कविता-संग्रहों के ब्लर्ब और पीठ पर दर्ज वाक्यों पर ध्यान दिया गया है। संगीत से जुड़े अधिकांश विवरण वाणी प्रकाशन से प्रकाशित रवीन्द्रनाथ टैगोर की पुस्तक 'संगीत-चिन्तन' को पढ़कर अर्जित किए गए हैं।

शर्त का कथ्य

निर्मला गर्ग की कविता-सृष्टि पर एकाग्र

निर्मला गर्ग की कविता-सृष्टि समानता की शर्त के साथ प्रतिकार के प्रसंगों को लक्ष्य करती है।—इस आरम्भ के बाद शेष सब कुछ विश्लेषण है। विश्लेषण—शर्त का, कथ्य का और शर्त के कथ्य का।

निर्मला गर्ग की कविता-सृष्टि अनगढ़ रास्तों का सौन्दर्य लिए हुए प्रकृति की भाँति आकर्षक और अराजक है। एक संसार के भीतर एक और संसार बना-बसा लेने वाले विमर्श यहाँ नहीं हैं। इस अर्थ में इस स्त्री-कवि की कविताओं का एक ही क्रम है, और वह है—लगातार भटकना। ये कविताएँ ज़मीन का एक बड़ा टुकड़ा हथियाकर उसे सुन्दर-समतल बनाने में यक़ीन नहीं रखती हैं। ये रचते हुए अनगढ़ता को बचाती चलती हैं।

निर्मला गर्ग ने कविता के ख़ाली पेट को शिल्प से नहीं भरा है, बल्कि समाज में जारी संघर्षों से जुड़कर उसे उसकी असल ख़ुराक दी है।

भारतीय रचना-संसार में हरा रंग उन दिनों फ़ैशन में था, जब साल 1992 में निर्मला गर्ग की कविताओं की पहली किताब 'यह हरा ग़लीचा' शीर्षक से प्रकाशित होकर आई। इस प्रचलन से परिचय के बावजूद निर्मला गर्ग के इस क़दम को उनकी साहसिक काव्य-दृष्टि से जोड़ा गया। इस कविता-संग्रह में एक ऐसी स्त्री की शिनाख़्त की गई जो जीने के लिए याचना नहीं, बल्कि शर्त सामने रखती है :

इंक़लाब महज़ नारा नहीं है
शर्त है ज़रूरी
मनुष्य होने की [अभी वक़्त है]

पक्ष को बहुत स्पष्ट और वर्ग-शत्रु को बहुत प्रकट करते हुए निर्मला गर्ग ने बहुत शुरुआत से ही बहुत मामूली व्यक्तियों की बहुत ग़ैर-मामूली कविताएँ मुमकिन कीं। 'यह हरा ग़लीचा' की दूसरी कविता में ही प्रतिबद्धता का प्रकटीकरण कुछ यों है :

तुम्हारे वज़नी बहीखातों में
दर्ज है जिनकी थकन
जिनकी पस्ती
उन्हीं के
ठीक उन्हीं के गीत
उनके हौसले
बोलते हैं मेरी कविताओं में

मेरा तुम्हारा अब
जो भी नाता हो
एक ही डिब्बे में
साथ-साथ बतियाते मुसाफ़िर तो
हम नहीं

[तुम्हारे वज़नी बहीखातों में]

गाँव, घर और नदी के सफ़र से शुरू करते हुए निर्मला गर्ग सारे सम्बन्धों को—प्रचलित स्त्रीवादी रुदन की जगह—एक सहज जैविक फ़िक्र में अभिव्यक्त करती हैं। स्त्री-विमर्श से ऊपर वह वर्ग-विषमता को रखती हैं और इस तथ्य को नज़रअन्दाज़ नहीं करतीं कि स्त्रियाँ भी अत्याचारी और भ्रष्ट हो सकती हैं।

इस अर्थ में देखें तो निर्मला गर्ग की कविताएँ हिन्दी की स्त्री-कविता में बहुत ज़्यादा राजनीतिक कविताएँ प्रतीत होती हैं। उन्होंने बराबर अपने संसार को वृहत्तर किया है। आत्मपूर्ण अभिव्यक्तियों के संकीर्ण दायरे से निकलकर वह ख़ुद को एक अखिल मानवीय राग से निबद्ध करती रही हैं। बावजूद इसके निर्मला गर्ग की कविता-सृष्टि में स्त्रियाँ इतने अलग-अलग वर्गों से इतने अलग-अलग आयामों में इतने अलग-अलग संकटों के साथ आती हैं कि अन्याय और विषमता जीने की शर्त के कथ्य में नज़र आने लगते हैं। इस बिन्दु पर निर्मला गर्ग का कवितात्मक हस्तक्षेप उनके कुशल पर्यवेक्षण का साक्षी बनता है :

एक औरत बैठती है गद्दी पर
चलाती है देश
सैकड़ों औरतें पिटती हैं
दिन में तीन बार

एक औरत पहनती है काला कोट
बाँचती है क़ानून की किताबें

सैकड़ों औरतें देखती हैं
टुकुर-टुकुर हरूफ़ों के छापे

एक औरत तानती है गर्दन
सीने पर लगाकर ढेर सारे बिल्ले
सैकड़ों औरतें बेआबरू होती हैं
रोज़-ब-रोज़ हर कहीं

एक औरत उठती है
उठती है और चल पड़ती है
बार-बार कपड़े नहीं झाड़ती वह
सैकड़ों औरतें देखती हैं
देखती हैं और सोचती हैं [एक औरत]

शोषण की शर्त के शिल्प से संचालित यथार्थ के बीच निर्मला गर्ग की कवि-स्थिति केवल प्रत्याशा का कथ्य ही नहीं रचती, बल्कि वह एक ज़मीनी प्रतिकार में भी ख़ुद को व्यस्त रखती है और मानती है :

कौशल्या की बेटी
कौशल्या नहीं रहेगी [हमें उम्मीद करनी चाहिए]

आरम्भ से ही वामपंथी निर्मला गर्ग की कविताओं की दूसरी किताब 'कबाड़ी का तराज़ू' पर वरिष्ठ आलोचक विश्वनाथ त्रिपाठी की यह टिप्पणी उल्लेख-योग्य है : "विचार को संवेदना से संश्लिष्ट करने की क्षमता निर्मला गर्ग में है। जो नैतिक, ऐतिहासिक है उसे वह सुन्दर बना सकती हैं। भाषा की सहजता उसका साधन है। ...निर्मला गर्ग वैचारिकता और राजनीतिक प्रतिबद्धता को आस-पास की साक्षात् दृश्य-स्थितियों की रपट में पेश करती हैं अथवा भूतात्मक या प्राकृतिक बिम्बों में। समकालीन प्रगतिशील कविता में राजनीतिक कविताएँ लिखने की उन्होंने अपनी राह बनाई है।"

ये बयान नई सदी के बयान नहीं हैं, लेकिन निर्मला गर्ग की बिल्कुल नई कविताओं के सन्दर्भ में भी इनकी प्रासंगिकता अकाट्य है। निर्मला गर्ग की काव्य-लौ अपने आरम्भ से अब तक कभी मद्धम नहीं हुई है। यह सक्रियता इसलिए भी ब़ग़ौर देखी-जाँची जानी चाहिए, क्योंकि निर्मला ने अपनी राजनीतिक राह बिल्कुल भी छोड़ी नहीं है; जबकि इस दरमियान उनका जीवन जटिल और 'हिन्दी साहित्य का बड़ा हिस्सा मकड़ी के जालों से घिरा रहा' है। कविता से दूर चले गए समाज में धीरे-धीरे

सारे संवेदन हाशिये पर आते गए और 16 मई, 2014 को एक अघट घट गया। बाद इसके बहुत सारी राजनीतिक राहें संदिग्ध हो गईं और बहुत सारी प्रगतिशीलता हास्यास्पद। पराजय ज्यों-ज्यों बढ़ती गई प्रगतिशीलों ने नागरिकों को कायर कहना शुरू किया और जनता को ही भंग करने की बात की जाने लगी। इस दृश्य में :

'भेड़िया आया भेड़िया आया'—
कहने का समय जा चुका है
भेड़िया आँगन में आ चुका है

लेकिन अपनी जनता से बोलने-बतियाने वाली भाषा का साधिकार प्रयोग करने वाली निर्मला गर्ग की कविता—राजनीतिक स्थितियाँ कैसी भी रही हों—कभी नई-नई पोशाकें पहनकर नहीं आई। नई-नई पोशाकें पहनकर आने वाली कविताओं पर उन्होंने ख़ुद के बहाने से एक कविता में ज़ोरदार व्यंग्य भी किया :

अन्न और रोज़गार का ज़िक्र उसे नहीं भाता
समता और न्याय गए दिनों की बातें हो गईं
व्यस्त है नई-नई पोशाकें छाँटने में
मेरी कविता इन दिनों

[नई-नई पोशाकें]

कविताओं की तीसरी किताब 'सफ़र के लिए रसद' तक आते-आते निर्मला गर्ग की कविताएँ यात्रा-मोह की कविताएँ नज़र आने लगती हैं। इस कविता-संग्रह का शीर्षक भी इस प्रसंग में बेहद अर्थपूर्ण है। कविता के संसार में एक उल्लेखनीय दूरी तय कर लेने के बाद आगे के सफ़र के लिए कवि को रसद चाहिए। पुराने तरीक़े चुक गए हैं, लेकिन सफ़र अभी ख़त्म नहीं हुआ है। यातनाएँ रोज़-ब-रोज़ नई होती जा रही हैं और अत्याचारी का चेहरा और ज़्यादा चमकदार :

असफलताएँ
सफलताओं का प्रवेश-द्वार नहीं हैं
गलियाँ नहीं हैं
जिन्हें पार कर आप खुले चौक में आएँ
समय कल घूमकर आपके साथ खड़ा होगा
यह आश्वासन नहीं देतीं वे
वे तो सिर्फ़ यह बताती हैं
बची हैं अभी आपके पास
गुंजाइशें
बाहर आने की

चीज़ों को उनकी मौलिकता में देख पाने की
भरसक उन्हें बचा पाने की
उन लम्बी-लम्बी बहसों की आँच
जिन्हें किया करते थे आप दोस्तों के साथ
युवावस्था में
बचाती रही है आपको
लगातार गिरती शीत से
झाइयाँ गहरी नहीं हुई हैं उजले हैं स्वप्न
स्वप्नों के भीतर स्वप्न
देख पाते हैं अभी तलक आप [असफलताएँ]

निर्मला गर्ग का यात्रा-मोह उनकी कविताओं को एक गतिमयता देता है। वह जहाँ जाती हैं, वहाँ की कविताएँ दर्ज करती हैं। इन कविताओं में दृश्य की एक ख़ास राजनीति है। इनमें गुज़रते हुए भी गुज़रे हुए में बने रहने का विवेक है और सामयिकता को उसकी ली गई और ली जाने वाली करवटों में देख पाने वाली नज़र है। इस नज़र के नज़दीक अपना एक वैश्विकता-बोध है।

निर्मला गर्ग की कविता-सृष्टि संग्रह-दर-संग्रह—बहुत कुछ कह देने के प्रयास में—अनायास बहुत वाचाल होती गई है। इस विकास-क्रम में बहुत बोलने वाली कविताएँ धीरे-धीरे कम बोलने वाली कविताओं पर हावी होने लगती हैं। इनमें एक अंडरटोन का अभाव स्पष्ट नज़र आने लगता है। इन्हें पढ़ते हुए इनके बारे में सोचा नहीं जा सकता। इस प्रकार का अवकाश ये अपने पढ़ने वाले को नहीं सौंपतीं। ये हाथ आए प्रसंग की सारी परतें उधेड़ती हुई चलती हैं, ताकि एक नंगा सच हाथ लग सके। कहानियाँ इनमें बसने के लिए बेक़रार होने लगती हैं और गद्य इनका इन्तज़ार करता हुआ दिखाई देता है :

'आगे की कथा अब कल'
वरुणा उठ जाती थी
कथाकार के लिए लाती थी जल [कथाकार]

'मैं सरल होना चाहती हूँ' इस ध्येय के साथ उपस्थित निर्मला गर्ग की कविता-सृष्टि में यहाँ आकर 'एक बुरी कविता दस अच्छी कविताओं पर भारी' पड़ती नज़र आती है। कवि बुरी कविताओं से मुठभेड़ नहीं करती, उनसे रोब खा जाती है :

बचना चाहती हूँ मैं इनसे
ढूँढ़ती हूँ तरकीबें
पर हो नहीं पाता [मैं खा जाती हूँ रोब]

निर्मला गर्ग सरलता की तलाश में अनगढ़ता को गढ़ती हैं, लेकिन एक सीधे-सादे वाक्य को भी वह अपनी कहन में लाना चाहती हैं। समकालीन कविता में कुलीनतावाद खोजकर उसे 'बेनक़ाब' करने वाले आलोचक अजय तिवारी के शब्द लेकर कहें तब कह सकते हैं : "निर्मला गर्ग की कविताओं में न बौद्धिकता है, न दुरूहता। लेकिन उनकी सरलता हर जगह सपाट नहीं है।" यहाँ एक अतिशयता के साथ दुहराएँ तब कह सकते हैं कि इन कविताओं का तुलनात्मक अध्ययन सिर्फ़ प्रकृति के साथ हो सकता है।

निर्मला गर्ग ने अपनी कविताओं की चौथी किताब 'दिसम्बर का महीना मुझे आख़िरी नहीं लगता' की भूमिका में यह माना है कि कई बार उन्हें विषय के अनुरूप शिल्प नहीं मिलता है। विषय का दबाव ज़्यादा होने पर वह ऊबड़-खाबड़ शिल्प से ही काम चला लेती हैं। इस बयान के उजाले में देखें तो निर्मला गर्ग की कविताओं का शिल्प कथ्य की शर्त हारकर सम्भव नहीं होता है। वह कथ्य की शर्त जीतकर सम्भव होता है :

जब हम कह रहे होते हैं
हिंसा बहुत बढ़ रही है समाज में
तब हम कह रहे होते हैं
न्याय घटता जा रहा है राज्य में [जब हम कह रहे होते हैं]

'आलोचक कविता को गणित की तरह पढ़ते हैं...' यह मानने वाली निर्मला गर्ग की कविताओं की तैयारी बहुत भूमिगत क़िस्म की है। वह ऊपर से नज़र नहीं आती है। यहाँ 'कविता की पहली पंक्ति कई बार आख़िर में या मध्य में सोची जाती है।' पुरस्कारप्रवीण और मंचमय कवियों की वसुन्धरा पर निर्मला गर्ग एक तिरछी स्पेलिंग की तरह हैं। असहज और जटिल यथार्थ को व्यक्त करने के लिए उनकी तैयारी सहज और सरल होने की रही है, लेकिन इसके लिए उन्होंने अपना तनाव, द्वन्द्व और अवसाद खोया नहीं है। एक चिढ़ में वह अजीब रही आई हैं। कहन में वज़न मनुष्य बने रहने की शर्त से आता है, समझौतों तले दबकर नहीं... इस सूक्ति के साए में देखें तो निर्मला गर्ग की बिल्कुल नई कविताएँ एक नई ऊर्जा से सम्बद्ध लगती हैं :

जो लोग यहाँ रहने आएँगे
वे इस इमारत को बनता हुआ नहीं देख पाएँगे
उन्हें पता नहीं चलेगा कि रात में यह इमारत
आत्महीनता की खुली पीठ लगती है
सुबह बातचीत लगती है सदिच्छाओं से भरी [इमारत]

इन पंक्तियों के लेखक से हुई एक बातचीत में देवी प्रसाद मिश्र ने ख़ुद को निर्मला गर्ग की बदहवासी का बड़ा क़ायल बताया है। इस बातचीत में वह आगे कहते हैं : "निर्मला के लिए कहूँ तो वह कितनी भी ऊबड़-खाबड़ हों, लेकिन वह किसी के भी पीछे जाने वाली कवि नहीं हैं। उनका स्त्री-कविता में कोई पूर्ववर्ती नहीं है।"

निर्मला गर्ग की बदहवासी को यहाँ थोड़ा स्पष्ट करना चाहिए। यह बदहवासी एक सुन्दर कल के लिए किसी जुलूस में शामिल होने जैसी बदहवासी है। यह अधिमूल्यित होती औसत स्त्री-कवियों की भीड़ में ख़ुद के अवमूल्यन से उपजी बदहवासी है। यह साहित्य की व्यावहारिक राजनीति और आलोचनात्मक पारस्परिकता के विरुद्ध एक रचनात्मक बदहवासी है। दरअसल, कवि दे दिए गए रास्तों पर नहीं चल रही है; इसलिए उसकी राह ऊबड़-खाबड़ है। इस ऊबड़-खाबड़पन में ही निर्मला ने अपनी कविता-यात्रा के लिए नए मार्ग बनाए हैं और यह सुखद है कि वह उन स्त्री-कवियों से अलग हैं जो अपने ही बनाए गुप्त-मार्गों में फँस गईं। नवें दशक और उसके बाद की हिन्दी कविता में यह अलगपन निर्मला गर्ग के बाद अगर किसी और स्त्री-कवि में है तो वह सिर्फ़ सविता सिंह में है। इन दोनों ही स्त्री-कवियों की कविता-सृष्टि का जीवद्रव्य पूर्ववर्तियों के भाषा-संस्कार के प्रति अस्वीकार से निर्मित है। इस अस्वीकार में एक आदर्शीकृत निरासक्ति है :

वह बार-बार साधारणता की ओर मुड़ती। बार-बार
उसे ख़ास की तरफ़ ठेला जाता। उसके चारों ओर
पुरानी भव्य दीवारें थीं। उनमें कोई खिड़की नहीं थी
सिर्फ़ बुर्जियाँ थीं। वहाँ से झाँकने पर सिर चकराता था।
कमरों में बासीपन के अलावा और कई तरह की बू शामिल थी।
एक दिन यह सब लाँघकर वह बाहर चली आई। हवा
और धूल की तरह सब ओर फैल गई [डायना]

निर्मला गर्ग ने अपनी कविता-सृष्टि को बराबर व्यापक करते हुए अपने आस-पड़ोस में ही नहीं, बल्कि दुनिया में कहीं भी हो रहे अन्याय और उसके ख़िलाफ़ जारी प्रतिरोध को दर्ज किया है। नेल्सन मंडेला, बेंजामिन मोलाइस, गोरख पांडेय, शंकर गुहा नियोगी, डायना, पाब्लो नेरूदा, प्रियंका-रिज़वानुर, दशरथ माँझी, नवीन सागर, ह्यूगो शॉवेज, मेजर दिनेश रघु रमन जैसे नाम निर्मला गर्ग की कविताओं में आकर एक नई लोकाभिमुखता हासिल करते हैं। बसरा-बग़दाद और ग़ज़ा पट्टी की भयावहता को दर्ज करते हुए जब निर्मला गर्ग की कविता-सृष्टि हत्यारों का स्वागत करने से इनकार करती है, तब वह दरअसल हिन्दी की स्त्री-कविता को उसके कुएँ से बाहर निकाल रही होती है :

ईश्वर तो तुम्हें पहचानता तक नहीं
तुम्हारा साथी शैतान ही हो सकता है
शोषण का बीज तुम्हीं बोते हो दुनिया में
युद्ध की फ़सल भी तुम्हीं काटते हो
अपने घर में वंचित रखा बराबरी के हक़ से
अश्वेतों को और स्त्रियों को

[हम हत्यारों का स्वागत नहीं करते]

बतौर एक स्त्री-कवि निर्मला गर्ग के ये काव्य-प्रयत्न इसलिए भी स्मरण-योग्य हैं, क्योंकि उन्होंने अब तक स्वयं को एक स्त्री-कवि की तरह नहीं बरता है। वह हिन्दी में स्त्री-कवि होने का आरक्षण और लाभ नहीं चाहती हैं। ये छूट और सुविधाएँ उन्होंने दूसरी स्त्री-कवियों के लिए छोड़ रखी हैं। 'रेलवे की तरह ही हिन्दी साहित्य में भी, महिलाओं का एक अलग कम्पार्टमेंट है...' यह दर्ज करते हुए निर्मला गर्ग इस कम्पार्टमेंट से दूर रही हैं। वैसे यह कम्पार्टमेंट तब एलॉट हुआ जब बहुत एकांगी क़िस्म का स्त्री-विमर्श हिन्दी में पूरी तरह छाया नहीं था और जब असद ज़ैदी ने वह कविता लिखी थी जिसमें 'बहनों को दबाती दुनिया गुज़रती जाती है जीवन के चरमराते पुल से' और इसके कुछ बाद आलोकधन्वा ने वह कविता जिसमें 'सभी के ख़ून में इन्तज़ार है एक लड़की का...'

...यह स्त्री-कवियों से वंचित हिन्दी साहित्य का आठवाँ दशक था जिसमें स्त्रियाँ और उनसे जुड़े प्रश्न कविता में मर्द-कवियों के हवाले से ही आ रहे थे। एक नई स्त्री की स्वरचित कविता का संसार कैसा हो सकता है, इसकी कोई जानकारी तब तक हिन्दी कविता को नहीं थी। लेकिन नवें दशक में स्त्री-विमर्श की बहार ने हिन्दी कविता को ज़्यादा देर तक इस जानकारी से दूर नहीं रखा। स्त्री-प्रश्न हिन्दी कविता में इतने अनिवार्य हो गए कि कई कवियों को अपने भीतर स्त्री खोजनी पड़ी। यह पवन करण का कविता-संग्रह 'स्त्री मेरे भीतर' आने से पहले की बात है, जब बद्री नारायण ने एक कविता में कहा : 'संसार की सारी नदियाँ स्त्रियों के रोने से बनी हैं...'

यहाँ कहने का आशय यह है कि हिन्दी साहित्य में स्त्रियों के लिए बने कम्पार्टमेंट में पुरुष भी बेझिझक घुसने लगे। उनके रूप बदले हुए नहीं थे, फिर भी उन्हें किसी ने उतारा नहीं और उन्होंने लम्बी यात्राएँ कीं। यहाँ तक आते-आते स्त्री-प्रश्न हिन्दी कविता में एक सामूहिक ज़िम्मेदारी और चेतना के तहत व्यक्त होने लगे और बग़ैर भावुक हुए स्त्री-पुरुष समानता की लड़ाई यहाँ एक केन्द्रीय-बिन्दु और सरोकार की तरह सामने आई। लेकिन इस बनत में यह प्रश्न उठता है कि आख़िर निर्मला गर्ग ख़ुद को यहाँ एक स्त्री-कवि की तरह प्रस्तुत क्यों नहीं करती हैं :

आप हमारे अख़बार में लिखना चाहती हैं कुछ?
लिख लाइए झटपट महिलाओं पर कुछ
ऐसे क्या देख रही हैं? आप कवि हैं
लिखना चाहती हैं समकालीन कविता पर?
लिख लेंगे उस पर तो और बहुत-से लोग
आप तो लिखें समकालीन महिला पर [समकालीन महिला]

निर्मला गर्ग की कविता एकरूपता से चिढ़कर मुमकिन होती है। हिन्दी कविता में उपस्थित स्त्री के एकरूप वैभव के विरुद्ध होना ही उनकी कविता को इस प्रकार के नए विषयों तक ले जाता है, जो हिन्दी कविता के कर्मपथ पर पहले नहीं आए थे। वह महज स्त्री-कवि होकर अपनी सीमाएँ और सम्भावनाएँ सीमित नहीं करना चाहतीं।

शुभा की कविताओं पर केन्द्रित एक आलेख में आलोचक आशुतोष कुमार ने समकालीन स्त्रीवादी कविता की चार प्रवृत्तियों की आसानी से शिनाख़्त की है। 'इसके पीछे वर्गीकरण या श्रेणीकरण का प्रयत्न नहीं, बल्कि रचना-प्रक्रिया को समझने की सुविधा है...' इस सफ़ाई के बाद आशुतोष कुमार आन्दोलनकारी, अस्मितावादी, सामाजिकतावादी और दलित स्वर वाली चार प्रवृत्तियों का एग्जिट पोलनुमा खुलासा करते हैं। निर्मला गर्ग को वह सामाजिकतावादी स्वर वाली कवियों में गिनते हैं। लेकिन निर्मला की कविता-सृष्टि में आन्दोलनकारी और अस्मितावादी कविताओं की भी कोई कमी नहीं है। प्रमाण के लिए दो उद्धरण देखिए :

उठाकर हाथों में कुल्हाड़ियाँ
उड़ा दो परख़च्चे इस व्यवस्था के
बदल देती है जो हमें अधमरे चूहों में
बाँट देती है बेहिसाब ख़ानों में

[ख़ून से ज़्यादा पवित्र और कुछ नहीं]

यह औरत कुछ नहीं माँग रही
न आँगन
न एक थान गहना
न गट्ठा-भर हितोपदेश
बस उदास होने का हक़ माँग रही है [यह औरत]

आशुतोष कुमार को जैसे दलित स्वर की तलाश है, उससे कई गुना बेहतर दलित स्वर वाली कविताएँ भी निर्मला गर्ग की कविता-सृष्टि में मिल जाएँगी; बशर्ते उसे बग़ौर देखा जाए। वैसे हिन्दी की समकालीन स्त्री-कविता या कहें कविता को ग़ौर से देखने पर इस प्रकार के तमाम वर्गीकरण या श्रेणीकरण बमानी नहीं, बेमानी

लगेंगे या बेईमानी। फिर भी अगर हिन्दी की स्त्री-कविता का कोई वर्गीकरण या श्रेणीकरण करना हो तो वह केवल और केवल आयु के आधार पर ही हो सकता है। इन पंक्तियों का लेखक इस प्रकार का वर्गीकरण या श्रेणीकरण करने की इजाज़त चाहता है, लेकिन निर्मला गर्ग की रचना-प्रक्रिया को समझने की सुविधा के लिए नहीं; बल्कि इस प्रकार के तमाम वर्गीकरणों या श्रेणीकरणों को मनोरंजक सिद्ध करने के लिए।

हिन्दी की स्त्री-कविता के बिल्कुल सामयिक परिदृश्य को देखें तो यहाँ चार वर्गों या श्रेणियों में विभक्त स्त्री-कवि हैं। पहले वर्ग या श्रेणी में 20 से 30 वर्ष के बीच की कवि हैं। वे शौक़िया लिखती हैं और उनकी कविताएँ (अगर वे कविताएँ हैं तो) साहित्यिक पत्र-पत्रिकाओं से ज़्यादा स्वनिर्मित ब्लॉग्स और फ़ेसबुक की उनकी टाइमलाइन पर दिखती हैं। इस प्रकार की कवि कहन में कोई कमाल करके जल्द से जल्द हिन्दी कविता की मुख्यधारा (अगर वह अब तक कहीं है तो) में शामिल होना चाहती हैं। मंच पर कविता-पाठ के अवसर और पुरस्कार इत्यादि इसमें मदद करेंगे, यों उन्हें लगता है।

दूसरे वर्ग में 30 से 40 वर्ष के बीच की कवि हैं। वे पारिवारिक ज़िम्मेदारियों के बीच हिन्दी कविता में स्थान बनाने के लिए संघर्षरत हैं। उन्हें लगता है कि उन्होंने बहुत देर से शुरू किया है और इसलिए उन्हें बहुत जल्दी में रहना चाहिए। वे जल्द से जल्द कैसी भी कविताएँ लिखकर, उन्हें कैसे भी संकलित करके, कहीं से भी कविता-संग्रह प्रकाशित करवाकर, उसे कहीं से भी लोकार्पित करवाना चाहती हैं। वे 80-90 प्रतियों के प्रथम संस्करण के साथ 20 लोगों के एक संकीर्ण संसार में सम्मानित और लोकप्रिय होना चाहती हैं।

तीसरे वर्ग में 40 से 50 वर्ष के बीच की कवि हैं। यह वर्ग तब सक्रिय हुआ था जब छपने के लिए हिन्दी की मटमैली साहित्यिक पत्रिकाओं के सिवाय दूसरा कोई ठिकाना न था। इनमें से कुछ कवि हिन्दी में आज बहुत बेहतर ढंग से स्थापित और स्वीकृत हैं, जबकि कुछ को अब भी एक कवि के रूप में शुरुआत करनी है।

चौथे वर्ग में 50 से 60 वर्ष के बीच की कवि हैं। इनमें से कई के पास आधा दर्जन से ज़्यादा किताबें हैं। ये कई सामाजिक-पारिवारिक जंजालों से फ़िलवक़्त मुक्त हैं और इसलिए लिखना और लिखना और और लिखना ही उनका एक और एक और एकमात्र काम है।

यह हिन्दी की स्त्री-कविता का एक किंचित स्त्री-विरोधी वर्गीकरण या श्रेणीकरण लग सकता है, लेकिन इस पर भी ध्यान देना चाहिए कि हिन्दी की सारी वास्तविक स्त्री-कविता इस वर्गीकरण या श्रेणीकरण के बाहर ही मुमकिन हो रही है। वह जब-जब सामने आती है, चौंकाती और विचलित करती है। वह चुपचाप हिन्दी के दृश्य पर अपनी छाप छोड़ रही है। अजन्ता देव, सविता भार्गव, मोनिका कुमार

और नेहा नरूका ये वे चार नाम हैं जो चार पीढ़ियों से आते हैं और ऊपर किए गए वर्गीकरणों या श्रेणीकरणों से अलग सतत सृजनरत हैं।

निर्मला गर्ग की कविता-सृष्टि पर एकाग्र यहाँ प्रस्तुत आलेख की एकाग्रता आख़िर तक आते-आते हिन्दी की स्त्री-कविता के एक मनोरंजक वर्गीकरण या श्रेणीकरण से भंग ज़रूर हुई, लेकिन इस क्षेपक का औचित्य सिद्ध किया जा सकता है; क्योंकि निर्मला गर्ग के कवि-कर्म ने हिन्दी आलोचना के असहनीय वर्गीकरणों या श्रेणीकरणों के बीच ख़ुद को विचार से साधा और अर्थ से निष्पन्न किया है। उनकी कविता दमन के विरुद्ध जुलूसों में शामिल रही है और मनचलों से डरी नहीं है। वह सदा मोर्चे पर मौजूद रही है। हिन्दी कविता के समकालीनता-विमर्श में निर्मला गर्ग की कविता अनगढ़ता की शर्त पर कथ्य से समृद्ध कुछ इस प्रकार का एक अर्थ-वृत्त रचती है कि वह सारी घेरेबन्दियों से अलग नज़र आने लगती है।

सन्दर्भ

यहाँ प्रस्तुत आलेख प्रथमत: 'पहल' के 107वें अंक (अप्रैल 2017) में प्रकाशित हुआ जिसमें निर्मला गर्ग के तब तक प्रकाशित चार कविता-संग्रहों—'यह हरा ग़लीचा' (यात्री प्रकाशन, 1992), 'कबाड़ी का तराज़ू' (राधाकृष्ण प्रकाशन, 2000), 'सफ़र के लिए रसद' (मेधा बुक्स, 2007), 'दिसम्बर का महीना मुझे आख़िरी नहीं लगता' (बोधि प्रकाशन, 2012) और 'जलसा', 'सदानीरा', 'जनपथ', 'कृति ओर' जैसी पत्रिकाओं में प्रकाशित और तब तक असंकलित कविताओं को आधार बनाया गया है। इसके अतिरिक्त उनकी प्रकाशित-अप्रकाशित डायरियों, टिप्पणियों और उनके कविता-संग्रहों पर पत्र-पत्रिकाओं में आईं कुछेक समीक्षाओं को भी पाठ में लाया गया है, यह अलग बात है कि प्रयोग में नहीं। विश्वनाथ त्रिपाठी का उद्धरण 'कबाड़ी का तराज़ू' के ब्लर्ब से लिया गया है और अजय तिवारी का 'इंद्रप्रस्थ भारती' में प्रकाशित उनके लेख 'नारीवाद से बचते हुए' से। देवी प्रसाद मिश्र से इन पंक्तियों के लेखक की बातचीत 'पाखी' के अक्टूबर-2016 अंक में और शुभा की कविताओं पर आशुतोष कुमार का आलेख 'पक्षधर' के 21वें अंक में प्रकाशित है।

ध्येय का धैर्य

हरीश चन्द्र पांडे की कविता-सृष्टि पर एकाग्र

समादृत साहित्यकार विश्वनाथ त्रिपाठी को 'जनसत्ता' में यह लिखे हुए कि हरीश चन्द्र पांडे हिन्दी कविता की मुख्यधारा के शोर से दूर हैं... डेढ़ दशक से भी ज़्यादा वक़्त गुज़र चुका है। इस दरमियान हरीश चन्द्र पांडेय की कविताओं पर पर्याप्त समीक्षात्मक लेखन हुआ है और उन्हें हिन्दी कविता की मुख्यधारा के शोर में शरीक कर लिया गया है। यह सुखद है कि इस प्रक्रिया में उनका कवि-व्यक्तित्व खोया नहीं है और वह बराबर इस प्रकार की कविताएँ मुमकिन करते आए हैं जिन्हें एक औसत कविता-समय में बेहतर कहा जा सकता है। लम्बे धैर्य के बाद प्राप्त हुई स्वीकार्यता प्राय: लम्बी दूरियाँ तय करती है और विचलन भी उसमें कुछ कम होते हैं।

किसी सस्तेपन से फूटी हों
अमरता की कोपलें
कभी नहीं देखा गया ऐसा [तुम्हारा नाम]

आचार्य रामचन्द्र शुक्ल से लेकर सुबोध शुक्ल तक आते-आते हिन्दी में आलोचना की भाषा अब लगभग ढह चुकी है। रीढ़ और मस्तिष्क दोनों ही खोकर इसने अपनी मौजूदा स्थिति को बेहद लचर कर लिया है। इसमें प्रयोगशीलता, अन्वेषण और सुन्दर वाक्यों का घोर अभाव है। इस अभाव में देखें तो देख सकते हैं कि सारयुक्त श्रम विसर्जित हो चुका है। लेकिन इस संकट में कोई घबराता इसलिए नहीं है, क्योंकि हमारे पास नामवर सिंह से लेकर विजय कुमार तक सबके लघु संस्करण उपलब्ध हैं। ये संस्करण भी अपने पूर्ववर्तियों की तरह ही भरपूर उद्धरणवादी, ऊबाऊ और दिलदुखाऊ हैं। कहने का आशय यह है कि कैसे भी नए संस्करण अब नहीं हैं, सब जन्म से ही चिह्न-विशेष साथ लेकर आ रहे हैं। यह हिन्दी आलोचना का अकाल है—रहस्यमय, अपाठ्य और अप्रासंगिक। इस प्रकार की आलोचना प्राय: बहुत बिखरे हुए प्रवचनात्मक अंधकार से शुरू होने को विवश है। उदाहरण के लिए

वह अगर हरीश चन्द्र पांडे की कविताओं पर केन्द्रित हो तब उसकी यह नियति है कि वह पूँजी और बाज़ार के विरोध में पहले एक लम्बा प्रवचन दे और फिर कुछ पंक्तियों बाद यह कहे कि बिल्कुल यही सब कुछ हरीश चन्द्र पांडे की कविताओं में दिखाई देता है या बहुत मुमकिन है कि वह समाज, संस्कृति और राजनीति के पतन से प्रारम्भ करे और कहे कि जब हम हरीश चन्द्र पांडे की कविताएँ पढ़ते हैं तब इस पतन को पहचान लेते हैं, या वह यों शुरू भी हो सकती है और यों ही ख़त्म भी कि हरीश चन्द्र पांडे हमारे समय के एक उल्लेखनीय व महत्त्वपूर्ण कवि हैं और इन्हें पढ़ते हुए मुक्तिबोध और शमशेर की ये कविता-पंक्तियाँ क्रमश: याद आती हैं :

जो है उससे बेहतर चाहिए
पूरी दुनिया साफ़ करने के लिए मेहतर चाहिए

× × ×

मुझको मिलते हैं अदीब और कलाकार बहुत
लेकिन इनसान के दर्शन हैं मुहाल

आज से क़रीब दो दशक से भी ज़्यादा पुरानी एक बातचीत में हिन्दी आलोचना के समग्र रूप पर कृष्ण बलदेव वैद से बात करते हुए नेमिचन्द्र जैन जो कहते हैं, ज़रा उसे पढ़िए :

"आलोचना के नाम पर जो लिखा गया है, वह ज़्यादातर सूचना देने का काम है; रचना की अच्छाई-बुराई बताने वाला काम है। पर क्या आलोचना ऐसे दूसरे दर्जे का काम ही है! कोई भी श्रेष्ठ रचना ज़िन्दगी के अनुभव और उसके ऊपर चिन्तन-मनन से निकलती है। उसी तरह, मेरी राय में, श्रेष्ठ और सार्थक आलोचना वह है जो पूरी ज़िन्दगी के साथ-साथ एक रचना के भी अनुभव से और उसके ऊपर सोच-विचार से बनती है। अगर इन दोनों चीज़ों को जोड़ पा रहे हैं, यानी आप एक तरह से यथार्थ की पुनर्रचना कर रहे हैं आलोचना में, तब तो आलोचना कुछ देती है। तब वह रचना की, रचनाकार की भी, शायद मदद करती है, और नए विचार, नए सूत्र आगे लाती है। पर अगर वह केवल जो कुछ पहले से मौजूद है, उसका किसी न किसी रूप में विवरण देती है तो वह नया कुछ नहीं लाती। आमतौर पर आलोचना या तो केवल विवरण है, या किसी न किसी पहले से तय पैमाने पर उसको अच्छा-बुरा कहने की कोशिश है। वास्तविक और सार्थक आलोचना वही है जो यह सम्प्रेषित कर सके कि रचना एक अनुभव है—पूरा का पूरा, और उस अनुभव से गुज़रकर आप क्या हो गए हैं, अब पूरी दुनिया कैसी दिख रही है, उस रचना से गुज़रने के बाद। यह दृष्टि हमारी आलोचना में शायद नहीं है।"

बहरहाल, इस दिलदुखाऊ उद्धरण के बाद हरीश चन्द्र पांडे की कविता-सृष्टि पर एकाग्र प्रस्तुत लेख को आगे बढ़ाते हुए इन पंक्तियों का लेखक जानता है कि

यह लेख भी हिन्दी आलोचना की मौजूदा संकटपूर्ण स्थिति से बाहर नहीं है; इसलिए यहाँ आकर उसे हरीश चन्द्र पांडे की कविताओं के सन्दर्भ में एक उद्धरण चेंपना चाहिए, तो मंगलेश डबराल के क़ौल के मुताबिक़ : "ज़्यादातर समकालीन कवियों की तरह हरीश चन्द्र पांडेय भी निम्न-मध्यवर्गीय संवेदना के कवि हैं; लेकिन उनमें वह नकारात्मकता, जटिलता, यातना-बोध, अन्याय के प्रति क्रोध और तिरस्कार और अपने समय से हताशा नहीं है जो हमारे दौर के बहुत से कवियों में दिखती है।"

यह जो हमारे दौर के बहुत से कवियों में दिखता है, वह हरीश चन्द्र पांडे में इसलिए नज़र नहीं आता है; कि उनके कवि में एक स्मृत्यात्मक भोलापन है। उनके कवि में एक सरलता है। यह सरलता उनकी कविता के अब तक हुए पाठ में बहुत सपाट ढंग से विशिष्ट और उज्ज्वल दृश्य होती है। इस सरलता के सन्दर्भ में आए विशेषण सन्देह से बाहर हैं, लेकिन इसके लिए किए गए विश्लेषण नहीं; क्योंकि ये बहुत एकायामी हैं। बहुत फ़ॉरमूलाग्रस्त लगती हुई, लेकिन फ़ॉरमूलेबाज़ी से बहुत दूर; एक बहुत शरीफ़ कविता, बहुत बेहतर ढंग से; एक बहुत ख़तरनाक दौर में हरीश चन्द्र पांडे कैसे सम्भव कर पाए, इसकी जाँच हिन्दी काव्याचरण और काव्यालोचना में होनी अब तक बाक़ी है।

शब्द की काया को
समय के खोल की ज़रूरत है क्या? [शब्द]

हरीश चन्द्र पांडे कभी भी किसी भी स्पेस में उम्मीद और विचार और छूट चुकी स्थानिकताओं को भूलकर कविताएँ नहीं रचते हैं। इस प्रकार के विस्मरण से उनकी कविताएँ निर्भार हैं। असहमतियाँ भी उनकी बहुत स्पष्ट रही आई हैं, 'जहाँ टूटना भी खिंचता है देर तक...' उनके नज़दीक एक मूलार्थान्वेषी नज़र है। वह संश्लिष्टतों में न उलझकर वहाँ उँगली रखते हैं, जहाँ अभी बहुत कुछ बचा हुआ है :

किसी औरत को स्कूटर में पीछे बैठी देख
आप यहाँ से सोचना शुरू नहीं करते
कि ये पटाई हुई औरत है

किसी बच्चे को आदमी के साथ घूमते देख
आप यह नहीं सोचते
कि यह उसकी रखैल का बेटा है

अभी बहुत कुछ बचा है
जिसे और बिगड़ने से बचाया जा सकता है

[अभी बहुत कुछ बचा है]

हरीश चन्द्र पांडे की कविताएँ सामान्य समझ का अतिक्रमण करने के फेर में वहाँ कोई समयविरोधी सच प्रतिस्थापित नहीं करती हैं, बल्कि वह सामान्य समझ को माँजकर बदलाव के लिए उसे और विवेकपूर्ण बनाना चाहती हैं। इन कविताओं का कवि सभ्यता को विडम्बनात्मक बोध के साथ देखता ज़रूर है, लेकिन कभी नाउम्मीद नहीं होता। मुक्ति की सम्भावना के प्रति वह सहज समर्पित है और वह लगातार इस प्रकार की जगहें तलाश रहा है, जहाँ मुक्ति के लिए संघर्ष जारी है। इस स्वर के सहारे उसकी कविताएँ बहुधा एक सार्थक वक्तव्य बनती हैं :

न काटो पेड़
पेड़ मंच हैं पक्षियों के

पक्षी यहाँ से अपनी बात पूरी आज़ादी से उठाते हैं

न काटो पेड़
एक बहस करता हुआ आदमी कटता है [मंच]

एक सतत मुक्ति-विकल संघर्ष और उम्मीद का दामन न छोड़ने की यह अदा हरीश चन्द्र पांडे को अपने निकट पूर्ववर्तियों में वीरेन डंगवाल से जोड़ती है। यहाँ यह ध्यान देने योग्य है कि अपराधबोधग्रस्तता और नाउम्मीदी की प्रमुखता वाली आठवें दशक की हिन्दी कविता में वीरेन डंगवाल एकमात्र उम्मीद नहीं छोड़ने वाले कवि हैं।

नवें दशक में दृश्य में आने और अपनी काव्य-अस्मिता अर्जित करने वाले हरीश चन्द्र पांडे का रुख़ आठवें दशक की कविता को लेकर बहुत मध्यमार्गी क़िस्म का है। वह अपने संवेदनों और सौन्दर्य-चेतना में आठवें दशक की तरफ़ ही झुके हुए प्रतीत होते हैं। पेड़ों, पक्षियों और बच्चों को लेकर वह कविता में बराबर ठोस और सरल वाक्य लिखते चले जाते हैं। इस प्रकार वह एक ऐसी कविता-सृष्टि निर्मित करते हैं जिसमें जोखिम कुछ कम हैं। यहाँ कविता रोज़ बनती है; उम्मीद और धैर्य रखती है और अन्ततः सहज, स्वीकृत तथा मान्य होती है। यह कविता साधारण वस्तुओं और दृश्य में रूढ़ हो चुके जीवनानुभवों को एक चमक के साथ व्यक्त करती है और इतनी सरलता से अच्छी लगती है कि सरलीकरण का शिकार प्रतीत होती है। यह एक निम्न-मध्यवर्गीय बोध ही है और इसे हरीश चन्द्र पांडे की कविताओं के समीक्षकों ने ठीक ही पहचाना है। यह बोध जीवन में ठीक-ठाक हो जाने भर से सन्तुष्ट हो जाने वाला होता है। वह और बेहतर स्थिति के लिए नए संघर्ष इसलिए नहीं करता, क्योंकि इसमें ठीक-ठाक स्थिति के छूट जाने का संकट साथ चलता रहता है :

अगर कहूँगा शून्य
तो ढूँढ़ने लग जाएँगे बहुत-से लोग बहुत कुछ
इसलिए कहता हूँ ख़ालीपन [असहमति]

एक कवि द्वारा अर्जित की हुई भाषा जब टूटकर नए सिरे से बनती है, तब कवि-समय कई नई मुसीबतों के सामने आ खड़ा होता है। भाषा टूटे, इसलिए ख़ुद को भी तोड़ना पड़ता है। अज्ञेय के कविता-संग्रह 'क्योंकि मैं उसे जानता हूँ' पर लिखते हुए मलयज को याद कीजिए : "अज्ञेय ने अपने अतीत से अपने को तोड़कर भविष्य में जीने की कोशिश की है। पर अपने को तोड़ना कभी-कभी कितनी बड़ी दुर्घटना बन जाता है, यह इन कविताओं के वर्तमान से स्पष्ट है।"

इस उद्धरण के आलोक में अगर हरीश चन्द्र पांडे की कविता-सृष्टि का वर्तमान देखें, तब देख सकते हैं कि उनके कवि ने अतीत से ख़ुद को अलग कर भविष्य में जीने के लिए कोई तोड़-फोड़ नहीं की है, बल्कि उनकी कविता उनकी मार्फ़त ही तैयार स्मृति के ऐसे साँचों से होकर बाहर आई जो टूटने के लिए कविताओं को समय में सार्वजनिक करते हैं। यहाँ यह यक़ीन प्रबल है कि जो चीज़ कभी टूटती नहीं, वह ऊब है :

जो टूटता है रोज़
बल्कि दिन में कई-कई बार
बल्कि कभी घर पहुँचने से पहले ही रास्ते में
वही अमर है [खिलौने अमर हैं]

यह एक अनचाहा अमरत्व है और उन्हें मिलता है जो भविष्य के लिए स्मृति और वर्तमान से पलायन नहीं करते। ज़िन्दगी और कविता में नई दूरियाँ और नए मरहले तय करते हुए हरीश चन्द्र पांडे और उनके कवि ने अब तक अपने उपजीव्य को बदला नहीं है और उनका कवि-कर्म बहुत बुनियादी सिद्धान्तों से संचालित होता रहा है। यह होना धैर्य की प्रमुखता लिए हुए है। इस धैर्य की परीक्षा किसी भय या प्रार्थना में झुकी हुई नहीं है :

ये सारे मौन स्थिर चुप लोग
आग और हरकतों से भरे हैं
जो कल सड़कों पर दिखे थे
वही हैं ये
ये कल फिर सड़कों पर दिख सकते हैं [परीक्षा-कक्ष में]

हिन्दी साहित्य में आलोचना-पद्धतियाँ किसी रचनाकार के मूल्यांकन में—व्यावहारिक राजनीति से संचालित होने के बावजूद—व्यावहारिक राजनीति को

समझने की कोशिश नहीं करती हैं। लेकिन यहाँ अगर इस तरह से समझें तो समझ सकते हैं कि हरीश चन्द्र पांडे के धैर्य को उसका उचित दाय देने में इलाहाबाद की एक बड़ी भूमिका संयोग की तरह उपस्थित है। इन भूमिकाओं के—जो ख़त्म नहीं होतीं—विश्लेषण में न जाते हुए यह कहना चाहिए कि हरीश चन्द्र पांडे की कविताएँ हिन्दी साहित्य के संसार में अपने आगमन से ही एक धैर्य साथ लिए हुए आईं। कुछ इस तरह के एक वक़्त में जब सब कुछ बहुत जल्दी हड़पने की होड़ थी, वे बहुत देर में शुरू हुईं और शुरुआत के बाद भी उन्होंने बहुत देर तक धैर्य बनाए रखा। कवि अधैर्य की सीमा और उसकी परिणतियों से परिचित रहा :

अपने को ही परखने का ऐसा अधैर्य
और कहाँ
सिवा छोटी कक्षाओं के [अधैर्य]

आत्मान्वेषण के प्रति अधैर्य से बचकर हरीश चन्द्र पांडे की कविता-सृष्टि और उनकी कवि-आयु में धैर्य एक अनिवार्य प्रत्यय की तरह उपस्थित है।

पतली सलाइयों पर मारा गया पहला फन्दा
जिस चोट पर भरभराकर गिरा है
लम्बा-चौड़ा पेड़
उस अन्तिम चोट से पहले की सारी चोटें

दूध का धैर्य दही
साँस खींचना धैर्य दौड़ने के पहले
पालक के मुँह पर छींटे मारना छप्प-छप्प
सुबह-सुबह टमाटरों को पोंछना अँगोछे से
मटर के ढेर पर देर रात
मोमबत्ती का जलना

धैर्य, फल होने की यात्रा में
एक बीज का
पेड़ होना

धैर्य पूरा
आधा-अधूरा नहीं

धैर्य कान का कच्चा नहीं [धैर्य]

हरीश चन्द्र पांडेय के तीसरे कविता-संग्रह 'भूमिकाएँ ख़त्म नहीं होतीं' की समीक्षा लिखते हुए विजय कुमार एक जगह कहते हैं : "कवि राग के ऐश्वर्य को जानता है।" इस वाक्य को आगे बढ़ाएँ तब कह सकते हैं कि यह राग ध्येय के धैर्य का राग है—प्रतिबद्ध, सम्बद्ध और समय के अन्तर्विरोधों से जुड़ता हुआ। इस राग के कवि में वह बौद्धिकता नहीं है जो अकर्त्तव्य से ग्रस्त और संचालित होती है, बल्कि वह सरलता है जो संकट में साथ खड़ी दिखाई देती है।

हरीश चन्द्र पांडे के पहले से लगते दूसरे कविता-संग्रह 'एक बुरूँश कहीं खिलता है' में ही राजेन्द्र कुमार के शब्दों में यह बात दर्ज हो गई थी : "हड़बड़ी में कवि होना हरीश चन्द्र पांडे की फ़ितरत में नहीं है।" इस संग्रह के महत्त्व को हिन्दी साहित्य के संसार में कुछ देर से पहचाना गया, जबकि इस संग्रह में समय को समय से पहचानने की मूल्यवान कोशिश थी :

तेरह वसन्तों में जितनी शक्ति और
जितना अनुभव संचित हो सकता है
सब झोंक दिया था उसने [इक्कीसवीं सदी की ओर]

इस संग्रह की कविताओं में स्थितप्रज्ञता के प्रति अस्वीकार, परिवर्तन के प्रति धैर्य और एक नए मौसम की आहटें थीं; लेकिन हमारी कविता और आलोचना—यानी काली आँखें, सफ़ेद बाल, पूर्वग्रहग्रसित, सम्पर्कवादी, पुरस्कारप्रेरित, राजधानीकेन्द्रित, व्यस्तातिव्यस्त, मंच की धनी, तालीतलब—ने इन पर तत्काल कोई ख़ास ध्यान नहीं दिया। दरअसल, हमारे समादृत कवियों और आलोचकों का मुख्य व्यसन और व्यवसाय अधिकांशत: निकृष्टता को प्रतिष्ठित करना रहा आया है। वे अपने आलेखों, साक्षात्कारों और वक्तव्यों में प्राय: नक़ली नामों को उजागर कर; वास्तविक प्रतिभाओं को दबाने का काम करते आए हैं। इस प्रकार के घटनाक्रमों के बहुत बाद की बात है, जब वरिष्ठ हो चले हरीश चन्द्र पांडेय के कवि ने यह दर्ज किया :

बर्बादी का भी अपना एक संगीत हुआ करता है

[सार्वजनिक नल]

और :

चाहे से, न चाहा गया अधिक मिलता है कभी-कभी [उत्खनन]

उत्खनन के बग़ैर उत्थान और पतन को समझना सम्भव नहीं है। भाषा और प्रतिभा कोई अचल सम्पत्ति नहीं हैं, वे भी ख़र्च होती रहती हैं। उन्हें संघर्ष से सतत अर्जित करते रहना होता है। कुछ ख़त्म हो जाने का या कुछ खो देने का ज्ञान और पूर्वानुमान अगर एक रचनाकार में बराबर मौजूद रहता है, तब वह बराबर भाषा

और भाषा में दृष्टि को सँभाले रखता है। इन सूक्तियों के सौजन्य से यह तथ्य बहुत स्पष्ट नज़र आता है कि इस प्रकार का ज्ञान और पूर्वानुमान हरीश चन्द्र पांडेय की कविता-सृष्टि में आरम्भ से अब तक सतत रहा है। इसलिए ही वह जड़ताओं को गतिमयता और अपूर्णताओं को उड़ान देते आए हैं। इतिहास की क्रूरता और देवत्व के छद्म को उन्होंने उसकी वर्तमानता में परखा है और भाषा का प्रयोग प्रपंच के लिए कभी नहीं किया है, बल्कि उसके ज़रिये अपने समय के स्पष्ट अर्थान्तरों को सम्भव बनाया है। यह जानते हुए भी कि—"एक दिन में नहीं बन गए अक्षर/ एक दिन में नहीं बन गई वर्णमाला/एक दिन में नहीं बन गई भाषा / एक दिन में नहीं बन गई पुस्तक/लेकिन/एक दिन में नष्ट किया जा सकता है कोई भी पुस्तकालय..." हरीश चन्द्र पांडे शब्द और शब्दों में उदाहरण बचाते आए हैं। यह बचाने की बहुलता उन्हें हिन्दी कविता के नवें दशक के काव्य-व्यवहार से जोड़ती है, बावजूद इसके (जैसा कि यहाँ पूर्व में भी कहा गया) कि वह अपने संवेदनों और सौन्दर्य-चेतना में आठवें दशक की तरफ़ झुके हुए प्रतीत होते हैं। लेकिन उनकी कविता आठवें दशक की कविता से इसलिए भी कुछ भिन्न है, क्योंकि उनका देखना सीमित नहीं है। वह सब कुछ को निगाह देते हैं और बहुत साधारणता को भी बहुत सारयुक्त विधि से उसके मूलार्थ में अभिव्यक्त, अर्थान्वित और सम्प्रेषित कर देते हैं। उनकी काव्य-दृष्टि उस दृश्य-सामर्थ्य, उस दृश्य-सम्भावना को जानती है जो उनकी कविता को पूर्ण और प्रासंगिक बना सकती है :

जितने भर में छपी है कविता
क्या उतना गन्दा पानी
छँटा होगा?

[गन्दा पानी]

हरीश चन्द्र पांडे एक शब्द-सजग कवि हैं। उनके यहाँ शब्द यूँ ही नहीं आ जाते हैं। वह नीति-वाक्यों तथा दे दिए गए शब्दों और नामों का भ्रम और उनके पीछे छिपी हिंसा को जानते हैं। भयानक शब्द-जाल से भरे हुए एक कविता-समय में वह शब्दों को उनकी सही जगह बताते हैं। इस शब्द-सजगता में भी मौजूदा कविता-समय के मन-मिज़ाज और स्थिति को देखते हुए उनके कविता-संग्रह संख्या के लिहाज़ से कुछ कम नहीं हैं। कविताओं ने उनके पास आना कभी कम नहीं किया है, यों उन्हें पढ़ते हुए लगता है। इस काव्य-सम्पन्नता में वह ख़ुद को दुहराते हुए लग सकते हैं, लेकिन दुहराते नहीं हैं। उनकी सरलताएँ उनकी मनुष्य-केन्द्रित दृष्टि की देन प्रतीत होती हैं। सब तरफ़ फैली विडम्बनाओं के बीच वह अन्ततः मनुष्यता ही है जो हरीश चन्द्र पांडे की कविता-सृष्टि में ख़ुद को बार-बार नए सिरे से दुहराती है। वह अपने विकास-क्रम में सरलता का अतिक्रमण इसलिए नहीं करते हैं, कि वह सम्प्रेषण का अर्जित विवेक नष्ट नहीं करना चाहते। हिन्दी साहित्य के संसार

में उन्हें सब कुछ बहुत धीरे-धीरे मिलता रहा है। एक कवि को इस रूप में देखना बहुत उम्मीद देता है कि प्रशस्तियों और प्राप्तियों के बीच वह अपने ध्येय का धैर्य बड़ी काव्यात्मकता के साथ सँभाले हुए है और सही बने रहने की कोशिश में लगा हुआ है। एक कवि और कर ही क्या सकता है!

सन्दर्भ

यहाँ प्रस्तुत आलेख प्रथमत: 'पहल' के 108वें अंक (जुलाई 2017) में प्रकाशित हुआ जिसमें हरीश चन्द्र पांडे के तब तक प्रकाशित चार में से तीन कविता-संग्रहों—साहित्य संगम, इलाहाबाद से प्रकाशित 'एक बुरूँश कहीं खिलता है' (द्वितीय संस्करण, 2001), भारतीय ज्ञानपीठ, नई दिल्ली से प्रकाशित 'भूमिकाएँ ख़त्म नहीं होतीं' (2006) और 'असहमति' (2013) को आधार बनाया गया है। इससे अलग 'पहल' के 96वें अंक, 'नया ज्ञानोदय' के जनवरी-2016 अंक और 'समकालीन जनमत' के जनवरी-2017 अंक में प्रकाशित उनकी कविताओं से भी मदद ली गई है। मंगलेश डबराल को उद्धृत करने के लिए 'कथा' में प्रकाशित आलेख 'कविता में इनसान' को धैर्य से पढ़ा गया है। विजय कुमार का वाक्य 'चिन्तन दिशा' में प्रकाशित आलेख 'भूमिकाएँ इसलिए कभी ख़त्म नहीं होतीं' से और राजेन्द्र कुमार का वाक्य 'एक बुरूँश कहीं खिलता है' के ब्लर्ब से उतारा गया है। इसके अतिरिक्त समय-समय पर 'पहल', 'पक्षधर', 'कथा' और 'अनहद' में हरीश चन्द्र पांडे के कृतित्व पर केन्द्रित आलेखों को भी पाठ में लाया गया है, यह अलग बात है कि प्रयोग में नहीं। मलयज का उद्धरण उनकी किताब 'कविता से साक्षात्कार' में प्रकाशित 'तीसरे अज्ञेय की तलाश' से और नेमिचन्द्र जैन का उद्धरण कृष्ण बलदेव वैद की किताब 'शिकस्त की आवाज़' से है। इस आलेख के अन्तिम दो वाक्य वीरेन डंगवाल की एक कविता 'कवि' से प्रेरित हैं।

परम्परा का आवारापन

कृष्ण कल्पित की कविता-सृष्टि पर एकाग्र

आलोचक कवि हो यह ज़रूरी नहीं, लेकिन कवि का आलोचक होना अपरिहार्य है!

यह कहने वाले समकालीन हिन्दी कविता के सबसे आवारा कवि कृष्ण कल्पित कवियों में सबसे बड़े शराबी और शराबियों में सबसे बड़े कवि हैं। एक आलोचनात्मक आलेख के लिहाज़ से यह शुरुआत कुछ अजीब और भारहीन लग सकती है, लेकिन इन पंक्तियों का लेखक चाहता है कि जैसे कृष्ण कल्पित (कृ.क.) को कविता नसीब हुई है, वैसे ही उसे उनकी कविता की आलोचना नसीब हो।

इस आलोचना के केन्द्र में वे असर हैं जो इन पंक्तियों के लेखक के उत्साह में उस तक विष्णु खरे के ज़रिये, विष्णु खरे तक मुक्तिबोध के ज़रिये, मुक्तिबोध तक निराला के ज़रिये, निराला तक कबीर के ज़रिये, कबीर तक बाणभट्ट के ज़रिये और बाणभट्ट तक वाल्मीकि के ज़रिये आए। लेकिन कहाँ ये तेजस्वी और पराक्रमी कवि-आलोचक और कहाँ अत्यन्त अल्प बौद्धिकता वाला इन पंक्तियों का लेखक! उसे यह बहुत अच्छी तरह मालूम है कि जिस परम्परा में कृ.क. आवारगी करते रहे हैं, उसमें उसकी गति बहुत क्षीण है। इस गति के बावजूद वह कृ.क. की कविता-सृष्टि पर एकाग्र होकर कुछ कहने का प्रयत्न कर रहा है और इस सिलसिले में विष्णु खरे की एक कविता 'कूकर' उसके साथ चलने लगी है।

हिन्दी कविता संसार में एक लम्बे समय तक कृ.क. के नाम के आगे ग़लत या प्रश्न का निशान लगाया जाता रहा है, लेकिन अब यह एक तथ्य और सचाई मालूम पड़ती है कि कृ.क. पूरब की कविता की पूरी परम्परा को देखने वाले अपनी और अपने से ठीक पूर्व की पीढ़ी में एकमात्र आवारा कवि हैं। अपने नियमों से ही अपना खेल खेलते हुए; वह कविता की दुनिया में किसी और के खेल में शामिल होने वाले बेवक़ूफ़ों, कायरों और शोहदों में नहीं हैं और उनसे दूर भी रहे हैं।

कृ.क. दिशाओं में ग़र्क़ हो जाने की ख़्वाहिश रखने वाले उन कवियों में से हैं जिनमें प्रतिभा का प्रयोग करने की दुर्निवार प्रतिभा है और जिन्होंने अपने शुरुआती रियाज़ को भी शाया करवाया है। इस रियाज़ को अगर रियाज़ ही माना जाए, तब हिन्दी कविता की मुख्यधारा में सही मायनों में कृ.क. का काव्य-प्रवेश साल 1990 में आए 'बढ़ई का बेटा' से होता है। इस संग्रह की आख़िरी कविता कवियों के मुख्यधारा तक आने, उसमें भटकने, खटने और खो-खप जाने की प्रक्रिया को बयान करती है :

बहुत दूर से चलकर दिल्ली आते हैं कवि
भोजपुर से मारवाड़ से संथाल परगना से मालवा से
छत्तीसगढ़ से पहाड़ से और पंजाब से चलकर
दिल्ली आते हैं कवि
जैसे कामगार आते हैं छैनी-हथौड़ा लेकर
रोज़ी-रोटी की तलाश में [कवियों की कहानी]

इस काव्य-प्रवेश से एक दशक पूर्व 'भीड़ से गुज़रते हुए' के गीतों से पहले एक भूमिका में कवि ने दर्ज किया :

अभी मैं हाँफ रहा हूँ
मुझे सुनने को आतुर लोगों
अभी मैं हाँफ रहा हूँ
जब मैं हाँफने की
पूरी यात्रा तय कर लूँगा
तब मैं पूरी कथा कहूँगा

कृ.क. के कवि के इस शाया रियाज़ में रेतीली स्थानीयता की विसंगतियाँ थीं, प्रेमानुभव थे और 'दर्द जितना भी मिला, प्यास बनकर पी गए' वाली रूमानियत और शहादत थी। इसमें लोक-संवेदना और विस्थापन की मार थी। लय से लगाव और छन्द का ज्ञान साथ लिए इस रियाज़ में एक अनूठा कथा-तत्त्व था, इसलिए इसे कथा-गीत कहकर भी पुकारा गया :

राजा रानी प्रजा मंत्री बेटा इकलौता
एक कहानी सुनी थी जिसका अन्त नहीं होता

इस रियाज़ ने एक आवारागर्द अक़्ल रखने वाले कृ.क. की कवि-छवि का बहुत दूर तक नुक़सान किया। इसने हिन्दी कविता की व्यावहारिक राजनीति को यह छूट दी कि वह कृ.क. के कवि के इर्द-गिर्द प्रश्नवाचकता का वृत्त निर्मित करे और

इसे बहुत दूर तक विस्फारित कर सके। इस वृत्त में 'क़ैद' कवि का काव्य-संघर्ष इसलिए बहुत उल्लेख्य है, क्योंकि उसकी कविता पहले गीत की रूढ़ संवेदना से बाहर आई, फिर आठवें दशक के फ़ॉरमूलों से और फिर नवें दशक के नक़्शे से भी। इस प्रकार एक सीधी गति में सफ़र करते हुए कृ.क. की कविता आज सारे दायरों को ध्वस्त कर अपना एक अलग देश बना चुकी है और यह कहना सुखद है कि छूट चुके मरहलों से उसके रिश्ते अब भी अच्छे हैं।

प्रस्तुत सामयिकता में कृ.क. की कविताएँ अभ्यस्त मुहावरों और काव्य-समझ की कविताएँ नहीं हैं। इस वक़्त हिन्दी में कविता के जितने भी साँचे हैं—प्रतिबद्ध कविता, वैचारिक कविता, सैद्धान्तिक कविता, राजनीतिक कविता, क्रान्तिकारी कविता, ऐतिहासिक कविता, वैश्विक कविता, आंचलिक कविता, प्राकृतिक कविता, सांस्कृतिक कविता, लोक कविता, ग्रामीण कविता, क़स्बाई कविता, नागर कविता, पर्वतीय कविता, स्त्रीवादी कविता, दलित कविता, आदिवासी कविता, अल्पसंख्यक कविता, सर्वहारा कविता, तात्कालिक कविता, समयातीत कविता, आवश्यकतावादी कविता, आशावादी कविता, निराशावादी कविता, इच्छावादी कविता, चालू कविता, जड़ कविता, स्मृत्यात्मक कविता, गत्यात्मक कविता, रत्यात्मक कविता, काव्यात्मक कविता, गद्य कविता, ठोस कविता, तरल कविता, मुश्किल कविता, सरल कविता, कलावादी कविता, कलाहीन कविता, अगड़ी कविता, पिछड़ी कविता, आधुनिक कविता, उत्तर-आधुनिक कविता, उत्तरोत्तर आधुनिक कविता, गम्भीर कविता, लोकप्रिय कविता, जन कविता, बौद्धिक कविता—उनमें से किसी एक में कृ.क. की कविता को नहीं रखा जा सकता। इस कविता-समय में इन काव्य-प्रकारों और प्रवृत्तियों के बीच इस प्रकार कृ.क. की कविता एक 'आवारा कविता' नज़र आती है। आवारगी सदा से समय में तिरस्कृत रही आई है। यह अलग बात है :

पुरस्कृत कवियों से कविता दूर चली जाती है
कविता तिरस्कृत कवियों पर रीझती है [कविता-रहस्य, 25:1]

आवारा कविता अपने आस-पास को बहुत सजगता और ईमानदारी से देखती है, लेकिन वह अपने समय में बहुत अकेली भी पड़ जाती है और इसलिए ही वह परम्परा से सम्बद्ध होती है या होती चलती है। इस प्रकार की कविता में एक ख़ास क़िस्म का देहातीपन और बेबाकी होती है, और उसका कहना-बोलना अक्सर किसी सच्चे-निहंग पागलपन की याद दिलाता है। यहाँ यह भी बताते हुए आगे बढ़ना चाहिए कि किसी ग़ैर-मार्क्सवादी कवि की कविता को सीधे मनुष्य से प्रतिबद्ध बता देने वाले समीक्षात्मक-आलोचनात्मक प्रयत्न मार्क्सवादी आलोचना के कूपाकाश में प्राय: बहुत नवीन और अलग समझे जाते रहे हैं। लेकिन किसी विचार या राजनीति से प्रतिबद्ध होने बावजूद कविता—अगर वह कविता है—तो अनिवार्यत:—प्रथमत:

और अन्तत:—मनुष्य से ही प्रतिबद्ध होगी, इसलिए किसी कवि की कविता का मनुष्य से प्रतिबद्ध होना या बने रहना कोई नई और अनूठी बात नहीं है। नयापन और वैशिष्ट्य तो इसमें है कि कवि अपनी प्रतिबद्धता को व्यक्त कैसे कर रहा है, और यह भी इन पंक्तियों का लेखक कोई नई बात नहीं कह रहा है; बस इस प्रसंग में इस ज़रूरी बात को दुहरा भर रहा है। इस अर्थ में देखें तो कृ.क. का कवि एक शास्त्रकार भी है। वह माफ़िया आलोचकों को पहचानता है और उसकी कविता क़ातिलों का क़ातिल होने की बराबर कोशिश करती है। आस-पास को कभी ओझल न करने वाली मानवीय दृष्टि के साथ दृढ़ यह कविता बंकिमता को बचाती है और परम्परा में आवारगी करते हुए कथित आधुनिकता, उत्तर-आधुनिकता और उत्तरोत्तर आधुनिकता तीनों से ही परहेज़ बरतती है। यह इस यक़ीन के साथ व्यक्त होती है कि एक नए कवि में सारे पुराने कवि शामिल होते हैं। यह ज़री-गोटेदार भाषा से दूरी बनाकर करुणा और क्रोध से सम्भव हुई वाग्मिता को प्रश्रय देती है। तत्कालप्रिय प्रवचनात्मकता से प्राप्त वैचारिक प्रतिबद्धता-पक्षधरता से बचती हुई यह जन के बीच, जन का होने की कोशिश करती है और इस कोशिश में जनप्रिय और बदनाम साथ-साथ होती है।

कविता में क्या हो, क्या न हो; क्या कहा जाए, क्या न कहा जाए; कैसे कहा जाए, कैसे न कहा जाए... यह सब हिन्दी कविता में गई सदी के सातवें दशक में ही पूर्णरूपेण तय और स्पष्ट हो गया था। कुछेक अपवादों को छोड़ दें तो आज क़रीब-क़रीब सारे नए-पुराने कवि इस स्पष्टता के साथ ही लिख रहे हैं। कृ.क. इन अपवादों में से ही एक या कहें इन अपवादों में भी एक अपवाद हैं। कविता और कवि-व्यक्तित्व दोनों ही कृ.क. के पास है। निराला और राजकमल चौधरी के बाद यह संयोग कृ.क. के रूप में हिन्दी की आवारा कविता में कई दशकों के बाद घट रहा है। यह यों ही नहीं है कि आज हिन्दी साहित्य (हिं.सा.) के सारे संगठित तत्त्व और शक्तियाँ कृ.क. पर क्रुद्ध और इसलिए उनके विरुद्ध हैं। अद्‌भुत आकर्षक आवारगी से भरा हुआ कृ.क. का व्यक्तित्व और उसका कवित्व हिं.सा. के जड़, संकीर्ण और अदूरदर्शी आलोचकों के बीच उभरा है। यह भी कह सकते हैं कि कृ.क. जैसे कवि के लिए यह समय पूरी तरह मुफ़ीद नहीं रहा आया है। कृ.क. कविता में और कविता से अलग भी प्राय: बहुत मूल्यवान् बातें कहते हैं, लेकिन कभी-कभी उनमें व्यावहारिक संचार का बहुत अभाव होता है। इस अभाव को अपना अपमान समझ हिं.सा. की व्यावहारिक राजनीति उनसे एक शत्रु की तरह बर्ताव करती है। यह बर्ताव तत्काल भले ही कुछ बर्बाद करता दिखे, लेकिन बहुत दूर तक इसकी कोई गति नज़र नहीं आती; क्योंकि कृ.क. के पास भविष्य कविता के रूप में सुरक्षित है और इस दृश्य में भी यह कृ.क के सौभाग्य का तेवर नहीं तो और क्या है कि उनके और उनके कवित्व के प्रति अनुराग रखने वाले बढ़ते ही

जा रहे हैं। उनके पक्ष में नज़र आने वाले ऐसे उदीयमान व्यक्तित्वों की कोई कमी नहीं है, जिनसे कल हिन्दी धन्य होगी। यहाँ वरिष्ठ कवियों के बहाने युवा कवियों को सम्बोधित कृ.क. की ये कविता-पंक्तियाँ दृष्टव्य हैं :

जिसकी एक भी पंक्ति नहीं बची
उसके पास सर्वाधिक तमग़े बचे हुए हैं [वरिष्ठ कवियो]

एक योग्य कवि की लम्बी उपेक्षा उसको पराक्रमी बनाती चली जाती है। इस पराक्रम से उसके प्रशंसकों का एक अलग समुदाय निर्मित होता है और उसके समर्थकों की एक अलग श्रेणी... 'निराला की साहित्य साधना' को यहाँ याद करते चलिए। दुरभिसन्धियाँ युक्तियाँ बन जाती हैं, लेकिन एक वैविध्यपूर्ण कवि-व्यक्तित्व ख़ुद को कभी संघर्ष से वंचित नहीं करता। कुंठाएँ उसे दबोचने की कोशिश करती हैं, लेकिन वह आत्म-विश्वास को सँभाले रखता है। कृ.क. के यहाँ ये विशेषताएँ नज़र आती हैं। उन्होंने शिल्प से आक्रान्त और शब्द से आडम्बर किए बग़ैर हिन्दी कविता में एक असन्तुलन उत्पन्न किया है। इस असन्तुलन ने तमाम 'विशिष्ट कवियों' को असुरक्षा में डाल दिया है। अब स्थिति यह है कि सांस्कृतिक रूप से सत्तावान् तंत्र और संरचनाएँ कृ.क. की प्रत्येक पंक्ति से भयभीत रहती हैं। इस तंत्र और इन संरचनाओं ने वर्षों तक उनके कवि को ख़त्म करने के यत्न किए, लेकिन 'अपने होने को प्रकाशित करने' के नए माध्यमों के उदय के बाद आज कृ.क. हिन्दी के सबसे चर्चित कवियों में से एक होकर उभरे हैं। उन्होंने एक काव्यात्मक न्याय के लिए प्रचलनों के बीतने की प्रतीक्षा की है। उनकी प्रतीक्षा समाप्त नहीं हुई है, लेकिन उन्हें कुछ राहत है; क्योंकि मौजूदा हिं.सा. में उनके प्रकट-अप्रकट 'प्रॉपर प्रशंसक' अभी हिन्दी के किसी भी दूसरे कवि से ज़्यादा भासते हैं। उनकी कविता के प्रेमियों की दर्ज-बेदर्ज और लिखित-वाचिक प्रतिक्रियाएँ हिन्दी कविता संसार में उनके कवि के 'अन्यत्व' को पुख़्ता करती हैं। उनके इस उदय और उभार ने तमाम चिढ़कुले, बुड़बक, अयोग्य, औसत और जलनशील तत्त्वों को उनके ख़िलाफ़ भी सक्रिय कर दिया है। इसके साथ ही उनके उन शत्रुओं का यहाँ क्या ही उल्लेख किया जाए जिनका प्रज्ञा-क्षेत्र ही बाधित है और जिनका पूरा व्यक्तित्व और लेखन कृ.क. के शाश्वत किए-धरे के आगे बहुत संक्षिप्त और सस्ता लगता है। कृ.क. जिस शैली और शाला से खुद को जोड़ते हैं, वहाँ यश के साथ अपयश मुफ़्त मिलता है और इसलिए उनके अपयश से 'यश' कमाने वालों की भीड़ भी इधर बहुत भारी हो गई है। इस भीड़ में अधिकांश ऐसे हैं जो 'भीड़' को 'भीर' और 'भारी' को 'भाड़ी' लिखते हैं।

कभी निराला के लिए नागार्जुन ने लिखा था : "उसे मरने दिया हमने रह गया छुट कर पवन/अब भले ही याद में करते रहें सौ-सौ हवन।" यह लिखाई बताती है

कि हिं.सा. में मरण का बहुत माहात्म्य है, यह ज्ञानरंजन भी बहुत पूर्व में कह चुके हैं। इन पंक्तियों के लेखक को यह कहना भला तो नहीं लग रहा है, लेकिन उसे लगता है कि कृ.क. के जीते-जी शायद उन्हें वह प्रतिष्ठा नहीं मिलेगी जिसके वह हक़दार हैं। आज हिं.सा. में कृ.क. का मौखिक और कुटिल विरोध उनके लिखित विरोध से कई गुना बढ़ चुका है। उन पर हो रहे आक्रमण कभी निराला पर हुए आक्रमणों की याद दिलाते हैं। इस तरह देखें तो हिन्दी कविता और आवारगी की ही नहीं कृ.क. अपमान की परम्परा को भी आगे बढ़ा रहे हैं। इस अपमान में भी आनन्द की तलाश उनकी सहज-वृत्ति है। इसके लिए वह जिस सिद्ध 'विट' तक जाते हैं, वह एक साथ उनके कुछ मित्रों और कई शत्रुओं का निर्माण करती है। इन शत्रुओं में औसत और फूहड़ कवि-लेखक-लेखिकाएँ, मतिमन्द और माफ़िया आलोचक, अर्थपिशाच प्रकाशक, क़ाहिल प्राध्यापक और उनके निकम्मे शोधार्थी, मानसिक रूप से दिवालिए पत्रकार, चालू और हद दर्जे के बेवक़ूफ़ टिप्पणीकार, भ्रमरवृत्तिदक्ष दलाल और प्रतिभा-प्रभावशून्य युवक-युवतियाँ शामिल हैं। इस पर सोचा जाना चाहिए कि आख़िर एक कवि इतने सारे मूर्त शत्रुओं के बीच रहकर कैसे काम करता है :

जनवरी बलात्कार के लिए मुफ़ीद महीना है
फ़रवरी में किसी का भी क़त्ल किया जा सकता है
मार्च लड़कियों के घर से भागने का मौसम है
अप्रैल में किया गया अपहरण फलदायक होता है
मई में सामूहिक हत्याकांड अच्छे से किया जा सकता है
जून के महीने में दलितों के घर लहककर जलते हैं
जुलाई में मुसलमानों को मारा जा सकता है
अगस्त में तो बच्चे मरते ही हैं
सितम्बर में किसान चाहें तो पेड़ों से लटक सकते हैं
अक्टूबर में डिफ़ॉल्टर देश छोड़कर भाग सकते हैं
नवम्बर गोरक्षकों के लिए आरक्षित है
वे किसी भी निरपराध नागरिक को सरे-आम मार सकते हैं
दिसम्बर में आप आँसू बहा सकते हैं
प्रायश्चित कर सकते हैं
और अगर चाहें तो कृष्ण कल्पित के विरुद्ध विज्ञप्ति जारी कर सकते हैं!

[नया बारामासा]

बुरी ख़बर और भयावह यथार्थ को कविता में लाने के लिए कृ.क. कविता को किसी अपराध की तरह सम्भव करते हैं। अन्याय, शोषण और ग़ैर-बराबरी

के विरुद्ध लड़ने का उनका तरीक़ा एक 'नैतिक कवि' का तरीक़ा नहीं भी लग सकता है। इस लड़ाई में वह 'राजनीतिक रूप से ग़लत' भी नज़र आ सकते हैं, लेकिन उनका पक्ष और स्थिति बहुत स्पष्ट है। दरअसल, वह बहुत तत्कालप्रिय ढंग से उम्मीद और नाउम्मीदी में होना नहीं जानते हैं और न ही वह अपने कवि और कविता और कथ्य की शर्त पर सबको ख़ुश रखना चाहते हैं। वह उस प्रतिबद्धता से ख़ुद को अलग करते चलते हैं, जिसका दाँव पर कुछ भी नहीं लगा होता :

वह दिन ज़रूर आएगा जब मुझे मार गिराया जाएगा
मेरा जीवन हत्यारों का चूका हुआ निशाना है!

[चूका हुआ निशाना]

कृ.क. की अब तक प्रकाशित कविता-सृष्टि में यह बात बहुत स्पष्ट नज़र आती है कि वह एक साथ साहित्यिक और सामाजिक कवि हैं। इस दर्जा साहित्यिक कवि कि समाज उन्हें पढ़-सुनकर बहुत सहजता से साहित्यिक हो सकता है। यह एक जनकवि होने की अलामत है। एक जनकवि ख़ुद को और जन के दुख को सुनाना जानता है। इस ज़िक्र में यह कहने में कोई हर्ज नहीं है कि मौजूदा दौर में सही मायनों में हिन्दी में जनकवि होने की विशेषता सिर्फ़ कृ.क. में ही दृश्य होती है। यह हमारी भाषा और उसमें कविता का दुर्भाग्य है कि कृ.क. की काव्य-प्रतिभा के साथ-साथ उनकी इस विशेषता के साथ भी न्याय नहीं हुआ। उनकी इस क्षमता को पहचानकर भी नज़रअन्दाज़ किया गया। बौद्धिकों और जनता दोनों को ही आकर्षित करने वाली कृ.क. की कविताओं में वे सारे अवयव हैं जो एक जनकवि का निर्माण करते हैं। हिन्दी की औसतताओं के कौआरोर में उनकी कविता महज़ किताबी नहीं है। वह यात्राएँ करना जानती है, ख़ुद को गाना और कंठ में बसना भी। यह कविता जन को संस्कारित करने की क़ाबिलियत रखती है, लेकिन इसे प्रशंसक मिलते हैं, जन नहीं मिलते; पाठक मिलते हैं, वे आलोचक नहीं मिलते जो इस कविता को जन के बीच प्रतिष्ठित कर सकें। यहाँ सार्त्र को याद कीजिए जिन्होंने कहा था कि मेरे पास पाठक हैं, लेकिन मुझे जनता चाहिए।

लड़कपन से ही कवि-कर्म में संलग्न कृ.क. के कवि के निर्माण में तुलसी, सूर, मीरा, कबीर की तरह ही मीर, ग़ालिब, ज़ौक़, नज़ीर और हाफ़िज़, बेदिल, शेख़ सादी और कालिदास, भवभूति, भर्तृहरि और अमीर ख़ुसरो का योगदान है। यह स्वयं कवि ने स्वीकारा है और यह भी कि उसकी हिन्दी में उर्दू सहज रूप से विद्यमान रहती है। कृ.क. हिन्दी नहीं हिन्दवी का कवि कहलाना पसन्द करते हैं। हिन्दवी वह है जिसमें मीर लिखते थे।

आलोचना और प्रशंसा दोनों से ही अब तक आहत नहीं हुए कृष्ण कल्पित

वरिष्ठों में सबसे युवा हैं और युवाओं में सबसे वरिष्ठ, स्वीकृतों में वह सबसे बहिष्कृत हैं और बहिष्कृतों में सबसे स्वीकृत। वह मुक्त वैभव में छन्द हैं और छन्द वैभव में मुक्त। जहाँ सब मुखर हैं, वहाँ वह चुप हैं और जहाँ सब चुप हैं, वहाँ वह मुखर। वह कवियों की ज़मीन जानते हैं और ज़मीन की कविता भी। भुला दिए गए शब्दों को वह जमा करते हैं और घिसे हुए शब्दों को हटाते रहते हैं। उनके शब्दों में दृश्य हैं, लेकिन फ़िल्म बनाने की एक धुँधली-सी इच्छा बहुत बार मन में जगने के बावजूद वह आज तक एक भी फ़िल्म नहीं बना पाए हैं। बचपन से लेकर अब तक के बहुत सारे ऐसे दृश्य उनकी आँखों के सामने से गुज़रे हैं, जब उन्हें लगा है कि एक फ़िल्म बनानी चाहिए। क़स्बे के घर के आँगन में गोबर से लिपे हुए चूल्हे को फूँक मारकर सुलगाती हुई दादी की आँखों से निकलते हुए आँसू, अपने लम्बे कानों को ज़ोर-ज़ोर से हिलाकर तितर-बितर करती हुई काले छबकों वाली बकरी और चटख़-चटख़ करती हुई लकड़ियाँ—यह सब देखकर पहली बार उन्हें लगा था कि केवल दृश्यों के माध्यम से भी कुछ रचा जा सकता है। यह बहुत पुरानी बात है, जब उनके पिता होर्डिंग्स बनाया करते थे और उनसे रंगों की पुताई करवाते थे। चाक्षुष सौन्दर्य और मानवीय क्रियाओं से भरे-पूरे ऐसे न जाने कितने दृश्यों का एक अन्तहीन और अटूट सिलसिला यहाँ तक चला आया है। कुछ रचने की इस आरम्भिक अकुलाहट ने ही उन्हें कवि-कर्म में प्रवृत्त किया। यहाँ पूर्व में दर्ज उनके रियाज़, काव्य-प्रवेश और काव्य-विकास को याद करें तो उनकी कविताएँ सिनेमा से जुड़े उनके स्वप्न और उनकी आकांक्षा का प्रतिफलन लगती हैं :

> *कभी-कभी यह सोचकर घबरा जाता हूँ कि अचानक फ़िल्म बनाने की सुविधाएँ पा गया तो क्या करूँगा? फ़िल्म बनाने से पहले पाँच-दस हज़ार फ़ुट कच्ची फ़िल्म बिगाड़नी चाहिए। अब तक बिगाड़ देनी चाहिए थी। पहली बार में पाँच-सौ फ़ुट में से साढ़े चार सौ फ़ुट फ़िल्म सही निकाल पाना कितना मुश्किल होगा। लेकिन अगर ऐसा हुआ भी तो क्या इस बात का डर, तनाव और एक क़िस्म का निजी आतंक भी मेरी रचनात्मकता का हिस्सा नहीं रहेगा? इस 'अभाव' को भी तो रचनात्मकता में बदला जा सकता है।*
>
> [पसरी हुए रेत पर]

अभाव को रचनात्मकता में बदलती हुई कृ.क. की कवि-छवि में कुछ पुराने शब्द, कुछ भावनाएँ और कुछ अनगढ़पन सदा नज़र आता रहा है। कमज़ोर ज़िन्दगी के बयान छुपाने की कोशिश उनकी कविता ने अब तक नहीं की है :

नई दिल्ली के कवियो!
चाहे जितनी कमज़ोर दिखे
मैं अपनी कविता नहीं बदलूँगा [दिल्ली के कवि]

ऊपर उद्धृत पंक्तियाँ साल 1987 में हुई कृ.क. की एक कविता से हैं। वह बार-बार दिल्ली में आते और बार-बार दिल्ली से जाते रहे हैं। साल 1988 में हुई उनकी एक और कविता में इस बीच के ब्योरे कुछ यों सामने आते हैं :

कुछ कवि हो गए मशहूर कुछ काल-कवलित

कुछ ने ढूँढ़ लिए दूसरे धंधे मसलन शेयर बाज़ार

कुछ डूबे हुए हैं प्रेम में कुछ घृणा में

कुछ ने ले लिया संन्यास कुछ ने गाड़ी

कुछ लिखने लगे कहानी कुछ फलादेश

इनके बीच एक कवि है जिसे अभी याद हैं
पिछली लड़ाई में मारे गए साथियों के नाम
उसके पास अभी है एक नक़्शा! [नक़्शा]

'नक़्शा' आलोकधन्वा को समर्पित है, लेकिन इसमें कृ.क. का सफ़र भी साफ़ नज़र आता है। इस नज़र आने में बहुत दूर-दूर से चलकर दिल्ली आती हुई रेलगाड़ियाँ हैं जिनमें कवि हैं—'दुनिया की सबसे पुरानी कला के मज़दूर'—अपने अभावों, पुकारों और तकलीफ़ों के साथ। वे ऋतु कोई भी हो शोक में डूबे हुए हैं—'आँसुओं को रोकने की कला सीखते हुए'—देश की अलग-अलग दिशाओं से आए हुए वे दिल्ली की अलग-अलग दिशाओं में भटक रहे हैं, उन्हें कोई काम नहीं मिल रहा है :

वे ज़िन्दा रहने को आते हैं दिल्ली और मारे जाते हैं
भूख से बेकारी से उपेक्षा से मरते हैं वे

[कवियों की कहानी]

एक कवि गोरख पांडे की याद में लिखी गई यह 'कवियों की कहानी' एक दूसरे कवि कृ.क. ने लिखी है यह सोचकर :

होती है हर एक कवि की अपनी एक कहानी
जिसे लिखता है एक दूसरा कवि

इस साहित्यिक और बौद्धिक वातावरण को बहुत क़रीब से देखते हुए कृ.क. की और हिन्दी की उम्र में धीमे-धीमे चलते हुए वह वक़्त नज़दीक आ गया, जब उन्होंने इस वातावरण के विरोधी कवि के रूप अपनी काव्य-भाषा और शैली के लिए नए आयाम पाने का संघर्ष प्रारम्भ किया। पूरब की पूरी कविता और काव्य-शास्त्र की पूरी परम्परा में आवाजाही और उससे मुठभेड़ करते हुए कृ.क. की उम्र में वे वर्ष भी आए, जब वह समकालीन हिन्दी कविता के लिए बिल्कुल बेगाने हो गए :

इस ज़री-गोटेदार भाषा के बाँदी समय में
कौन समझेगा कि मुझ पगलैट को तो
अपने ही खोजे शब्दों के बदरंग चिथड़े प्यारे हैं [शब्दों के चिथड़े]

कृ.क. ने मध्यकाल की मीरा की कविता और जीवन को केन्द्र में रखते हुए 'कोई अछूता सबद' में हिन्दी में लोकप्रिय हुए तत्कालीन स्त्री-विमर्श को समझने की कोशिश की :

तुम जो पहनाओगे पहनूँगी
जो खिलाओगे खाऊँगी
तुम जहाँ कहोगे वहाँ बैठ जाऊँगी
कहोगे तो बिक जाऊँगी बाज़ार में [ढलती रात में]

संसार एक नई शताब्दी से परिचित हो चुका था, लेकिन हिन्दी कविता संसार कृ.क. से अब तलक एक अपरिचित की तरह बर्ताव कर रहा था। उनकी आवारगी बढ़ती जा रही थी और आवारा पंक्तियाँ और सूक्तियाँ उन पर आयद हो रही थीं और वह उन्हें इस उम्मीद में प्रकाशित करवाते जा रहे थे कि शायद वे एक रोज़ मानवता के काम आएँगी :

कभी प्रकाश में नहीं आता शराबी
अँधेरे में धीरे-धीरे विलीन हो जाता है

[एक शराबी की सूक्तियाँ, 35]

कृ.क. की एक कहानी 'शराबघर' के नायक की मरने की इच्छा शराब पीने के बाद अधिक प्रबल हो उठती है। वह एक रोज़ अपनी मृत्यु सम्बन्धी सारी कविताओं को एक डायरी में उतारता है और डायरी के पहले पृष्ठ पर लिखता है :

'मैं मरना चाहता हूँ।'

लेकिन वह मरा नहीं, वह आज तक शराबघरों में भटक रहा है। उसकी सूक्तियों को जानने वालों की संख्या बढ़ती चली जा रही है, लेकिन अब भी उसे जानने वाले बहुत कम हैं।

'एक शराबी की सूक्तियाँ' को कृ.क. ने अपना 'मुक्तिप्रसंग' कहा है और राजकमल चौधरी ने 'मुक्तिप्रसंग' को अपना वर्तमान :

"...मैं अपने अतीत में राजकमल चौधरी नहीं था। भविष्य में यह प्रश्नवाचक व्यक्ति और इस व्यक्ति की उत्तर-क्रियाएँ बने रहना मेरे लिए सम्भव नहीं है। क्योंकि, मैं केवल अपने वर्तमान में जीवित रहता हूँ। ...अतएव, 'मुक्तिप्रसंग' मेरा वर्तमान है। ...मृत्यु की सहज स्वीकृति से देह की सीमाओं, संगतियों और अनिवार्यताओं से मुक्त हुआ जा सकता है। ...ऑपरेशन थिएटर की सफ़ेद टेबल पर संज्ञाहीन होते हुए, मैंने ऐसा अनुभव किया है। मैंने अनुभव किया है कि स्वयं को और अपने अहं को मुक्त किया जा सकता है। ...इस अनुभव के साथ ही, दो समानधर्मा शब्द—जिजीविषा और मुमुक्षा—इस कविता के मूलगत कारण हैं। ...सती-वर्तमान के अग्निजर्जर शव को अपने कंधों पर, मैं शिव की तरह धारण करता हूँ। मैं इस शव के गर्भ में हूँ, और यह शव मेरे कंधों पर है। इसकी विकृति, वीभत्सता और दुर्गन्धियों में मुझे जीवित रहना ही पड़ेगा। जीवित ही नहीं, मुक्त और स्वाधीन भी रहना होगा।"

राजकमल चौधरी को यहाँ उद्धृत करने की ज़रूरत इसलिए महसूस हुई ताकि यह कहा जा सके कि कृ.क. की प्रत्येक प्रकाशित कृति कृ.क. का 'मुक्तिप्रसंग' ही प्रतीत होती है। उनकी प्रत्येक कृति उनकी पूर्व और आगामी कृतियों से मुक्त और स्वाधीन है। बहरहाल, लोक के अवलोकन और अर्थ के आरोह-अवरोह और मिज़ाज-ए-सुख़न की अच्छी तरह शिनाख़्त करने में व्यस्त उनकी आवारगी के नए-नए रंग एक के बाद एक हिन्दी कविता संसार के मुँह पर खुलने लगे। उनकी कविता का वह बन्द दरवाज़ा जिसे हिन्दी साहित्य के समकालीन बौद्धिक वातावरण में कोई खटखटा नहीं रहा था, उन्होंने उसे ख़ुद ही खोल दिया और बाद इसके इस वातावरण में बेचैनियाँ, सरगोशियाँ, ग़लतफ़हमियाँ फलने-फूलने-फैलने लगीं। बेइंसाफ़ी के यथार्थ में कृ.क. बहुत बेपरवाह नज़र आए और उनकी कविता पूर्व-अपूर्व कवियों के नक्षत्र-मंडल को तहस-नहस करने के इरादे से परम्परा में कुछ इस प्रकार धँसी-घुसी कि सूक्ति, सन्देश, अफ़वाह, अधूरा वाक्य, चेतावनी, धमकी, शास्त्र, इतिहास, कथा और नामालूम क्या-क्या हो गई :

विलग होते ही
बिखर जाएगी कलाकृति! [एक शराबी की सूक्तियाँ, 78]

नगर ढिंढोरा पीटता फिरता हूँ हर राह
रोज रात को नौ बजे करता हूँ आगाह [बाग़-ए-बेदिल, पृ. 41]

कल्पितजी को हो गया काव्य-शास्त्र से प्यार
देखो क्या अंजाम हो भवसागर या पार!

[कविता-रहस्य, 24:6]

मैं अपने दोनों हाथ ऊपर उठाकर एक बार फिर कहता हूँ :
यह महादेश चल नहीं सकता

[हिन्दनामा : एक महादेश का महाकाव्य, 52]

...यह कोई शिगूफ़ा नहीं मेरा शिकस्ता दिल ही है जो इतिहास की अब तक की कारगुज़ारियों पर शर्मसार है जिसका हिन्दी अर्थ लज्जित बताया गया है जिसके लिए मैं शर्मिन्दा हूँ और इसके लिए फिर लज्जित होता हूँ कि मुझे अब तक क्यों नहीं पता था कि मांस के शोरबे को संस्कृत में यूष कहा जाता है शोरिश विप्लव होता है 1857 जैसा धूल उड़ाता हुआ एक कोलाहल और इस समय मैं जो उर्दू-हिन्दी शब्दकोश पढ़ रहा हूँ जिसके सारे शब्द कुचले और सताए हुए लोगों की तरह जीवित हैं...

[रेख़्ते के बीज : उर्दू-हिन्दी शब्दकोश पर एक लम्बा पर अधूरा वाक्य]

कविता लिखना अपराध है
किसी ख़ास मक़सद के लिए किया गया जुर्म

कविता पुरस्कृत होने की कला नहीं
सज़ायाफ़्ता होने की छटपटाहट है
जो सभागारों में सिसक रहे हैं
वे कवि नहीं हैं
कवि वे हैं
जो रूमाल से अपना चेहरा छिपाए
संसार से छुपते फिरते हैं

[कविता के विरुद्ध]

कृ.क. की कविता-सृष्टि से प्रस्तुत इन उद्धरणों के उजाले में यहाँ यह भी ध्यान देने योग्य है कि काव्य-स्फीतियों और विस्फोटों के आगे नतमस्तक हिं.सा. की मुख्यधारा की कविता में जिस वस्तु को कविता-संग्रह कहकर पुकारा जाता है, ऐसी एक भी वस्तु साल 1990 के बाद से कृ.क. की अब तक सामने नहीं आई है। लगभग तीन-साढ़े तीन दशक प्राचीन कृ.क. की कविता-सृष्टि में कविता-संग्रह इन पंक्तियों के लिखे जाने तक सिर्फ़ एक ही है—'बढ़ई का बेटा'। इस दरमियान

उन्होंने अपनी विवादास्पदता के अन्तरालों में 'रेख़्ते के बीज', 'साइकिल की कहानी', 'अकेला नहीं सोया', 'कविता के विरुद्ध', 'ख़ाली पोस्टकार्ड', 'मीठा प्याज़', 'वापस जाने वाली रेलगाड़ी', 'राख उड़ाने वाली दिशा में', 'वरिष्ठ कवियो', 'पानी', 'एक कवि की आत्मकथा', 'नया बारामासा', 'एक अधूरा उपन्यास', 'अफ़ीम का पानी', 'प्रसिद्ध', 'ख़ून के धब्बे', 'नया प्रेम', 'चूका हुआ निशाना' जैसी चर्चित पर असंकलित कविताएँ लिखने के अलावा जो कुछ भी लिखा है—वह संग्रह के लिहाज़ से नहीं—किताब की तरह लिखा है। यह भी ग़ौरतलब है कि कृ.क. की किताबें एक जिल्द में प्रकाशित होने से पूर्व ही प्रकाशित हो रहती हैं। उनकी कविताएँ उनकी तरह ही बिखरी हुई हैं। वे उन सारी जगहों पर बिखर गई हैं, जहाँ वे प्रकाशित हो सकती हैं। एक विकास-क्रम में बिखरना और निखरना... कृ.क. की कविता-सृष्टि के दो संयुक्त-तत्त्व हैं। समय से और समकालीनता से सताए हुए कृ.क. इस लोक के तमाम विस्मृत-स्मृत-चिरस्मृत कवियों-लेखकों-व्यक्तित्वों के कुल के हैं। आवारापन में वह बुद्ध के कुल के हैं। फक्कड़पन में वह कबीर और मीरा के कुल हैं। संस्कृत में वह भर्तृहरि, बाणभट्ट और राजशेखर के कुल के हैं। उर्दू में वह मजाज़ और मंटो के कुल के हैं। हिन्दी में वह निराला, उग्र, भुवनेश्वर और राजकमल चौधरी के कुल के हैं।

कृ.क. की कविता-सृष्टि में कवियों और कविता पर पर्याप्त और विषयबद्ध विचार दृश्य होता है। इस कविता-सृष्टि का काव्य-पुरुष प्रचलन के विपर्यय में और प्रयोग के पक्ष में सतत सक्रिय, रचनात्मक, सांसारिक और विवादात्मक रहा है। उनके काव्य-पुरुष के इस संघर्ष को समझने के लिए 'बाग़-ए-बेदिल' की स्थापना बहुत काम आ सकती है। यह स्थापना उनके लेखे उनकी एक लिखी जा रही पुस्तक 'आवारगी का काव्यशास्त्र' का प्रथम अध्याय है। यह अध्याय एक रचयिता की आवारगी का अनूठा विश्लेषण है। राजशेखर की 'काव्य-मीमांसा' के एक श्लोक के आश्रय से यहाँ स्पष्ट होता है कि आवारगी से जाँघें दृढ़ हो जाती हैं। आत्मा भी मज़बूत और फलग्राही हो जाती है और उसके सारे पाप पथ पर ही थककर नष्ट हो जाते हैं। दो हज़ार पन्नों की सामग्री को सम्पादित करने के बाद पाँच सौ बारह पन्नों में समाए 'बाग़-ए-बेदिल' के जिल्दबन्द होने से पहले इस किताब के कुछ और नाम भी थे—'समकालीन सन्देश रासक', 'शैतान के श्लोक' और 'पार्थ और सार्त्र'—लेकिन पक्की स्याही से छपने के बाद अब इसका सिर्फ़ एक नाम है—'बाग़-ए-बेदिल'। समकालीन हिं.सा. की व्यावहारिक राजनीति में एक अज्ञात-अनाम-अजनबी कवि की तरह व्यवहृत कृ.क. ने इस किताब को यह सोचकर शाया करवाया कि यूरोपीय, मुगल, गॉथिक और आधुनिक शिल्प की समकालीन हिन्दी कविता की इमारतों के बीच, 'बाग़-ए-बेदिल' के ये खंडहर शायद बुरे नहीं लगेंगे :

क़द्र जैसी मेरे शे'रों की अमीरों में हुई,
वैसी ही उनकी भी होगी मेरे दीवान के बीच!
इसी तरह 'बाग़-ए-बेदिल' में भी आपको

नक़ली कवियों
मन्दबुद्धि सम्पादकों
डॉनों
मठाधीशों
गॉडफ़ादरों इत्यादि
कुलीन क़ातिलों का चेहरा दिखाई पड़ेगा पार्थ!

पढ़ते
सुनते
देखते रहिएगा—
कल्ब-ए-कबीर और कला क़ातिलों की जंग का
यह हैरत-अंगेज़ जासूसी काव्य! [कला क़ातिल-2]

'बाग़-ए-बेदिल' हिन्दी साहित्य के एक विशेष कालखंड काव्यंजनात्मक इतिहास है। विलुप्त काव्य-पंक्तियों, धुनों, लयों, छन्दों का पुनर्वास करती हुई यह कृति एक वाचिक वैभव का लिखित पाठ है। आक्रामकता और आत्ममुग्धता से लबालब 'बाग़-ए-बेदिल' के बारे में समादृत कवि अरुण कमल का यह कथन उद्धृत करने योग्य है : "कौन-सा ऐसा समकालीन है जिसके तरकश में इतने छन्द हैं, इतने पुष्प-बाण? आवाज़ और स्वर के इतने घुमाव, इतने घूर्ण, इतने भँवर, इतनी रंगभरी अनुकृतियाँ हैं। कई बार तो इनमें से कुछ पदों को पढ़कर मैं ढूँढ़ता हुआ क्षेमेन्द्र या राजशेखर या मीर या शाद तक पहुँचा। ये कविताएँ हमारे अपने ही पते हैं खोए हुए, उन घरों के पते, जहाँ हम पिछली साँसें छोड़ आए हैं। इन्हें पढ़कर लगता है कि हिन्दी कवि के पास ख़ुद अपनी कितनी बड़ी और चौड़े पाट वाली परम्परा है।"

इस सबके बावजूद यह हाल है कि क्या कहा जाए... बस आनन्द आ रहा है—हिन्दी साहित्य संसार में! और यों लगता है कि जैसे शत्रुओं की तो छोड़िए कोई शुभचिन्तक मित्र भी पूरा का पूरा कृ.क. का अपना नहीं। कृ.क. का ज़िक्र आने पर वे या तो चुप रहते हैं या आधे दिल से विहँस कर पैरवी करते हैं या बात बदलने का यत्न। एक अक्षय परम्परा में आवारा भटकने के लिए कृ.क. अकेले कर दिए गए हैं, लेकिन वह इस तरह के पहले और अकेले कवि नहीं हैं। उन जैसे कवियों को इसलिए एक और मन मिलता है—कभी न थकने वाला। मन जो हवाओं-सा

तेज़ नहीं, लेकिन जानता है कि उसे उड़ना ही है—एक जारी कवि-समय में अपने काव्य-पथ और समानधर्माओं की तलाश में। इन पंक्तियों का लेखक इस आलोचना को यहाँ ख़त्म नहीं कर रहा है, बस कुछ वक़्त के लिए रोक रहा है, यह सोचकर :

समझदार था मूरख भी था
दीवाना भी वह किंचित था

अश्रु आँख में और हृदय में
युगों-युगों का दुख संचित था
उसकी कही हुई बातों में
आखर कम अरथ अमित था

जाने दो वह कवि कल्पित था!

सन्दर्भ

यहाँ प्रस्तुत आलेख जैसा कि ज़ाहिर है : इस पुस्तक का अन्तिम आलेख है। इसके और यहाँ प्रस्तुत अन्य आलेखों के बीच एक तय अन्तराल से अधिक अन्तराल रहा, जब यह प्रथमत: 'पहल' के 110वें अंक (जनवरी 2018) में प्रकाशित हुआ। यह अन्तराल एक काव्यात्मक न्याय सदृश ही है और इसके सम्भव होने और प्रकाशित होने में आई बाधाएँ भी, जिनका उल्लेख अब व्यर्थ ही है। लेकिन यहाँ इतना भर दर्ज करना अवश्य प्रसंगोचित होगा कि इसने क्रम से स्वयं को वैसे ही तोड़कर अलग किया जैसे इसके केन्द्र/नायक ने स्वयं को हिन्दी की समकालीन कविता से तोड़कर अलग किया। इसे सम्भव करना इन पंक्तियों के लेखक के लिए एक साथ दर्द और आनन्द से गुज़रने-सा अनुभव रहा। इसमें कृष्ण कल्पित की तब तक प्रकाशित कविता और कविता से सम्बन्धित छह किताबों—राजस्थान साहित्य अकादेमी से प्रकाशित 'भीड़ से गुज़रते हुए' (1980), रचना प्रकाशन से प्रकाशित 'बढ़ई का बेटा' (1990), क़लमकार प्रकाशन से प्रकाशित 'कोई अछूता सबद' (2003), अंतिका प्रकाशन से प्रकाशित 'बाग़-ए-बेदिल' (2013), दख़ल प्रकाशन से प्रकाशित 'एक शराबी की सूक्तियाँ' (2015) और बोधि प्रकाशन से प्रकाशित 'कविता-रहस्य' (2015)—को आधार बनाया गया है। इसके अतिरिक्त जिल्दबन्द होने से पूर्व ही सोशल नेटवर्किंग साइट 'फ़ेसबुक' पर स्वयं कवि के द्वारा ही प्रकाशित 'हिन्दनामा : एक महादेश का महाकाव्य' को भी पाठ में लिया गया है। कवि की फ़ेसबुक टाइमलाइन के साथ इंटरनेट की दुनिया में यत्र-तत्र बिखरी कविताओं को भी प्रयोग में लिया गया है। 'जनसत्ता', 'सम्बोधन', 'जलसा', 'पाखी' और 'इंडिया टुडे साहित्य वार्षिकी' सदृश पत्र-पत्रिकाओं में प्रकाशित कवि के काम और कविताओं पर भी नज़र मारी गई है और टेलीविजन और सिनेमा को केन्द्र में रखकर लिखे गए लेखों-टिप्पणियों की क़लमकार

प्रकाशन से प्रकाशित किताब 'छोटा परदा बड़ा परदा' (2003) पर भी। निराला के लिए नागार्जुन द्वारा लिखी गई पंक्तियाँ यात्री प्रकाशन से प्रकाशित निराला पर केन्द्रित नागार्जुन की किताब 'एक व्यक्ति : एक युग' (1992) के समर्पण-पृष्ठ से हैं। राजकमल चौधरी का कथ्य देवशंकर नवीन के सम्पादन में वाणी प्रकाशन से आए उनकी कविताओं के एक चयन 'ऑडिट रिपोर्ट' (2006) में शामिल लम्बी कविता 'मुक्तिप्रसंग' से पहले दी गई टिप्पणी से लिया गया है। अरुण कमल को उद्धृत करने के लिए 'बाग़-ए-बेदिल' के आख़िरी पन्ने को धैर्य से पढ़ा गया है। प्रस्तुत आलेख की शुरुआत और आख़िरी अनुच्छेद पर विष्णु खरे की कविता 'कूकर' की छायाएँ हैं, कहीं-कहीं इस कविता की कुछ पंक्तियाँ जस की तस, कहीं कुछ बदलकर ले ली गई हैं। इसके लिए विष्णु खरे के प्रति आलेखकार कृतज्ञ है।

ज़िक्र

वर्ष 2005 के वसन्त के जाते हुए दिनों की बात है... सुपरिचित कवि-आलोचक पंकज चतुर्वेदी 'पहल' में सातवें-आठवें दशक के कुछ प्रमुख हिन्दी कवियों पर एक सीरीज़ लिख रहे थे। वह वीरेन डंगवाल, ऋतुराज, राजेश जोशी और मंगलेश डबराल पर लिख चुके थे। इसके बाद दो अंकों तक यह सीरीज़ बाधित रही और फिर 'पहल' के 79वें अंक (फ़रवरी-मार्च 2005) में इस सीरीज़ के अरुण कमल पर केन्द्रित आलेख के अन्त में यह सम्पादकीय टिप्पणी थी : "पंकज चतुर्वेदी का यह मूल्यांकन पिछले अंक में ही आना था, पर उन्होंने इस बीच दाम्पत्य जीवन में प्रवेश किया और वह समय पर अपना लेख नहीं दे सके। यह सीरीज़ आगे जारी रहेगी।"

वर्ष 2016 के वसन्त के जाते हुए दिनों की बात है... 'पहल' में नवें दशक के कुछ प्रमुख हिन्दी कवियों पर मैं एक सीरीज़ लिख रहा था। देवी प्रसाद मिश्र और अष्टभुजा शुक्ल पर लिख चुका था... और इस दरमियान ही मैं भी जनवरी-2016 में दाम्पत्य जीवन में प्रवेश कर गया। लेकिन यह पंकज जी से संवाद का प्रभाव नहीं तो और क्या था कि यह सीरीज़ एक अंक के लिए भी बाधित नहीं हुई। मैंने कुमार अम्बुज पर अपना आलेख समय से पूरा किया और उसे समय से 'पहल' को ई-मेल किया, और आगे भी शेष आलेख समय से 'पहल' को भेजे।

दरअसल, इस काम के लिए मुझे सतत प्रेरित और उत्साहित करने तथा 'पहल' तक ले जाने के लिए मैं पंकज चतुर्वेदी जी का बहुत कृतज्ञ हूँ। वह मेरे जीवन में न होते तो मेरे जीवन में गद्य इस तरह न होता। वह मुझे मेरे पहले लेख से जानते हैं और मैं उन्हें उससे भी पहले से। इसमें एक द्वन्द्व नज़र आएगा, लेकिन यह वह साहित्य-सुख है जो तब मिलता है जब आपका लिखा पढ़कर वे आपसे जुड़ते हैं जिन्हें पढ़कर आपने अपनी भाषा, दृष्टि और बुद्धि अर्जित की हो। पंकज जी मेरे लिए ऐसे ही व्यक्तित्व हैं। वह एक असर डालने और प्यार करने वाले मनुष्य हैं। उनका साथ सदैव शिक्षित करने वाला है।

मैं समादृत कथाकार और 'पहल' के सम्पादक ज्ञानरंजन जी का भी अत्यन्त कृतज्ञ हूँ कि उन्होंने मुझे 'पहल' में नवें दशक की हिन्दी कविता पर एकाग्र होकर काम करने का अवसर दिया। मैं आज उन्हें इसलिए भी प्रेम और याद करता हूँ कि उन्होंने इस दरमियान कभी मेरे चयन और मेरी लेखन-शैली में कोई हस्तक्षेप नहीं किया।

मैं जीवनसंगिनी विजया (विजयलक्ष्मी पांडेय) का भी कृतज्ञ हूँ कि उसे मेरा सुबह-सुबह बहुत जल्दी उठकर लिखना-पढ़ना अच्छा लगता रहा है। उसने व्यवधान दिए हैं, पर उनसे मैं बेहतर ही हुआ हूँ। वह इन आलेखों की प्रथम श्रोता और प्रथम पाठक रही है। उसके कहने पर मैंने बहुत कुछ छोड़ा-हटाया-जोड़ा है। उसके सुझाव इतने क़ीमती रहे हैं कि अगर मेरे लिखने से मेरी कोई छवि बनती है, तब उसकी निर्माता सिर्फ़ वह है।

मैं राजकमल प्रकाशन समूह के प्रबन्ध निदेशक श्री अशोक महेश्वरी जी का भी कृतज्ञ हूँ कि वह लगभग चार-पाँच वर्षों से इस पुस्तक के अन्तिम रूप के विषय में बहुत रुचि लेकर पूछते रहे और श्री सत्यानन्द निरुपम जी का भी कृतज्ञ हूँ कि यह पुस्तक उनकी दृष्टि का सामना करके प्रकाशित हुई।

मैं इन आलेखों को पढ़ चुके, पढ़ रहे और पढ़ने वाले; पढ़कर कुछ कहने वाले, नहीं कहने वाले, चुप रहने वाले—सबके प्रति कृतज्ञ हूँ। आभारी हूँ।

—अविनाश मिश्र

ग़ाज़ियाबाद,
दीपावली, 2023